U0135404

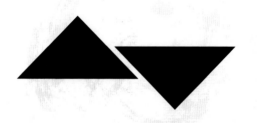

JAMES ROMM

哲人

与权臣

〔美〕詹姆斯·罗姆 ——————— 著

葛 晓 虎 ——————— 译

DYING
EVERY DAY

尼禄宫廷里的塞内加

社会科学文献出版社
SOCIAL SCIENCES ACADEMIC PRESS (CHINA)

本书获誉

一部精彩绝伦、鞭辟入里的历史佳作，令人手不释卷……历史就应该如此书写：鲜活生动的历史在大师的笔下变得栩栩如生。

——《威奇塔鹰报》

罗姆精妙地阐明了塞内加人生的难解之谜。

——《纽约客》

罗姆对宫闱阴谋（乱伦、谋杀、自戕）的描写撩人心弦、引人入胜，三维立体地呈现了塞内加矛盾重重的幻象。

——《计时议》（Chronogram）

罗姆先生在历史情境下对塞内加作品进行了一贯上佳的释读，这让令人神往的（罗马）生活呈现在其中。这是一项了不起的成就……此书是一本节奏明快的读物。

——《华尔街日报》

詹姆斯·罗姆心灵手巧地将那罪恶的图景密密地缝为一体。

——《布法罗新闻报》

如此引人入胜且令人欲罢不能……这是一部充满了谋杀、癫狂、暴政且险象环生的戏剧……无愧于春日时节的一抹亮色。

——《哈德逊河谷新闻报》

罗姆的写作融合了那些广为人知且引人入胜的手法，却又不失深度。他不断地试图表明塞内加不是一个非黑即白的角色，他并非罪有应得，却也没有高尚到可以撇清所有加诸其身的指控。他也向罗马皇帝展现了自己不同的面目，同样也帮助诸位恺撒的女人登上她们受之无愧的权力巅峰……事实上，罗姆用这新奇而复杂的光线让这位斯多葛学派的哲人跃然纸上，并且还展现了塞内加世人皆知却又难察真相的一面，这让我在阅读时获益良多。对了，我有告诉你们吗？这本书真的让我爱不释手。

——G. H. 吉尔，"阿邦网"（About. com）

那些与塞内加同时代的史家乃至今日之学者，都对其真实的性格难下定论。他究竟是一位奉行禁欲苦修的斯多葛派道德家，还是一个蝇营狗苟、口蜜腹剑的廷臣？罗姆并没有宣称自己要去解决这个有着数百年历史的谜团，但是他利用了往古之史料和偶有征引的现代论者之真知灼见以揭示真相，并同自己的读者们一起，对这么一个因其令人瞠目之暴行而铭刻于历史的政权发出啧啧惊叹。

——茉莉亚·詹金斯，《货架意识》

（*Shelf Awareness*）星级推荐

旁征博引，细致研究。本书将会获得专家学者、历史爱好者的欢迎。此外，对于我们这个时代而言，这本书的最可贵之处在于其对于强权政治细致入微的研究，它还揭示了当软弱与腐败致使政权集中于少数人之手时产生的不可避免的恶果……在作者引人入胜的文笔下，一个理性哲思被搁置于旁，澎湃激情横行当道，良善之人畏缩于暴政之前，终究碌碌无为的时代被娓娓道来。

——杰里米·麦圭尔，《纽约书评》

这幅令人欲罢不能且胆战心惊的图景展现了一个暴虐嗜血的皇帝和他那治下的宫廷。

——珍妮·雅布洛夫，《传记》

献给坦尼娅
我的挚爱，神赐予我的恩惠

目　录

Amici vitia si feras, facias tua.

如果你容忍了朋友犯下的罪行，那么你也将成为共犯。

——罗马谚语

引言　两位塞内加

对于塞内加（Seneca，也作塞涅卡）的生平，有这样一种
表述方式——他是一位作家、思想家、诗人、伦理学家，而且
多年以来，他都是尼禄（Nero）皇帝的首席顾问和亲密伙伴：

> 因为命运的无常，一位清醒、理智且道德高尚的人，
> 被卷入罗马政治旋涡的中心。他竭尽所能地抑制一个备受
> 蒙蔽的暴君所迸发的奇思异想，同时继续发表着贯彻自身
> 真正使命的道德论著。当他无法在庙堂之上继续施加影响
> 力时，他便选择身退，并于孤寂中对美德、自然与死亡进
> 行最扣人心弦的思索。塞内加的离去，令他曾劝谏的皇帝
> 深感恼怒，并最终寻得借口逼迫塞内加自尽。塞内加挚爱
> 的妻子试图与他一样，选择冷静而不失勇敢地结束自己的
> 生命，但是皇帝的军队救下了她。

然而，对于塞内加的一生，也有另外一种叙述方式：

> 一个出身平凡但才智卓越的操控者混迹于罗马权力的
> 中心。他用不凡的口才将自己粉饰成一位圣人。他用自己
> 巨大的影响力来攫取财富，并放高利贷给不列颠的民众，
> 激起了不列颠的叛乱。在密谋甚至煽动了宫闱中最为黑暗

的罪行之后，他试图通过精心炮制的文学中的自我塑造来挽回自己的声誉。而当皇帝的敌意显然对自己构成威胁时，他甚至在策划暗杀阴谋的同时，也向哲学的圣坛寻求庇护。他争取尊严的最后一搏，便是其戏剧性的自戕，他甚至还要威逼妻子与自己共赴黄泉。

xiv　　而上文的这些描述，正是公元 1 世纪晚期的罗马人看待塞内加的不同方式，他是当时最能言善辩、最神秘莫测、最炙手可热的人。第一则材料主要取材于剧作《屋大维娅》（*Octavia*）的内容。这部佚名之人写作的历史剧，完成于公元 1 世纪的最后十几年。第二则材料则出自罗马编年史家卡西乌斯·狄奥（Cassius Dio）的作品。虽然这位编年史家生活的时代距塞内加逝世已逾百年，但是他的写作参考了早期作家们提供的信息。[1]这些作家显然都对塞内加的行为动机深表怀疑。他们相信了那些流言蜚语，即塞内加在私生活中放荡贪婪，在政治生涯中不择手段，并且在公元 65 年针对尼禄的刺杀阴谋中占据着核心位置。

　　在这两种极端描述的中间则矗立着塔西佗（Tacitus），他是最伟大的罗马史家，提供了我们今日所掌握的有关尼禄时代的最佳资料来源。塔西佗对于人性有着敏锐的研究，他深深地为这位圣人着迷。在积攒财富与权力的同时，这位圣人也颂扬质朴而勤勉的生活。但是，最终塞内加还是给塔西佗留下了一个他无法解开的谜团。

　　在塔西佗的《编年史》（*Annals*）留存至今的最后三卷里，他给予塞内加重要的地位，进而创作出一幅颇为丰富且复杂的人物肖像。但是，那幅画的风格却是难以辨识的。塔西佗在写作时显得摇摆不定，不求定论，有时出言讥讽，但表述又晦涩不明。奇怪的是，塔西佗虽然知晓塞内加的哲学著作，却并没有在作品中刻意提及，仿佛这些同塞内加本人生命的意义并无关联。塔西佗并没有像在其他地方经常做的那样对塞内加的性格做出明确的评判。最终，我们所获得的对塞内加最为详细的描述，[2]往往是矛盾的，有时也是模棱两可的。

除了塔西佗的记述，一位古代肖像雕塑家也给我们留下了塞内加的形象。1813 年，在罗马的考古发掘过程中，出土了一尊创作于公元 3 世纪的双面半身像，其中一面是苏格拉底（Socrates），而另一面则是塞内加。这两位圣哲的后脑彼此连接，就如同共用一个大脑的连体双胞胎一般。这一发现让现代世界第一次目睹了塞内加的真容，通过雕塑胸前铭刻的标签可以识别出他的身份。这尊半身像展现的是一个面目丰腴、无须秃顶的男性，他眉目温和、神态稍带自满。雕塑展现的这个男性，看上去更像是一名商人或中产者，[3]他有财力每日享用满桌盛宴。

而在 1813 年的发掘之前，人们曾经认为另外一尊半身像是塞内加像，而现在这尊旧像则被称为"伪塞内加"（Pseudo-Seneca）。塑像展现了一个憔悴疲惫、心神不宁的男性，他的双眼仿佛凝视着不朽永恒。而塑像展现的特征，也曾成为画家们在画布上描绘塞内加死亡场景时所参考的典范，[4]这些受到误导的画家包括焦尔达诺（Giordano）、鲁本斯（Rubens）和大卫（David）。

而现在，在我们面前出现了两位塞内加。"伪塞内加"符合西方世界对于一位古代斯多葛（Stoic，又译作斯多亚）学派哲学家的想象。他面庞瘦削，似乎代表着一种对真理的渴

xv

求，以及对财富和物质享受的排斥。而 1813 年发掘出的真正的塞内加塑像，驱散了这种幻想。全世界都凝望着这张微胖的面庞，同时意识到塞内加并不是人们曾经臆想的那样。

对于许多人来说，1813 年半身像重见天日的过程，与人们了解塞内加在尼禄治理下的罗马的历史中所扮演角色的过程并无二致。如果我们是从塞内加的道德论丛、书信或悲剧中形成了对他个人的认知，那么我们在塔西佗作品——更毋庸说卡西乌斯·狄奥的著述——的书页中所见到的塞内加，就会与我们想象当中的塞内加大相径庭。塞内加本人的形象似乎与他的著述中所描述的内容并不完全相符，而当触及他与财富的关系时更是如此。[5] 这两位塞内加就这么并排站在那里，没有防伪标签，我们无法确定哪一个是真实的面目，哪一个是虚妄的幻象。

那么接下来要做的，就是努力把这两位塞内加合二为一，形成一个统一的人格。我一直认为这是一项不可能完成的任务，或许这么想也没有错。塞内加写下了不少传世之作，但是很少有作品明确提及他的政治生涯，以及他在政治中扮演的那种经常忽视其著作透露出的原则的角色。而我的目标，则是让塞内加作为哲人与权臣的身份彼此呼应，尽管这两个身份都不愿意承认彼此。

据此创作的这本书，一部分是人物传记，一部分是历史叙事，一部分则是对于塞内加散文诗歌的钩沉。这本书既没有对塞内加的论著进行全面的诠释，也没有对尼禄时代的历史进行详尽的叙述。对整合塞内加形象的追求，让我不得不在这两个领域中加以取舍。

我将聚焦于那些与塞内加宫廷生活关系最为明确且出自塞

内加自己笔下的文稿，以及其他与之相关的文本段落。这意味着，对于一位哲学研究者所要探寻的多数内容，我都要保持缄默。实际上，这就意味着，我会完全省略掉那些无法确定是在尼禄继位之前还是之后创作的作品。因而读者将发现，这本书 xvi 并没有提及塞内加的四篇重要论述，它们分别是《论休闲》（De Otio）、《论天意》（De Providentia）、《论贤人不动摇的精神》（De Constantia Sapientis）、《论心灵的平静》（De Tranquillitate Animi），这些论述皆出于上述原因而未被采用。

同样地，我也只讨论尼禄生活及统治时期中塞内加参与的那一部分内容。我所关注的尼禄的事迹截至公元 66 年，从而省略了他最后两年半的统治。（假如塔西佗作品最后部分的散佚可以被称作愉快之事的话）那么这愉快的巧合就在于，我叙述止步的地方恰好也是现存塔西佗《编年史》中佚失的内容。我很少去谈论尼禄政权的涉外事务，甚至对其某些国内成就也会避而不谈。相反，我会把塞内加与尼禄的私人关系放在首位，以及他们同尼禄的母亲阿格里皮娜①（她的母亲与其同名，通常被称作大阿格里皮娜）的互动。因此，我的叙事在很大程度上是一部家庭剧，在某种程度上，讲述的对象是这三个人物所构成的"特殊核心家庭"。

家庭剧总是能够引人注目，但是尼禄宫廷内的动荡同样也具有巨大的历史意义。一个王朝的未来，甚至可以说罗马的未来，都取决于母亲能否与儿子相处融洽，丈夫能否和妻子保持 xvii 琴瑟和鸣，家庭教师能否让学生对他尊重并保持倾听与遵从。

---

① 全名尤利亚·维普桑尼亚·阿格里皮娜（Julia Vipsania Agrippina），一般被称作"小阿格里皮娜"，若没有特殊说明，本书后文提到的阿格里皮娜均为小阿格里皮娜。

尼禄登基时的稚嫩年幼，以及他之后日益严重的精神错乱，导致他能否服从管教决定了整个帝国乃至世界命运的好坏。而罗马帝国本身，诚如罗马人愿意相信的那样，到了尼禄统治时期，几乎已经囊括了他们已知的全部世界。

我的资料来源主要是刚刚已经提及的三部作品：塔西佗的《编年史》、佚名创作的戏剧《屋大维娅》以及卡西乌斯·狄奥的《罗马史》（Roman History，现在仅存的残篇与摘要涵盖了尼禄统治时期的片段）。此外，我还会依据苏维托尼乌斯（Suetonius）的《罗马十二帝王传》（Lives of of the Caesars）、普鲁塔克（Plutarch）、约瑟夫斯（Josephus）和老普林尼（Pliny the Elder）创作的各种文本，以及佚名作者撰写的卢坎（Lucan）传记。而我所能参考的最为重要且丰富的资料来源，自然便是塞内加本人的作品，尽管这些著作不仅给古代史家也给现在的我带来了不少的问题。

xviii　　塞内加在尼禄统治时期写下了大量的文章，但是他鲜少提及尼禄的统治。他很少提及那些相处多年、关系密切的人，譬如克劳狄乌斯（Claudius）、尼禄、阿格里皮娜、布路斯（Burrus，又译作布鲁斯）以及提盖里努斯（Tigellinus）。或许贵族的荣誉准则（code of honor）可以解释塞内加为何选择缄默，又或许因为直觉告诉他，任何披露都可能会危及自身的安全。无论是哪一种情况，他都只得以沉默创造出一个充满巨大裂痕的作品。即便是公元 64 年的那场大火，那个焚毁罗马城大部分地区且引发巨大动荡的事件，也没有在塞内加作品中被提及。

然而，对于一个如此反躬自省、对周围世界明察秋毫的作家而言，认为其生活经历对于自身作品全无影响的想法是不可信的。长期以来，学者们都试图去"摸清"这种影响，[6]有的学者会投入大量精力研究这个议题，而有的学者则只愿意提出一两个推测性的问题。在本书中，我参考借鉴了这些学者的见解，同样我也希望能够贡献一些自己的见解。我并不认为塞内加的作品文本应该被当作晦涩的历史文献来解读。但是，我相信这些文本确实反映了历史，哪怕历史只存在于神话、隐喻与类比的扭曲镜像中。

有关塞内加是谁、人们是否应该崇敬他的争论，自古典时期便已开始，但是从未有过定论。在本书写就的那一年，一部有关罗马的通俗历史作品中出现了一段尖锐的论述。该书作者（同时也是艺术史家）罗伯特·休斯（Robert Hughes）表示，与塞内加同时期的人都将他视为赤裸裸的骗子并鄙视他。休斯声称："塞内加是一个伪君子，他的虚伪在古代世界中难有人能与之匹敌。"[7]而在同一年，有一则新闻报道，一位50多岁的东欧移民在哥伦比亚大学担任看门人并负责清扫工作，最终在该校获得了学位。[8]在一次采访当中，这名男子曾表示，是塞内加作品里的文字激励着他追寻这条严谨之途。对他而言，塞内加绝非欺世盗名之徒。

我写这本书的最大挑战是，如何或者是否去对本书的中心人物做出评判。我多次摇摆于不同的评价之间，有的时候甚至在一天之内都会出现波动。即使是在本书完稿之时，我也并不觉得自己已经将核心问题都了然于胸。我只是希望，我已经从深度与复杂性中展现了塞内加性格的问题，同时也没有失之偏颇。

塞内加曾以各种方式承认他没有实现自己的理想。塞内加可能会因为设想出了一个比他自己勉力接受的形象更胜一筹的　xix

自我而受到世人的指责。但是，他的幻想无疑是瑰丽绝伦、令人折服且仁慈高尚的。他激发了历代伟大的作家和思想家，也包括那个看门人。

最后，塞内加是人，他有人性的污点和缺陷，这是人之常情。正如他在数次辩解中的某一次所暗示的那样，他并非完人，而是胜于庸劣。这对于许多读者而言也就足够了。

第一章　自杀（一）

（公元 49 年及以前）

一个孩童如何为统治世界的任务做好准备？

这是公元 1 世纪中叶的罗马帝国需要面对的问题，此时在位的皇帝克劳狄乌斯已经越发虚弱。在当时看来，帝国的最高权力可能会第一次被传给一个尚不成熟的继承人。最有可能的皇位候选人，是克劳狄乌斯当时年仅 12 岁[1]的继子多米提乌斯（Domitius），他是皇帝近来收养的继子，被皇帝起名为尼禄。克劳狄乌斯的一个亲生儿子——布列塔尼库斯（Britannicus，又译作不列颠尼库斯）也在候选之列，但是他比尼禄还要年幼 3 岁。

此时整个罗马帝国，从不列颠南部一直延伸到幼发拉底河流域，是一个坐拥无上权力而又形势复杂的世界帝国。考虑到无论继位的是哪一个候选人，统治这样一个帝国的重任都即将落在一个孩童肩上，也许这三岁的年龄差异会带来云泥之别的影响。至少，这是尼禄的母亲阿格里皮娜所希望的，她是这个时代最有权势的女性，现在也是克劳狄乌斯的新婚妻子。

整个罗马并没有什么操作手册或者研习课程，能够让一个年轻人做好成为元首（princeps，或译为第一公民）的准备。"元首"是 80 年前由奥古斯都·恺撒（Augustus Caesar）创设的行政官职，对于这个职位的界定至今仍然模糊不清。接

连四位元首都在任内留下了各自的印记，且取得了不同程度
4 的成功。年轻的尼禄，作为有望成为第五任元首的候选者，
需要从前人的榜样中汲取知识，而普通的教师很难胜任这样的
教职。

阿格里皮娜，这个十分宠爱帝国新继承人的母亲，对形势
的要求和机遇的把握都倍加清醒。她的儿子，她唯一的儿子，
不仅必须接受最好的教育，而且必须让罗马官方目睹尼禄受到
了良好的教育。诚如皇室中的每次人事更迭一般，尼禄家庭教
师的素质也会反映出尼禄继承其养父权力的胜算。此时，很多
罗马人依然希望克劳狄乌斯的亲生儿子布列塔尼库斯能够继承
其皇位；而阿格里皮娜辞掉了布列塔尼库斯原来的家庭教师，
取而代之的是一些无名之辈，从而断绝民众的期冀。[2]

阿格里皮娜有一种善于塑造形象的本能，她知道自己该如
何去做。此时，有一位杰出的演说家和作家正被流放在科西嘉
岛上，渴望着返回罗马，而他身为道德学者的崇高声誉会让她
儿子的形象光彩熠熠。假如阿格里皮娜着手安排，让他得到赦
免并且得以返回罗马的话，那么这个人将永远欠阿格里皮娜的
人情，或许这也正是她所期望的。[3]这位被赦的学者会遵照阿格
里皮娜的旨意，尽一切可能提升年幼的尼禄的素养。克劳狄乌
5 斯已经把这个人逐出罗马八年有余，而他被指所犯的通奸罪并
非十恶不赦。因此，在阿格里皮娜的劝说下，克劳狄乌斯可能
会转变心意。

于是，鲁齐乌斯·安奈乌斯·塞内加（Lucius Annaeus
Seneca）的召回就这样被安排好了，他以"塞内加"或者
"小塞内加"（他在文坛小有盛名的父亲也叫塞内加）而为人
们所熟知。在岩石嶙峋的科西嘉岛的家中，塞内加经常会观察

彗星、恒星以及其他星辰以消磨时日；而当塞内加来到罗马宫廷之后，他将置身于观察人类内心黑暗深处的天文台上。

> 我最好将自己潜藏，置身在科西嘉岛海域的悬崖之上，远离因嫉妒而酿成的罪恶，避开一切尘嚣。
> 在那儿我是多么高兴，我的双眼注视着大自然的杰作——天空，以及那太阳铺设的神圣之路。
> 宇宙的运转、昼夜的分野、月亮的视域，那些高空的闪耀，将这光芒传向那一圈流转不息的行星之上。[4]

通过这段话，《屋大维娅》——塞内加的一个崇拜者创作的罗马剧作——的作者将"塞内加"这个角色引上了舞台。这位不知名的作家给我们留下一段业已成为神话却又引人入胜的关于尼禄核心圈子的描述：这个圈子是一个自我封闭的群体，圈子成员之间的扭曲关系及其所受的精神折磨在他们那个时代已经是妇孺皆知。这位作者认为，悲剧是了解这群人最好的方式，即便在这过程中一些史实会被歪曲。许多现代剧作家和歌剧作曲家，包括拉辛（Racine）、蒙特威尔第（Monteverdi）和亨德尔（Handel），都赞同这一观点。

塞内加在其现存的任何一部作品中，都从未评述过他是否后悔离开科西嘉岛，这也是他一生经历的众多转折中最为重要的一次。后来有人表示，当塞内加离开科西嘉岛的时候，他想去的是雅典而非罗马，[5]他想在希腊先贤们生活居住的城市中研究他们的作品。但是，这种说法很有可能是为了修复塞内加的形象而被提出的。塞内加的支持者有很多，包括《屋大维娅》的剧作者，他在剧中把塞内加描绘成塞内加本人努力想要成为

6 的人——一位斯多葛学派的道德哲学家——并且试图反驳其他人对塞内加提出的指控。这些指控表示，塞内加是一个政客、一个贪婪的商人、一个腐败的权力贩子，他利用哲学来掩盖自身的动机。这些观点分歧一直持续至今。

据塞内加自己所言，他在年少时便为斯多葛哲学所折服，拜于阿塔罗斯（Attalus）门下，这位希腊学者在公元 1 世纪初曾于罗马传道授业。[6]

塞内加和他的父亲及兄弟从现在西班牙的科尔多瓦（Corduba）迁居到了罗马城。在那个时代，希腊的圣哲们都向着这个世界的新皇城蜂拥而去。阿塔罗斯以其节制的生活方式给年轻的塞内加留下了深刻的印象，他认为，禁欲主义使他成了一个国王：他无须任何财富、地位，也不需要华丽的衣裳和美味的食物，就获得了与君主一样多的权力和自由。"在我看来，他甚至比一个国王还要伟大，因为他有权对国王做出评判。"几十年后塞内加如是写道，而在落笔之前他自己也享受到了同样的特权。

不过，阿塔罗斯的哲学只是年轻的塞内加在罗马熙熙攘攘的思想市集中品鉴的众多思想之一。犬儒学派（Cynics）宣扬一种比斯多葛学派更为严格的禁欲主义准则，他们高呼反对财富与权力，同时身着破衣烂衫、啃食面包硬皮。毕达哥拉斯学派（Pythagoreans）则传授灵魂轮回的神秘教义，并且避免肉类的摄入，因为他们认为这无异于同类相食。塞内加曾经短暂地接受了他们的做法，[7]但是他的父亲让他断绝了这个念想。在那一年，也就是公元 19 年，仇外情绪的高涨导致犹太教的仪式被禁止在罗马城举行，而素食者的饮食看上去与犹太教徒的饮食无异，这无疑令人倍感不安。

年轻的塞内加有所耳闻的哲学家多半都是希腊的舶来客，然而此时一个罗马本土的学派兴起了，塞内加对此产生了浓厚的兴趣。该学派的创立者昆图斯·塞克斯提乌斯（Quintus Sextius）曾被尤利乌斯·恺撒授予元老的殊荣，但是他拒绝了这项任命，因而名噪一时。[8]塞克斯提乌斯更愿意全身心地投入哲学，尽管一开始他觉得这项事业太过艰难，挫败感让他一度想从窗户一跃而下。[9]

塞内加很喜欢塞克斯提乌斯在作品中用强有力的罗马人的语言来表达希腊人的道德观念，而假如用希腊人的母语来表述这些观念的话，则会显得柔弱无力。塞内加仰慕的塞克斯提乌斯曾在一篇文章中做过一个类比：他把一个有德行的人对邪恶的抵御比成一种步兵方阵，这种防御阵形可以同时将矛头指向四个方向。这种强悍有力的形象对塞内加有着无穷的吸引力，却又让他难以企及，因为他患有呼吸系统疾病，所以从未服过兵役。在其日后的作品中，塞内加曾使用无数隐喻，其中他最喜爱、使用最为频繁的隐喻，就是将道德努力和人类生命本身比作武装战斗。

塞内加在自己的著作中赞扬了塞克斯提乌斯所做出的选择，即放弃从政而践行哲学，然而在塞内加自己的职业生涯中，他并没有这样选择。不知何故，塞内加在自己30多岁的时候，经过一段未曾向其读者透露的心路历程之后，选择了在这两条道路上齐头并进。他仍然践行从阿塔罗斯那里学得的禁欲主义习惯，只枕着硬枕入睡，拒食罗马人最爱的美味佳肴——蘑菇和牡蛎，[10]同时也关注研究自然现象；尽管如此，塞内加还是步入了晋升体系（cursus honorum），像登梯一般登上更显赫的职位。塞内加曾跟随他的一个位高权重的姨父在埃及逗留了一段时间，在他年近 40 的时候，他和自己的哥哥诺瓦图斯（Novatus）进入元老院[11]——这正是塞克斯提乌斯所不齿的举动。

按照家族之地位，塞内加本无权在元老院拥有一席之地。他所在的氏族安奈乌斯（Annaei），位属骑士阶层（equites），[12]虽家境殷实，却并非钟鸣鼎食之家，根据罗马阶级分层体制，他们无法担任高阶官职。塞内加的父亲老塞内加是一个意志坚强且百折不挠的作家，在年近九旬时依然锐不可当，他希望可以获得"任命"（adlection），这是一种通过让元首拔擢骑士成为元老的非常之途径。如此一来，他就可以聆听到西塞罗（Cicero）的慷慨陈词了。而他的两个年长的儿子最终都获得了他求而不得的职位。

当老塞内加感觉自己漫长的生命即将结束，回到科尔多瓦的祖宅时，他对两个儿子即将踏上的道路都表达了有所保留的祝福，同时也表扬了他心爱的三子梅拉（Mela）——一位安静好学的孩子——避免走上他的哥哥们的仕途。[13]"我看到，你的灵魂是不愿沾染公职的，同时也蔑视一切野心，你唯一渴望的就是：别无所求。"这位执拗的老作家如是写道。他敦促梅拉学习自己的专长——修辞学："你一直比你的哥哥们更加聪慧……他们都满怀雄心壮志，正在为广场演讲和行政官职做准备。"仿佛在警告一般，他表示："在追求这些的过程中，一个人渴求的事物，往往也是这个人必须畏惧的东西。"

差不多就在老塞内加表达如上看法的时候，小塞内加刚刚入职元老院，阿格里皮娜刚刚诞下一个儿子。这件事具有政治意义，因为阿格里皮娜是奥古斯都的外曾孙女，同时也是时任元首卡利古拉（Caligula）的妹妹，而卡利古拉并无子嗣。罗马官方确定了一位帝位候选者的降生——因为每一个与奥古斯都有着血缘关系的男性都有成为元首的希望，而年轻的多米提乌斯比其他大多数人更有胜算。

若此刻塞内加和他的同僚们一道为这孩子的降生而欢呼，只是出于元老们的应尽之礼，他本人根本不会猜到，自己个人的命运将对这个男孩的未来产生多么大的影响。到目前为止，还没有任何迹象表明，他们两人的生命将在近 20 年里交织成一种怪异而曲折的伙伴关系，而这种伙伴关系也影响到了罗马日后的命运。当初升的太阳将阳光洒在新生儿的脸上时，阿格里皮娜也无法从自己在儿子出生时看到的这种迹象中，[14]预见到未来的某一天她的儿子会设法谋害她，而且还想从塞内加那里获得帮助。

阿格里皮娜在她儿子出生的时候，是一个精力充沛、美貌动人的 22 岁女子，[15]但是她已经深谙王朝政治的危机四伏。她的父亲——日耳曼尼库斯（Germanicus）是一位受人景仰的战争英雄，许多国民都希望他可以成为元首，但他在阿格里皮娜的童年时期就离奇逝世了。她的母亲护送日耳曼尼库斯的骨灰从异邦返回故土，令举国悲痛不已。而在接下来的 15 年中，因为政治谋杀，阿格里皮娜失去了她的母亲和三位兄长中的两人。当时的帝国元首——提比略（Tiberius）对公众之于日耳曼尼库斯的狂热崇拜深感厌恶，同时也对同享其父声名的遗孤抱有疑虑。但是，提比略还是放过了阿格里皮娜和她的姊妹们，以及日耳曼尼库斯最后一个幸存的儿子盖乌斯（Gaius），并且收养了这个孩子，而这个孩子的绰号——卡利古拉更为世人所熟知。

在阿格里皮娜当上母亲之时，提比略刚刚逝世，而日耳曼尼库斯的四个子女也都刚刚开始拥有属于自己的生活。卡利古拉和提比略的孙子一同成为共治者，但是他很快就淘汰了自己的这位搭档，继而独揽大权。25 岁的卡利古拉风度翩翩、身体健硕、（暂且）心智健康，被誉为一段新的黄金时代的缔造者，他的三个迷人的妹妹也为他的形象增光添彩。卡利古拉甚至还让他的妹妹们一同分享了他的权力，在每年廷臣向元首效忠的誓言中也加入了她们的名字。就一位罗马女性而言，身为日耳曼尼库斯掌上明珠的阿格里皮娜，所享受的地位是空前的；她同样十分富有，因为她从 13 岁起就嫁给了一位富有的贵族，那就是尼禄的父亲多米提乌斯·阿赫诺巴尔比（Domitius Ahenobarbus）。

阿格里皮娜无法列席元老院的会议（尽管有一天，她会设法解决这个问题），但她听闻了不少在那个洋溢着激情的议事厅——元老院会堂（Curia）中发生的事情。一位最近入职元老院的雄辩家鲁齐乌斯·安奈乌斯·塞内加，以其独特的语言风格——精简有力的从句和简洁凝练的隽语所组成的迷人散文——吸引了众人的注意力。于是，阿格里皮娜与塞内加建立起了友谊。[16]尽管塞内加年长她近 20 岁，而且作为一位骑士，塞内加的地位远远不如阿格里皮娜（甚至不如他的元老同僚）。阿格里皮娜的妹妹朱利娅·莉维拉（Julia Livilla）也和塞内加成了朋友，虽然有人认为，这种关系超越了友谊。

然而，阿格里皮娜的兄长并不喜欢塞内加，也不喜欢他说话时的警句风格。卡利古拉将塞内加的言论比作建筑行业中"不掺石灰的沙子"[17]，因为将沙子与石灰混合才能制成建筑所用的灰浆。在卡利古拉看来，塞内加所做的演说很空洞，只不过是一堆引人注意、强行串起却没有严密关联的漂亮话罢了。

［此后，卡利古拉的这种批评也会以各种方式反复出现。麦考莱爵士在 1830 年代表达了与之相同的观点，他认为："（塞内加）所写的几乎每一句话都可以被引用，但如果直接阅读他的整篇作品，就像是用餐时只吃醒鱼酱一般。"[18]］又或者，塞内加的话语"不过像是赛会的委员会罢了"，负责在公共运动会开始时为了褒奖而发出一些华而不实的宣言。

在卡利古拉执政之初，像塞内加这样的元老受到了皇室的欢迎，因为元老院曾为新元首的继位而欢呼，并且争相授予卡利古拉最高的权力。然而，罗马历史的教训表明，任何友好的关系都不会持续太久。元老院仍然念念不忘其在共和统治架构下的核心作用，虽然阻止元首制度产生（通过刺杀尤利乌斯·恺撒）的努力归于失败，但是元老院从未与这个制度达成和解。一场血腥的内战为这个问题做出了裁决，最终奥古斯都接管了权力。然而，奥古斯都本人和他的继任者提比略都在努力寻找同执拗的元老们相处的妥协之法。但当这种努力归于失败的时候，对付元老们的通常就是屠刀了。

70 多年来，元老院一直试图维护其古老的特权。但是，得益于元首的私人军队——禁卫军（Praetorian Guard），元首本人总是可以拥有最终的决定权。这些精锐士兵驻扎在罗马城的东北角，也只有他们才有权在罗马城内携带武器。每一位罗马皇帝都会小心翼翼地确保这些军队——尤其是他们的长官或者指挥者——衣食无忧、酬劳优厚且忠于使命。尽管帝国元首利用禁卫军镇压元老院是糟糕的行为，但是几乎各方都确信，如果元首下达了这种命令，那么军队一定会服从。

因此，禁卫军成了帝国元首们的终极武器。而随着自身的理智崩坏和对元老院越发高涨的敌意，卡利古拉将会无所不用

11

其极地利用这一武器，并最终过线。

没有人确切知道卡利古拉的精神衰退始于何时，但是作为目击者的塞内加证明了卡利古拉的精神衰退到了可怕的程度。在塞内加之后的作品当中，卡利古拉就像一个经常出没于噩梦的怪物一般，逮捕、折磨、杀害元老们，或者强奸元老们的妻子作为消遣，然后还用对这一恶行的色情描述来嘲弄他们。塞内加在谈到卡利古拉的癫狂时曾表示："似乎大自然把他作为一种实验品创造了出来，用来展示绝对的邪恶与绝对的权力结合起来究竟能产生什么样的恶果。"[19]

在卡利古拉的精神开始急转直下的时候，首先受害的是他的妹妹阿格里皮娜和莉维拉。她俩都是卡利古拉最亲近的人，除此之外，卡利古拉还有一个妹妹德鲁西拉（Drusilla），有人认为她同时也是卡利古拉的情人。德鲁西拉于公元 38 年病逝，卡利古拉为此陷入深深悲痛；当他从噩耗中解脱出来的时候，仿佛变了个人。在没有任何征兆的情况下，当卡利古拉和他尚在人世的妹妹们在一个豪华的庄园里消磨时光时，他指责她们与其丧偶的妹夫列庇都斯（Lepidus）有婚外情，并且密谋把列庇都斯推上皇位。

元老院被要求对此做出裁决，以满足帝国元首的要求。阿格里皮娜和莉维拉被贴上了国家公敌的标签，并且被流放到了第勒尼安海上的火山岩岛屿——庞廷群岛（Pontine Islands）。或许，卡利古拉是想让她们永远都不要回来。

阿格里皮娜在 23 岁的时候，将还在襁褓中的儿子交给她的丈夫和大姑姐照顾，自己孤身流亡国外。在她离开之前，卡利古拉给她的判决加上了贬损的处罚内容（这也是他惯用的标志性手段）。他强迫阿格里皮娜在一场公开的葬礼上，抱着她被处

决的所谓的情人列庇都斯的骨灰盒。这是对他们母亲 20 年前携
其父日耳曼尼库斯骨灰归来的英勇事迹进行的一次残酷的模仿。
通过这种巧妙的虐待方式，卡利古拉找到了一种办法，让他可
以在一个场景中同时贬损妹妹、死去的妹夫和对父母的记忆。
然后，他把阿格里皮娜的财产都拍卖给了蓄须的日耳曼人，让
他的妹妹自此一贫如洗。

对奥古斯都的多数后裔来说，被流放到庞廷群岛就意味着
死亡，这次亦复如是，而且只是死亡的前奏。"我持有宝剑，
也拥有岛屿。"卡利古拉在送走他的妹妹们时如是打趣道。然
而，不知怎么的，随着倦怠的数月过去，禁卫军并没有造访阿
格里皮娜或莉维拉的监狱，粮食供给也没有停止。不管是出于
何种原因，卡利古拉暂时还是打算让他的妹妹们继续活下去。

许多罗马人在列庇都斯阴谋之后纷纷失势，其中也有一些
贵族，这些人曾经涉嫌支持上一代人的另外一场政变——一位
名为塞扬努斯（Sejanus）的禁卫军长官针对提比略的阴谋。
当卡利古拉的养父提比略挫败了塞扬努斯的阴谋时，卡利古拉
还只是一个小男孩。然而，卡利古拉不知何故开始怀疑塞扬努
斯的残余支持者打算反对他的统治，这两个相隔 15 年的阴谋，
在他紊乱的大脑里似乎有着某种联系。塞内加也受到怀疑，因 13
为他的家人与塞扬努斯一党有着千丝万缕的联系。[20]

15 年过去了，塞扬努斯阴谋的气息一直萦绕着塞内加，
而卡利古拉会嗅到这丝气味，这无疑让塞内加颇为忧心。至
少，这是从他当时发表的一篇论著中得出的结论，这篇论著也
是他现存的第一篇哲学作品。

大约成文于公元 40 年[21] 的《致玛西娅的告慰书》
（*Consolation to Marcia*，又译作《马尔齐亚的慰藉》）所采取的

写作形式，是一封写给一位为死去的儿子悲伤的母亲的信，但塞内加写这封信的本意就是想要将其公布于众。塞内加一生都在玩这种修辞把戏，让他的读者们能够旁听这场看似私密的交流。他的收信人通常是家人——有几次是他的哥哥诺瓦图斯——或者挚友。这篇论著提及的玛西娅，一个元老阶级的中年妇女，与塞内加本人其实并无瓜葛。然而，她却是被塞扬努斯迫害的克莱穆提乌斯·科尔都斯（Cremutius Cordus）的女儿。

公元 25 年，塞扬努斯认为元老兼史家的科尔都斯犯了叛国罪，因为他在作品中把刺杀恺撒的布鲁图斯（Brutus）和卡西乌斯（Cassius）描述成了英勇无畏之士。科尔都斯在元老院中为自己辩护，声称言论自由从未受到如此严厉的压制。但是元老院议政厅里的氛围，以及旁听审判的元首紧锁的眉头，都预示着判决的最终结果。科尔都斯返回家中，将自己反锁在房间里，开始绝食。

后续发生的事情便是塞内加在《致玛西娅的告慰书》中讲述的故事。在其父科尔都斯闭门四天之后，玛西娅走进他的房间，发现自己的父亲正在忍饥挨饿。科尔都斯恳求自己的女儿不要阻止他绝食。与此同时，在元老院当中也有消息表示，科尔都斯这是想要蒙蔽塞扬努斯，从而逃避迫害。塞扬努斯的党羽们也争辩道，被告在受审的过程中不可以用这种方式来逃避判决，并且要求逮捕并处决科尔都斯。在人们激辩的时候，科尔都斯最终成功地完成了自杀。愤怒的官吏们下令焚毁他所撰的史书，但是有一部尚存。在 12 年之后，提比略和塞扬努斯皆已过世，玛西娅终于得以让残留文本重见天日。

14 塞内加在这封旨在安慰玛西娅的信件中使用了一种奇怪的手法：他在安慰信中试图让玛西娅回想起自己父亲被捕以及被

迫自杀的痛苦细节。这也许只是他因笨拙而造成的无心之失。但或许，正如一位现代学者所言，塞内加有意将自己置于政治断层线的正确的那一边。如果与塞扬努斯的朋友为友是危险的话，那么和塞扬努斯的敌人交朋友就是安全的，并且塞内加要把这种友谊展现给整个世界。在这部作品当中，塞内加出于自身利益而选择去安慰玛西娅。

虽然并没有什么证据去证明这个理论，但是这符合塞内加大部分作品展现出的机会主义模式。[22]他对文字的掌控是如此娴熟，他的修辞技巧是如此精妙，以至于他很容易在助人的同时自助。现代读者面临的挑战是，如何在任何一部给定的作品当中，判断哪一种动机是最重要的。或许，塞内加自己常常也不清楚。

从《致玛西娅的告慰书》想要达成的更大目标来看，这篇论述使用了斯多葛哲学的思想和方法来处理个人面临的最大的悲恸——失去自己的孩子。塞内加把自己描绘成了一个清洗病人伤口的医生。这些伤口业已开始溃烂：在她的儿子梅蒂斯提乌斯（Metistius，又译作麦提里乌斯）去世两年多后，玛西娅仍然沉浸在悲痛之中。用斯多葛哲学的术语说，她已经危险地失去了理性，而理性正是让她成为完全之人的要素。神使得该要素在人的灵魂中有崇高的地位，就像它把思索的大脑置于人的身体顶端一般。如果理性不能恢复到它应有的首要地位的话，那么玛西娅将会失去她的人格，也会失去任何幸福的希望。

塞内加并不否认玛西娅拥有悲伤的权利，因为否认悲伤将是冷酷的，而且他非常清楚，这种冷酷常常会被用来指责斯多葛派学者。塞内加奉行的斯多葛哲学会更加柔和，更能适应人类的弱点。塞内加承认，对失去孩子的父母而言，表示哀悼是很自然的，但是玛西娅的悲痛已经超越了自然的界限。而自然——对他和所有斯多葛学派的信徒都一样——是主要的向导和榜样，它同理性、同神祇结盟。事实上，对于斯多葛学派的信徒而言，这三个词几乎是同义的。

对塞内加来说，玛西娅的悲伤是普遍存在于人类中的盲目性的一个例证。我们假定自己拥有一些东西——家庭、财富、地位，但这些都只是我们从命运那里借来的。我们理所当然地认为它们会永远与我们相伴，因而我们为它们的离去而感到悲痛；但失去是一件再正常不过的事情，这是我们一直理应预料到的。假使我们能够正确看待的话，那么我们就像是一支进攻防御严密的城镇的军队：每时每刻都可能因箭矢而留下伤痕。然后，塞内加转换了一些比喻，将我们的命运比作一个被判刑的罪犯："如果你为死去的儿子哀悼，那么其实他的罪行在他出生的那一刻就已经注定。在彼时，他已经被判了死刑。"

那么在战场上的生命，或者在死牢中的生命，是否值得存续？塞内加似乎对此有两种想法。一方面，他赞美这个世界的美，并且认为世间的快乐胜过一切苦难。而另一方面，他估算了世间生活的痛苦，并且表示，如果把生命作为礼物送给我们，而不是强迫我们去接受它的话，我们应该会选择拒绝。不管是哪种情况，如若正确地看待生命，那么生命不过只是走向死亡的旅程。我们错误地认为老者和病患正在"步入死亡"，其实当人们还是婴孩和青壮年的时候就已经如此了。我们每天都在衰朽，每天都离死亡更近一步，无一例外。而玛西娅之子那样逝去，只是提早地完成了这项工作，这甚至是一种令人羡慕的命运。

　　塞内加的一些宽慰听起来很是空洞，其意味也颇为可疑。当他告诉玛西娅，她应该为她自己拥有养育儿子的快乐而心怀感激，就像饲养员收获了饲养幼犬的快乐，但是在小狗成年之后就得和它分别一般，我们可以感受到塞内加所做的类比可能有些过度了。在塞内加的一生中，他一直与有关肤浅作家的诅咒——不知道何时该结束话题——做着斗争。但总的来说，他的《致玛西娅的告慰书》是一部鼓舞人心的作品，语气激昂，目标宏大。正如塞内加在接下来的 25 年中所做的那样，他的目标是改变人类对其自身最大危机——死亡——的思考方式。

　　《致玛西娅的告慰书》以一种奇异的盛景来收尾，这种方法最初源于斯多葛学派，但是之后被塞内加收为己用。希腊的斯多葛学派认为，世界将被焚毁，继而被重新创造，循环往复。这种信条在罗马时代已经过时，[23] 但是塞内加在这部论著和其他著作中赋予它新的生命。塞内加要求玛西娅想象出他的父亲——英勇自杀的科尔都斯——如今正居住在一个酷似天堂的地方（尽管基督教在这个时候才刚刚在天涯之遥的耶路撒冷兴起，而且几乎没有传入罗马人的耳朵）。从科尔都斯在空中一览无余的座位上，他可以预见未来：

　　　　没有什么事物会一直保持着现有的位置。世界衰朽之时将会把一切都夷为平地，将一切都带走。不仅仅是人类，还包括每一个地点、地区乃至大陆，所有的一切都会被卷入其中。群山将被推倒，新的山峰将直插云霄。海洋将被抽干，河流将会改道，束缚着人类社会秩序的公民大会将会被解散。城市将被拖入深渊，被地震震碎，被从深渊底部召唤而来的瘟疫之风侵袭。一切有人居住的地方将

16

会被洪水吞没；没入水中的土地上生活着的一切生物将被淹毙；世间的生命将被大火巨大的火舌焚烧殆尽。当地球自我熄灭以使自己焕然一新的时候，所有的一切都会被地球自己的力量所毁灭，星球将四分五裂，现在有序发光的任何物体都会陷入一团火焰，所有的一切都会在这之中被消耗掉。

塞内加告诉玛西娅这一切以安慰她，向她表明，个体的折损（例如其子梅蒂斯提乌斯的死亡）很快将会变得微不足道。但是，这段文字的狂热程度，远远超出了安慰的目的。塞内加在忍受卡利古拉带来的恐怖时，似乎也在世界末日的临近中发现了一些激动人心的东西。

就在塞内加发表他的慰问信后不久，末日天启并没有来临，到来的却是救赎。

在公元 41 年年初的某一天，也是在自己荣膺元首之位的第四年，卡利古拉从一个奇怪的梦中醒来。[24] 在梦里，卡利古拉正坐在奥林匹斯山上的朱庇特神的脚下，突然神用脚趾推了他一下，让他猛跌了下去。这是一个预言景象，因为在第二天结束之前，卡利古拉便已命归冥府。

卡利古拉的癫狂之举甚至让他的禁卫军都开始反对他了。如果他们继续让卡利古拉执政，那么他可能会摧毁元首制度本身，而元首制度是禁卫军得以存在并发挥作用的基础。他们与那些遭受卡利古拉迫害的元老们达成一致。一队士兵在通往剧场的道路上将卡利古拉截住并用刀刺死了他。他的尸体被胡乱地火化了，他的骨灰也被埋在一处低矮的土丘之下。

随着致命一击的落下，他们永远改变了元首制度不成文的定义。卡利古拉实施绝对权力的试验，证明最终还有一重检查会拦在前面。这种检查是禁卫军强加的。在谋杀发生后的数个小时中，他们在决定谁有权继位一事中占据着核心地位。虽然元老院还在为是否回归共和政制而踌躇不决，但是士兵们已经把卡利古拉多病的叔叔克劳狄乌斯给找了过来。据说克劳狄乌斯被找到的时候，正躲在窗帘后面、体若筛糠，虽然更有可能的是，他已经对即将发生的事情有了充分的了解。[25]当克劳狄乌斯被士兵带到禁卫军营地的时候，士兵对他山呼"皇帝！"

作为回应，克劳狄乌斯允诺向每一个士兵发放五年的薪水作为丰厚报酬，以表达自己对于禁卫军的感谢。这也开创了一个持续数个世纪的先例，禁卫军任意废立皇帝，凭借拥戴之功而大赚一笔。[26]现在他们已经从仪仗队和安全部队变成了罗马幕后的立王者。不过克劳狄乌斯可不是一个国王，他的头衔更加模糊也并不稳固。罗马在数个世纪之前就已经放弃了世袭君主制，也不能认可一个王（rex）——甚至连这个词本身都被认为是有毒的——再次成为国家的统治者。

曾经正式对前三位皇帝继位加以颂扬的元老院，并没有参与此次的权力移交。卡利古拉内部中枢的迅速崩溃，使元老们没有时间在新统治者的议题上达成一致。克劳狄乌斯也意识到元老院并不信任他，所以他整整一个月都没有在元老院会堂露面，之后也会有一名卫兵陪在他身边。他是由禁卫军推举产生的，除了军队，其他人都未置可否。克劳狄乌斯在他铸造的钱币上也坦率地承认了这一点，其中一些钱币描绘了通往禁卫军营房的大门，又或者是一名士兵执着克劳狄乌斯的手。

塞内加从近处目睹了卡利古拉被残忍杀害、倒在血泊之中，但他似乎并没有参与其中。至少在他作品的表述中，塞内加本人与这次阴谋保持着冷静的距离。[27] 弑君在文字作品中是一个敏感的话题，因为每一位元首都能感受到弑君的威胁，也没有人会允许弑君之举受到赞扬。在一次假定的讨论中，[28] 塞内加主张为患有无法治愈的精神错乱的元首实施最终解决方案，但是他随后又谨慎地表示，对于一位国务大臣（minister of state）来说，这样的自然怪胎就像是在坚固的地面上出现了一道深渊裂隙，或者在水下出现了火山一般罕见。甚至即使是卡利古拉被弑的情况，或许也并不一定符合如此严苛的准则。

尽管塞内加不能公然讨论卡利古拉的身殒，但是他至少可以审视一下卡利古拉统治结束后罗马政治阶层的幸存者。酷刑与强奸的受害者激起了塞内加的怜悯，但更让他心生悲悯的，是那些被迫接受这些罪行而没有提出抗议的旁观者，他们是这个政权的道德受害者。可能在卡利古拉身殒不久之后所写的《论愤怒》（De Ira）中的悲惨故事表明，这位年轻的元老正在估算着专制统治带来的精神代价：那些被迫降伏的人所遭受的精神创伤。这是塞内加时代的核心问题，其他人从未尝试过解决问题，但他要在他的作品和他自己的生活中设法解决这个问题。[29]

《论愤怒》是塞内加系列论著中的第一篇，这个系列中的每篇论著都涉及其标题中出现的单个伦理主题——《论仁慈》（De Clementia，又译作《论怜悯》）、《论生命的短暂》（De Brevitate Vitae），等等。愤怒引发了一系列的话题，因为愤怒对理性构成了巨大的威胁。塞内加首先阐述了为何要避免愤怒，以及如何避免。塞内加表示，如果我们付出艰苦的努力，就可以控制住愤怒，以防它感染我们的灵魂，就像海绵采集者学习更长时间的闭气一样。在此过程中，塞内加讨论了一些令人不安的案例。

譬如，《论愤怒》讲述了一位富有的骑士帕斯多（Pastor）的故事。[30]他的儿子因为拥有一头秀发而被卡利古拉列为敌人。（元首本人此时已经快要秃顶了。）帕斯多苦苦哀求卡利古拉放过自己的儿子，这反倒促使愤怒的卡利古拉立即下令处决那个男孩。谋杀发生之后，卡利古拉将帕斯多带到宫殿中，强令他饮酒，并且戴上节庆的花环；一名士兵就站在附近，监视帕斯多是否会表露不满。帕斯多勉力振作、佯装高兴地向杀害他儿子的凶手祝酒。帕斯多如何做到这一点的呢？塞内加问道，随后自己给出了答案：因为帕斯多还有一个活着的儿子（而卡利古拉也知道这一点）。

不仅在罗马城，而且在其他任何地方、任何时候，好人都会被迫向暴君跪伏。在《论愤怒》的其他部分，塞内加让人们回想起了古希腊传说中亚洲王国的宰辅们（viziers）所蒙受的遭遇。哈尔帕古斯（Harpagus，又译作哈巴古斯）曾担任波斯国王的首席大臣，却因为忽视了一项命令而得罪了他的主人①。国王对他进行了残忍血腥的报复：他给哈尔帕古斯端上了一份用哈尔帕古斯孩子的肉做成的炖菜，接着向哈尔帕古斯展示了砍下的头颅以便让他知晓自己吃了什么。和卡利古拉一样，国王用残酷的语气询问哈尔帕古斯这顿晚餐吃得如何。哈尔帕古斯哽咽着回答道："在国王的餐桌上，每一顿餐食都令人愉悦。"塞内加用冷峻的语气表示，这般奉承至少让哈尔帕古斯得到了一点好处，那就是他不必再忍着把这顿饭吃完。

---

① 据希罗多德《历史》（I, 119），处决哈尔帕古斯儿子的国王应该是米底国王埃斯泰亚基斯（Astyages）。——译者注（本书所有脚注均为译者注，后文不再特别说明。）

《论愤怒》教导读者们要通过适当漠视伤害，从而避免愤怒。但是帕斯多和哈尔帕古斯的案例也验证了这种说法的局限性。对于一个伟大的斯多葛派学者而言，这与忽视在公共浴室里推搡他的人或无视朝他脸上吐唾沫的人完全不可同日而语（诚如《论愤怒》中所举的另外两则故事所言）。接受自己的孩子被杀害，往往已经超出了对愤怒的控制范围，进入了道德自我毁灭的境界。然而，最初塞内加依旧表示，这便是他训导人们要做的。他在评述哈尔帕古斯的故事时说道："这就是一个人在国王餐桌上的用餐方式，同样也是他应该作答的方式。在这种情况下，一个人甚至必须向杀戮他至亲的凶手报以微笑。"

然而，仿佛对自己的论述结果感到震惊一般，塞内加突然话锋一转：

20　　　　然而，生命真的值得如此吗？让我们来考虑一下，但那应该是另外一个问题。我们不会对如此荒凉的牢狱提供慰藉，我们也不会鼓励任何人去顺从屠夫的独裁专制。我们想要表明的是，在任何奴役中都有通向自由的路。我要对那个被国王用弓箭射杀儿子的人、那个被主人命令食用孩子之血肉的人说道："愚昧的人啊，你在哀求抱怨什么呢？……无论你朝哪里瞧，你都能找到这苦难的终结。你看到那处悬崖了吗？它通向自由。你看到那片海、那条河、那口井了吗？在它的最深处就有自由。你看到那棵矮小光秃的枯树了吗？自由就悬挂在它的枝头……你或许会问，通向自由的道路是什么？答案是你体内的每一根血管。"

这种对于自杀的狂热赞颂是塞内加思想中的第二个重要标

志，就像《致玛西娅的告慰书》中所展现的疯狂的末世场景一般。长期以来，斯多葛学派的信徒们一直认为自杀是治疗无法避免的痼疾——包括暴君的施虐——的方法。但是，在恺撒临朝的时代，这本该是希腊的斯多葛学派的信徒们探讨的小话题，却在罗马变得十分重要。事实上，对于塞内加而言，这已经变成了某种执念。[31]在他的整个职业生涯中，他一次又一次地重复着这令人苦恼的问题：如何、为何、是否、何时选择自尽？后世认为塞内加的名字取得恰如其分，因为"塞内加"这个名字可能源于拉丁短语"自我了断"（se necare）。[32]

罗马政治自杀的模板，是在此前的一个世纪，由一个叫作马尔库斯·波尔基乌斯·加图（Marcus Porcius Cato，即小加图）的人确立的。小加图是加图家族众多璀璨繁星中的最后一颗，也是一位曾经训练自己忍饥挨冻的苦修践行者。在公元前40年代的内战中，小加图发现自己站在了恺撒的对立面，需要与之抗衡。在他控制的城市——北非的乌蒂卡（Utica），同样也是反抗恺撒的最后一个据点——沦陷之后，小加图便没有获胜的希望了。小加图和一小群追随者逃到一个朋友的别墅中避难。小加图曾阅读过一本有关苏格拉底之死的平静记叙，即柏拉图的《斐多篇》（Phaedo）。于是，他选择静处一室，拔剑自杀。小加图的同伴听到了他痛苦挣扎的声音，急忙赶去救助；他们中的一位医师试图将他的内脏塞进体内并且加以缝合。但是，当小加图短暂地恢复知觉之后，他用自己的双手撕开了缝合线和内脏器官，而后撒手人寰。

这种掏空自己脏腑的毛骨悚然的行为，被视作一个鲜活的哲学典范。[33]他展现了一种捍卫自主权利的英雄献身之举——恺撒的胜利威胁到了个人的自由——以及超脱凡人的对痛苦与

21

恐惧的蔑视。随着元首制度的发展，小加图的自杀给那些哀于失去自由的人带来了新的意义，并且作为道德典范而愈加耀眼。在塞内加的作品里，这种行为散发着炽热的光芒，正如小加图几乎所有的言行一样。[34]

不过，塞内加时代的政治自杀与小加图时代不同，这种行为通常意味着对专制独裁的默许，而非违背与反抗。贵族们和统治者之间达成了一种怪诞的契约[35]：如果受害者选择自杀，而不迫使元首动用禁卫军的话，那么元首会允许受害者将自己的财富传给他们的继承人，而非上缴国家。如果他们选择自杀，他们的自尊可以被保留，同时避免被枭首的恐惧。他们的尸首也将获得妥善的安葬。之后，元首可以将他们的死公之于众，作为他们有罪或者至少是屈服的证据。

这种体系到卡利古拉时期就已经正式确立了，卡利古拉保存着两本记录着他的敌人的册子：一本为"长剑"，一本为"短刃"。[36]第一本记录了要让士兵去枭首的人；而第二本上记录的人则会被割开喉管（这项工作通常需要更短的刀刃）。确保这种有所区分的处理方式，可以让国家享有不可小觑的利益。在至少一则案例当中，一个受害者企图自杀，并在被押解前往行刑地点的途中成功地结束了自己的生命。[37]他设法在中途死去，使自己的地产免于落入元首之手。

即使在他们的生命危如累卵的时候，这些政治自杀者也清楚，元首掌握着伤害他们妻儿的权力。他们的遗言与举止都务必小心克制。遗嘱也会被加以修改，从而使元首获得相当一部分的财产，以免元首编织借口没收全部财产。一些谨慎的人甚至会在自己的遗书中加入对皇帝的阿谀奉承。

塞内加对于自杀的赞颂是那个时代的写照。在他所处的时代，自杀已经成了受到皇帝迫害的贵族受害者无力反击的象征；个人所能期待的最好的办法，就是通过公开退场的方式让元首难堪。[38]因此，在《论愤怒》中，塞内加把自杀描述成了一条逃生之路，一种从君王的权力中获得解脱的方法。然而，塞内加不愿意承认或者并不知道的是，自杀也可以作为一种反击的手段——尽管在他的眼前就有这么一个例子。

　　与哈尔帕古斯一样，身为大臣的普列克萨斯皮斯（Prexaspes）也是波斯君主的左膀右臂。他的君主冈比西斯（Cambyses）是一个臭名昭著的酒鬼，并且在某天想要向廷臣们证明美酒并没有迷惑他的心智。于是，他举行了一场弓箭演武，将普列克萨斯皮斯的儿子作为射箭目标；接着，正如他扬言的那般，一箭正中男孩的心脏。[①] 这个故事也在《论愤怒》中被引用，我们之前提及的塞内加对自杀行为的称颂就在这个事例之后。（在颂诗中"那被国王用弓箭射杀亲子的人"就是普列克萨斯皮斯。）然而，塞内加并没有交代这个故事的后续。[39]

　　多年之后，普列克萨斯皮斯获知了一份危险的情报。他知悉一群阴谋者已经杀掉了冈比西斯本来的继承人，并且让一个冒名顶替者登上了王位。而普列克萨斯皮斯和阴谋集团的头目似乎也勾结在了一起。这个头目正是看中了普列克萨斯皮斯在波斯民众心中的崇高地位。当民众对他们国王的合法性感到不安和疑虑时，阴谋的策划者要求普列克萨斯皮斯前去安抚民心。

①　有关冈比西斯弑杀普列克萨斯皮斯之子的事情，可以参考希罗多德《历史》（III，33－34）。

普列克萨斯皮斯爬上了首都中心广场的一座高塔。他从塔顶的窗户上伸出头，向下面的民众喊话，但是普列克萨斯皮斯并没有按照阴谋者的指示去做。他谴责了冒名夺取权柄的阴谋者，揭露了他的阴谋，同时也承认自己曾经奉冈比西斯的命令杀害了居鲁士的王位继承人。随后，他从高塔一跃而下，摔死了自己。在普列克萨斯皮斯行为的鼓舞之下，波斯人团结起来去反抗谋权篡位者，并很快推翻了这个假国王。[①]

虽然塞内加研究过多种形式的自杀行为，但普列克萨斯皮斯的行为模式是他从来没有设想过的。在《论愤怒》中，他把自杀这种行为描述成一种私人的、被动的、非政治的东西。他含蓄地表示，即使好人愿意死去，罗马也不会发生政权的更迭。

而这一假定，也将支配着塞内加自己日后生活和政治生涯中所做出的种种选择——不久之后，他将面对和普列克萨斯皮斯相似的情形。

卡利古拉的身殒意味着他那两位被流放的妹妹——阿格里皮娜和莉维拉可以重返罗马了。她们都已经20多岁了，既是日耳曼尼库斯的孩子，又是她们令人憎恶的哥哥的受害者，姐妹俩都受到了民众们的爱戴，也享有了前所未有的地位。对一些人来说，这地位实在是过高了。

两位女性都很漂亮，其中阿格里皮娜因其生育能力而为人所知。因此她们两人都被人怀疑会利用性来获取权力。卡利古

[①] 有关普列克萨斯皮斯指责玛古术士的叛乱行径的具体史实，可以参考希罗多德《历史》（III，74－75）。

拉在放逐她们的时候，曾指控她俩不仅支持篡位者列庇都斯，而且与列庇都斯同床共枕，这个指控无疑利用了罗马男性根深蒂固的恐惧。数十年来，人们都给恺撒家族的女人们安上了一个强欲的魔咒，[40] 在他们的心目中，这些女人似乎就是情欲的塞壬、操纵权力的野心家、荒淫乱伦的怪物，又或者是这些可怕角色的混合体。[41]

这对姐妹的性吸引力让瓦莱瑞亚·麦瑟琳娜（Valeria Messalina，又译作瓦列里娅·美撒里娜）倍感忧虑，16 岁的麦瑟琳娜是新登基的克劳狄乌斯的妻子。（麦瑟琳娜很快也会让自己变成一个巨大的男性焦虑来源。）从阿格里皮娜和莉维拉返回罗马的那一刻起，她便把日耳曼尼库斯的这两个女儿视为竞争对手，即使她们是自己丈夫的侄女。麦瑟琳娜已经为克劳狄乌斯诞下了两个孩子，包括儿子布列塔尼库斯（Britannicus）；但是，她依然对声名日盛的阿格里皮娜和莉维拉的血统颇为忌惮。任何一种选择都可以解决克劳狄乌斯政权所面临的严峻问题，而这个问题可以追溯到数十年前元首制度的创始者奥古斯都。

罗马的第一任元首很不幸没有留下儿子。奥古斯都的血统通过他的姐姐屋大维娅和他唯一的亲生女儿尤利娅（Julia，又译作朱莉娅）继承了下来。克劳狄乌斯和麦瑟琳娜——她是他的表妹，这个家族都是近亲通婚——也是奥古斯都姐姐这一支的后裔，正如他俩通过把自己的长女命名为屋大维娅（又译作奥克塔薇尔）所强调的那样。但是阿格里皮娜和莉维拉是奥古斯都女儿的后裔。她俩拥有的直系血脉远胜过所有旁系亲属。

元首制度不是君主制——早在五个世纪之前，罗马就已经放弃了王政，并且在官方层面一直谴责这个制度——因而没有关于继承的指导章程。尽管如此，与奥古斯都的圣体血脉相连赋予了继承者与生俱来的合法性。奥古斯都的继承者——他的继子提比略获得皇位的时候和奥古斯都并没有直接的血缘关系，但是卡利古拉，又恢复了奥古斯都的血脉执掌中枢的情况。随着克劳狄乌斯——他并没有像提比略被奥古斯都收养一般，被他的前任收作继子——的继位，元首之职和"皇室"血脉再次分道扬镳，这种局面令整个罗马都深感不安。

麦瑟琳娜在克劳狄乌斯成为元首之前就已经和他成婚，在当时看来克劳狄乌斯并无可能成为元首。她有着相当高的皇室地位，但值得注意的是，克劳狄乌斯并没有允许麦瑟琳娜获得奥古斯塔（Augusta）的头衔，而这个头衔是一个女性临朝的终极标志。[42]缺少这个头衔就意味着麦瑟琳娜的角色是可有可无的。她深知，在皇室中，不相称的婚姻很容易破裂，而新的婚姻就可以被缔结。而这种婚姻破裂后的孩子，尤其是男孩，通常特别容易早逝。

麦瑟琳娜有两个有利条件可以捍卫自己在皇宫中的地位。第一个是她的年轻、美貌以及热情，这对她的丈夫有着巨大的影响力（即使这些因素并没有如史料中所说的那样让克劳狄乌斯被任意摆布）。第二个则是她同纳尔奇苏斯（Narcissus）的结盟，后者是个精明的希腊人，曾为奴隶，现在是克劳狄乌斯的秘书官。这名身居高位的工作人员深谙政治剧本中的每一个伎俩。麦瑟琳娜与纳尔奇苏斯发现，如果他俩在克劳狄乌斯身边携手共进——麦瑟琳娜在床帏之内，而纳尔奇苏斯在庙堂之中——那么他们几乎可以为所欲为。公元 41 年，他俩的主要目标便是让莉维拉与阿格里皮娜出局。

　　莉维拉已经成婚，因此指控她通奸是一件很容易的事情，通奸算是刑事重罪。这并不需要确凿的证据，只要她与自己配偶之外的其他人有明显的亲密关系即可。而莉维拉与塞内加有密切的联系。于是，莉维拉遭到指控、审判并被定罪，在离开庞廷群岛不到一年之后，又被送回了那里。在卡利古拉统治的大部分时间中，莉维拉都是在这片偏僻多岩的群岛上生存下来的；然而这一次针对她的迫害更加严重。数月之后，她就去世了。

　　塞内加作为莉维拉的共犯，[43]也在元老院接受审判，人们也很乐意阅读他在那里留下的演说稿。或许塔西佗——这位事无巨细进行记载的伟大的编年史家——将塞内加的抗辩演说记载于现已散佚的《编年史》章节之中；因为他记录下了其他很多元老在因受胁迫而将自己定罪的同僚面前，被迫为自己辩护的演说。塞内加的案子尤为令人绝望。元老院不仅给他定了罪，甚至还投票通过一项针对他的死刑判决。这种严厉的措施表明，有人，或许是麦瑟琳娜，认为塞内加是一个威胁。然而，克劳狄乌斯担心做得太过火，因而亲自介入，改判塞内加流放到科西嘉岛。

　　阿格里皮娜不知怎么地就躲过了麦瑟琳娜的怒火。或许因为她和皇后有一些亲缘关系，所以才得以幸免。阿格里皮娜的大姑子小多米提娅（Domitia）是麦瑟琳娜的生母。但是这种助力在公元42年结束了，此时大多米提娅（小多米提娅的姐姐）富有的丈夫帕西耶努斯·克利司普斯（Passienus Crispus）与她离婚了，并且迎娶了阿格里皮娜。

　　或许阿格里皮娜得以存活，是因为她的妹妹比她先行故去。她现在已经是仅存的奥古斯都直系血脉了，并且还诞下一子。多米提乌斯，现年5岁，已经成了王朝宝贵的财富。他是奥古斯都和日耳曼尼库斯唯一活着的男性后裔。从旁系拔擢的克劳狄乌斯和麦瑟琳娜，是在没有元老院与人民的支持之下上台执政的，他们所依靠的是禁卫军和希腊被释奴官吏，这些被释奴因为与生俱来的依附而保有忠诚，他们的势力过于单薄，以至于无法将阿格里皮娜和她的儿子杀死——虽然麦瑟琳娜很可能想这么做。

塞内加被褫夺了一半资产，并被逐出元老院，此时的他刚刚埋葬了自己尚在襁褓中的儿子，这是他和妻子唯一的孩子，困顿不堪的塞内加只能前往科西嘉岛。

他所到达的地方并非庞廷群岛那样的荒芜绝壁。科西嘉岛上有两个罗马城镇和许多较小的定居点。[44] 塞内加在这里多元的人口——包括利古里亚人、西班牙人和希腊人——中也可以找到一些有教养的同胞。但是，塞内加在这里写下的第一篇论述是一封给他母亲赫尔维亚的告慰书，[45] 他在其中将这里描绘成一个适合鲁宾逊·克鲁索历险的岛屿。在这里，他以遗世独立的角色为荣，靠着大自然提供的一切快乐地生活着。

"让我们变得富有的是精神，"他告诉自己的母亲，劝说她不要为自己的命运而痛心，"即便是在最严酷的荒野中，只要能够找到足以使自己身体存活的东西，那么精神也可以享受其自身带来的富足。"这句话仿佛是梭罗在瓦尔登湖畔写就的，尽管塞内加的流放条款让他保留了一半的财产，这使得他在流放时应当并不拮据。

正如塞内加在安慰赫尔维亚时所说的，科西嘉岛是斯多葛信条的理想试验场：真正的幸福来自理性，这是一种与自然和神祇关联的力量。所有塞内加抛在脑后的东西——元老的位子、半数的财产、他所称的"魅力"（gratia），后者即其作为一个作家、思想家和一个正派公正之人所赢得的民望——从斯多葛的观点来看都是"无关紧要的"，对追求美好生活而言更是无足轻重的。更重要的是，那些瑰丽的奇景萦绕着他，尤其是头顶上的晴空——那里是神圣的源头，对斯多葛派学者而言，理性思维便从那里涌现。

在给母亲的公开信件中，塞内加兴高采烈地描述了他对天空的观察，尤其是在夜晚的收获。塞内加仔细地追踪了月球的月相以及恒星和行星的运动。"只要我能够与所有的这些生活在一起，并且在人类被许可的程度上纵情于天际，那么我在哪里驻足又有什么区别呢？"接近夜空，是一种与神的结合。

在塞内加的这封信中，罗马——这座曾经用墙体和天花板遮住天空的城市——看起来像是一头傲慢的怪物，为满足自己的口腹之欲而洗劫世界。塞内加在《致赫尔维亚的告慰书》中写道，"他们饮食是为了呕吐，而呕吐是为了饮食"（Edunt ut vomant，vomunt ut edant）。塞内加描述了罗马最伟大的美食家阿皮基乌斯（Apicius）的例子，这位美食家在珍奇的壳类动物、猎禽和其他珍馐上肆意挥霍。[46]当阿皮基乌斯发现自己的钱快要花光的时候，他便选择服毒自尽。塞内加表示："他最后的一斟，或许是他吃过的最为健康的东西。"他把自己最喜欢的主题"过度消耗"，同他第二喜欢的主题"自杀"在这里结合了起来。

为什么一个虔诚的斯多葛学派的信徒，在宜人的苍穹下找到了理性的天堂，却还是会回到那被称作罗马的粪水池中呢？

这个问题触及塞内加一生之谜的核心。塞内加的朋友和支

28

持者都认识到了这一点的重要性，因为他们在戏剧《屋大维娅》和其他地方都表示，塞内加离开罗马 8 年之后，从科西嘉岛返回罗马并非出于自身意愿。[47]但是塞内加在自己的作品中戳穿了他们的谎言。在塞内加流放时写的第二封公开信件中——这封信可能是在第一封公开信完成的一两年后写成的[48]——他委婉而迫切地表示，他非常渴望克劳狄乌斯皇帝将他召回。

克劳狄乌斯在那几年中巩固了自己的统治，尤其是通过一场重要的军事胜利做到了这一点，他征服了不列颠南部。尽管元首本人只是在海峡的另一边待了 14 天，但是在这段时间中他象征性地领导了对反抗中心卡姆罗杜努姆（Camulodunum）的最后一次进攻。元老院在公元 44 年同意克劳狄乌斯举行一次凯旋式游行，并且授予他"布列塔尼库斯"的称号，而他非常谦逊地将这个称号传给了自己的儿子。随着庆祝日期的临近，克劳狄乌斯感到自己已经足够强大，可以赦免一些敌人。而在科西嘉岛一直密切关注事态发展的塞内加，无疑希望成为被赦免的一员。

数十年前，被逐出罗马的诗人奥维德（Ovid）曾试图通过用阿谀奉承的诗歌不断地称颂奥古斯都，从而让他回想起自己的存在；[49]塞内加则另辟蹊径。他没有直接向元首本人传达讯息，而是向元首身边的高级官吏——一个叫作波里比乌斯（Polybius）的被释奴表达想法。波里比乌斯最近刚刚痛失兄弟，塞内加抓住机会向他送去了告慰书，就像他早些时候寄送给玛西娅的告慰书一样。他的《致波里比乌斯的告慰书》（Consdation to Polybius）被几乎完好无损地保存下来，虽然塞内加本人或许并不希望如此。

塞内加在他第一封从科西嘉岛送出的信中所描述的闪耀着光辉的灵魂阿卡迪亚（Arcadia），在第二封信中已经化为乌有。他所生活的岛屿已不再是大自然的有益犒赏，而变成了一块条件严苛的贫瘠岩石。塞内加并没有直抒胸臆，而是表示，一位文明之士绝不能在这样的地方腐烂。塞内加从奥维德那里借鉴了一些伎俩，[50] 他为自己的行事鲁莽而道歉，并且声称，仅仅是听到那些野蛮人发言时表现出的粗鲁喧哗，就足以让他那聆听拉丁语的耳朵备受损害。

塞内加在致波里比乌斯的信中重复了他早年向玛西娅宣扬的斯多葛式的悲伤疗法。但是他专门针对廷臣的需求，量身定 29 制了新的方案。"当您想要忘掉烦恼的时候，您就想一想恺撒，"塞内加如是写道，"只要他安然无恙，您的家庭就可保无虞，您也就绝对不会受到伤害……他就是您的一切。"[51] 一位廷臣的喜悦来自他所服侍的元首；塞内加接着表示，而正是这位元首带来了无上的快乐。"无论何时，当您眼中涌出泪水时，就将双眼转向恺撒；因为泪水将会被他最伟大、最荣耀的神性晒干。他的光辉将让您的双眼黯淡无光，您的双眼将无法察觉到其他东西，只会定睛于恺撒身上。"

尽管这种阿谀之辞可能令人反感，但是其巧妙的架构依然会给人留下深刻的印象。塞内加本可以像奥维德那般极尽奉承之能事，但是他巧妙地将自己的诉求编织成了一部高尚的哲学著作。他用专业的目光审视了他的葬礼。假如克劳狄乌斯选择置若罔闻的话，那么适当的吐露或许能够起到一些作用，但同时也不会破坏他的形象和自尊。文学艺术是一种极为精巧的工具，而塞内加无疑就是出神入化地操纵工具的大师。这种工具可以双管齐下，让塞内加无论作为政治选手还是道德哲人都获得提升。

但是在这件事情上，塞内加在两方面都失败了。《致波里比乌斯的告慰书》中流露的情感被证实是十分尴尬的，以至于后来，按照卡西乌斯·狄奥的说法，塞内加一直都试图去压制这些情感。[52] 塞内加的这部作品也没有在庙堂上为他赢得好感。不管波里比乌斯是如何采取行动的，但当克劳狄乌斯邀请其他流亡者回国分享他在不列颠的胜利时，塞内加却被排除在外。在接下来的 5 年中，克劳狄乌斯并没有对那个在科西嘉岛上饱受煎熬的斯多葛学派的信徒加以关注。据我们所知，塞内加再也没有试图向他乞求了。

因此，除了按照剧作《屋大维娅》所说的"无可抗拒的命运"（impotens Fortuna）在玩弄手腕之外，事情本该就此板上钉钉了。然而，公元 48 年发生的一系列奇怪的事件，使阿格里皮娜最终取代麦瑟琳娜成了皇后，并且让她的旧识与盟友塞内加有幸重返罗马。

在近 7 年里，麦瑟琳娜一直都是克劳狄乌斯的妻子，但她并没有获得能够确立自己在皇朝中的地位的奥古斯塔头衔。在这 7 年里，阿格里皮娜，这位有着更高贵的血统且面容姣好的女子，一直都在皇宫出没。在某个时候，她突然再次成为寡妇，并且继承了第二笔遗产。也许是因为阿格里皮娜已经恢复单身，又或者是因为自己的精神不稳定，麦瑟琳娜觉得自己的处境趋于恶化。[53] 于是，在公元 48 年，她选择尝试一种新的策略。

麦瑟琳娜用一种奇怪的隐秘仪式将自己"嫁给"了一位英俊的贵族情人盖乌斯·西里乌斯（Gaius Silius），而她真正的丈夫克劳狄乌斯此时却并不在罗马。西里乌斯发誓会收养克劳狄乌斯的儿子兼继承人布列塔尼库斯。这是一场婚姻政变，但是没有强大的军力支持——麦瑟琳娜似乎并没有获得这种支持——那么这场政变注定要失败。士兵们把麦瑟琳娜囚禁在她自己的私宅——卢库鲁斯花园（Lucullan gardens，如今的博尔盖塞别墅）——之中，并且奉宫中的指令，逼迫麦瑟琳娜自杀。[54]

自元首制度确立的八十余载以来，首次出现了一位带着孩子的鳏夫坐在皇位上。再婚是一个棘手的问题。克劳狄乌斯想要一位新妻子，但是他想要一位新继承人吗？民众和军队都在为布列塔尼库斯山呼，但是所有人都知道这个孩子没有尤利乌斯家族的血脉，或许还有人知道这个孩子患有癫痫。他属于旁系血脉，只能追溯到奥古斯都的姐姐，因而他的继位合法性是有缺陷的。布列塔尼库斯会不会像克劳狄乌斯一样，永远都要和那些声称自己是奥古斯都后裔的对手做斗争？

在某种程度上，克劳狄乌斯决定放弃先前对皇朝的假设，重新创建他的家族。他将迎娶阿格里皮娜——日耳曼尼库斯的女儿，奥古斯都的外曾孙女。更为重要的是，他将自己的女儿屋大维娅许配给多米提乌斯。而他的亲生儿子布列塔尼库斯将会失去继位的机会。但是这么做的话，克劳狄乌斯自己继续维持统治、未来其子孙享有统治权的可能性将会大大增加。正如尤利乌斯家族中经常发生的那样，男性在合法性上的不足可以靠女方来弥补。[55]

但是，这项计划存在阻碍。首先，阿格里皮娜虽然寡居，可以再嫁，而且生活富足，但她是克劳狄乌斯的侄女，两人结婚于情理不合。这就必须从元老院获得一项允许乱伦结合的法

31　令。[56]其次，皇帝的女儿屋大维娅现在大概不到 8 岁，[57]还不能直接嫁给多米提乌斯。多年以来，屋大维娅一直与卢修斯·尤尼乌斯·西拉努斯（Lucius Junius Silanus，又译作路奇乌斯·尤尼乌斯·西拉努斯）有婚约，而这位西拉努斯和多米提乌斯一样，也是伟大的奥古斯都的直系后裔。

　　克劳狄乌斯已经对西拉努斯的未来寄予了厚望。[58]为了向西拉努斯表示敬意，克劳狄乌斯还举行了一系列的角斗，同时允许他头戴金冠、身着刺绣托加（toga picta）——一种与皇室相关的染紫服饰。将这样一位备受尊崇的人逐出皇室绝非易事。克劳狄乌斯和阿格里皮娜向前者最为信任的元老侍从维提里乌斯（Vitellius）求助，希望他可以帮忙抹黑西拉努斯的名声。维提里乌斯是西拉努斯姐姐的岳父，这使他可以获得一些内幕消息，或者至少有权利假装如此。

　　维提里乌斯告诉元老院，西拉努斯和她的姐姐尤利娅有性关系。在一个由即将迎娶侄女的叔叔所领导的政权下，这样的乱伦指控一定会让很多人感到讽刺。[59]但是被指控的这种行为依然是不可原谅且备受谴责的。西拉努斯被逐出了元老院，他的姐姐也随之被放逐。西拉努斯与屋大维娅的婚约也被宣布无效。

　　罗马目睹了一个同盟的解散和另一个同盟的建立，并且确立了新皇宫即将落成的规划进程。为了突显这个新的开始，克劳狄乌斯把他的婚礼定在了公元 49 年的元旦。对于罗马人而言，1 月 1 日就是高级官员履任就职的日子。阿格里皮娜已经准备好担任罗马女性所能担任的最高职位——奥古斯塔了，这个头衔是麦瑟琳娜一直未能获得的，而克劳狄乌斯在与阿格里皮娜成婚不久后就把这个头衔授予她了。[60]

在 12 月 29 日，依据元老院法令，卢修斯·尤尼乌斯·西拉努斯被褫夺裁判官（praetorship）之职。其实西拉努斯本来也就只有两天任期了，但是克劳狄乌斯执意要以此表明自己的态度：他不能容许一个因乱伦而私德有亏的人在必要时间之外继续滞留在政务机构中，以免他腐蚀这个国家。

卢修斯现在已经加入了注定要衰亡的尤尼乌斯·西拉努斯氏族的受害者之列。同族的阿庇乌斯·尤尼乌斯·西拉努斯（Appius Junius Silanus）已经在他之前受难了。克劳狄乌斯对阿庇乌斯的声望感到畏惧，他将其处死的借口无非就是麦瑟琳娜和他的一个被释奴所报告的噩梦。当克劳狄乌斯在元老院为自己的行为辩护时，他用毫无讽刺意味的语气感谢这两人纵使在睡梦中依然在守护这个国家。

在如此专横的权力之下，是否值得继续生活？这个问题曾经由塞内加在《论愤怒》中提出，并且在《致玛西娅的告慰书》中被换了一种方式问出来。对于卢修斯·尤尼乌斯·西拉努斯而言，答案毫无疑问是"不"。在西拉努斯被解职的三天之后，也是在克劳狄乌斯和阿格里皮娜完婚的那一天，他选择了自杀。[61]

差不多就在这个时候，阿格里皮娜设法将塞内加从科西嘉岛召回。这位斯多葛学派的圣徒回到了罗马。而再次发生的高层政治受害者的自杀也在这座城市引发了动荡。在塞内加离开罗马期间，有些事情已然发生变化，尤其是政府对于他的态度已经发生了转变。然而，那些受元首压迫之人的无能为力的情况却并没有改变——对于他们而言，只剩下了一条逃避的途径。

第二章　弑君

（公元 49 ~ 54 年）

33　　有人认为，世界终将在烈火中毁灭；而有人认为，世界将终结于洪水之中。

　　塞内加的斯多葛导师们如是教导道，烈火将终结现今的世界。来自宇宙外的肆虐火舌将会越发猛烈，直至烧尽一切生物、抹除一切人类的印记。继而，就如同凤凰涅槃一般，万物生命和文明演进将重新开始。塞内加在《致玛西娅的告慰书》中提及这种周期演化时略有修改，让洪水而非烈火作为毁灭的媒介。[1]如此一来，末世浩劫变得更为迫在眉睫，因为致命的洪流随时都可能从我们的脚下涌出。[2]

　　斯多葛哲学中的死亡与重生的循环，是一个纯粹的自然事件，并非源于神祇的暴怒与惩罚。然而，这种循环总归要将人类之发展重归于零，因此便引发了这么一个隐含的议题，那就是人类到底可以发展多久。就像《圣经》里的巴别塔故事一样，文明的复杂性似乎蕴含着毁灭的种子，抑或是为恒定的终结埋下诱因，而每隔数千载便会迎来这么一次终结。

　　对于居住在这样一座暗流涌动、形势复杂的城市中的塞内
34　加而言，这终结离人类似乎已不遥远。富庶的罗马人不仅可以从山巅获取冰雪来让自己的饮品和泳池保持清凉——这种行为让塞内加深感不齿[3]——而且喜食珍禽奇贝，观赏从世界各地

搜刮来的野兽之间的血腥搏斗。公元 1 世纪的帝国，甚至能够跨越英吉利海峡①将领土扩展到海峡彼方，其远及之地与势力范围，不仅让塞内加深感权力与技术的胜利，同时也让他认为这是末日浩劫即将发生的标志。

至少，这似乎是他在其剧作《美狄亚》（*Medea*）中所要传递的信息，这部作品正是于公元 43 年克劳狄乌斯征服不列颠南部不久后创作的。

塞内加改编了欧里庇得斯的著名希腊悲剧《美狄亚》，改编后的作品更像是一则关于祸患演进的寓言。在伊阿宋（Jason）前往科尔基斯（Colchis，现在的亚美尼亚地区）之前，希腊并没有船只，更不用提航海之说。地上的人们只能困于自己的诞生之地。接着，"阿尔戈号"（*Argo*）被建造了出来，这是一艘拥有超自然力量的船。伊阿宋穿过黑海，找寻金羊毛，并且觅得佳人美狄亚，携宝而归。这位刚烈的"蛮族"公主来到希腊城邦，而数年之后，当伊阿宋移情别恋之时，王室惨遭血光之灾，血脉凋零。

塞内加在其戏剧中最为著名的一段话中指出，伊阿宋的航行所取得的突破已经被放大千百倍。曾几何时，这里只有一艘船打破了自然的秩序；而现在，罗马已经让这片海域熙熙攘攘，各族群起而纷争，世界之疆界亦被打破。因为罗马，曾经栖居幼发拉底河畔的波斯人可以痛饮莱茵河水，饱受曝晒的印度人也可以啜饮西伯利亚冰冷的溪流。② 科林斯人的歌队如是

---

① 英吉利海峡（English Channel）之水域在罗马帝国时期曾被地理学者克劳狄乌斯·托勒密称为不列颠海（Oceanus Britannicus 或 Mare Britannicum）。

② 原文是："印度人喝上了冰冷的阿拉克斯河水，波斯人喝上了埃尔伯河、莱茵河的水。"可参看塞内加《美狄亚》第二场之"第二合唱歌"部分。

感叹道："人们的踪迹遍布世界各地，古老的事物都消失了。"
这种不合时宜的话语，恰恰道出了塞内加的心声。

正当这一切涌向混乱、抵达高潮之时，塞内加化用了罗马
入侵不列颠的事迹，他在引用传说中的图勒岛（Thule，又译
作涂勒）时间接地提及了这次入侵。人们认为图勒岛位于不
列颠西部冰冷的海域之中，有些人将这座岛与爱尔兰、赫布里
底群岛（the Hebrides）甚至是冰岛联系在一起，而这座岛屿
往往构成了一道人类旅行的自然界限。据一位作家所言，罗马
舰队曾经试图抵达那里，但是被冰封的北方之海所阻。在公元
前19年前后完成的《埃涅阿斯纪》中，维吉尔就曾赋予图勒
"终点"（ultima）的名字，暗示人们永远无法越过那里。

但在《美狄亚》中，塞内加则是这样想象的：

> 在日后的岁月里，
> 大洋将松开自然的锁链，
> 大地的宽广辽阔将展露无遗；
> 忒堤斯①将揭示崭新的世界，
> 大地最远的边界也将不再是图勒。

这首颂歌以此结束，塞内加在其中描绘了航海业如抛物线
般发展的历史。这段抛物线止于海神俄刻阿诺斯和他的妻子忒
堤斯（他们是代表环绕世界之水域的神祇），为这段历史纪元
画上句号。塞内加如是预测道，打破图勒形成的屏障，将会让

---

① 忒堤斯（Tethys，又译作特提司）是希腊神话中的泰坦神之一，大河之
母，另一个泰坦俄刻阿诺斯的妻子。

"新的世界"（novos orbes）展现在我们面前。这段表述自从1492 年起就有了无心插柳的意义：文艺复兴时期的研究者往往引用这段诗句以作为发现美洲的预言，而哥伦布的亲生儿子在家藏的塞内加剧作中也留下了相应的随记。[4]

但是，人类进步的故事并没有就此结束。[5]在《美狄亚》接下来的一首颂歌中，歌队开始重新审视航海，这次的语调更为深沉。很显然，美狄亚最终将杀死自己的孩子，让丈夫伊阿宋万劫不复，并且让科林斯政事崩坏。这种恐怖可以一直追溯到"阿尔戈号"航行所负有的原罪。正如歌队所吟唱的那般，愤怒的海神尼普顿（Neptune）已经杀死了船上的大部分船员，只有少数人可以幸免于难。大海将对那些窥视自己秘密的人进行可怕的报复。

塞内加何时写下《美狄亚》以及其他悲剧作品，现在尚不清楚。[6]但克劳狄乌斯对不列颠的入侵让塞内加浮想联翩——这或许是一个比较合理的猜测。罗马人大肆庆祝这一壮举，而克劳狄乌斯也亲自率领着一支押解着不列颠战俘的凯旋队伍，在首都罗马的街道穿行而过。然而，在塞内加看来（他的这种观点或许预示了后世环保主义者的一些想法），帝国的不断扩张发展将会把自己置身于宇宙的敌对面。[7]当每个人都可以前往任何地方，当边界变得残破不堪时，那么彻底的崩坏或许就不再远矣。

对塞内加而言，即使是在流亡科西嘉岛期间，流露出这种令人不快的观点，也无疑是颇为冒险的。悲剧作品往往围绕傲慢或昏聩的君主而创作，而这在元首统治下是要冒着风险的：提比略就曾经下令处决一位剧作家，只因为他在作品中写了一句有关国君盲目愚蠢的话。塞内加是否让他的剧作登上过舞

36

台，甚至是否曾让这些剧作流出书斋，这些至今都没有定论。也没有证据可以表明，这些作品在塞内加生活的时代便已经为人所知，而塞内加本人也没有在他的其他著作当中提及这些剧作。或许，这些剧作只不过是塞内加的私人文稿，只与少数信得过的人分享，这是一种排解内心烦忧的方式，而这些烦忧往往并不为执政元首所喜。

而在公元 49 年之后，《美狄亚》还面临另外一种风险。这部剧作描绘了一位强势的妻子在皇宫中大肆破坏。塞内加的朋友兼赞助者阿格里皮娜，在与克劳狄乌斯完婚之后，可能不会喜欢剧中的这般情节。但是，相较而言，阿格里皮娜可能更不喜欢《淮德拉》（Phaedra），淮德拉是塞内加笔下另外一位具有破坏力的王后。[8]

正如《美狄亚》一样，《淮德拉》也是改编自欧里庇得斯的一部更为著名的戏剧，该剧讲述了希腊神话中雅典国王忒修斯（Theseus）的第二任妻子淮德拉的故事。淮德拉对忒修斯成年的儿子希波吕托斯（Hippolytus）怀有难以抑制的爱意，并且试图勾引希波吕托斯，但是被他严词拒绝了。被心上人拒绝之后，淮德拉化身为复仇的怪物。她选择自杀，但是留下了一张字条，在字条中指控继子犯了强奸罪，因为她深知这诬告将迫使忒修斯亲手毁掉希波吕托斯。这出戏剧无疑唤起了人们对于类似的民间故事的记忆，这些民间故事中都有一个邪恶的继母，而这部剧中的继母因其乱伦的欲望而更加丑恶。

对于公元 49 年的罗马读者来说，淮德拉会引起不愉快的联想。[9]他们会将阿格里皮娜视为一位脾气暴躁、控制欲强、性欲旺盛的女人，这与塞内加笔下的淮德拉并无二致。阿格里皮娜曾被指控与卡利古拉以及她的妹夫列庇都斯乱伦，而现在她又与自己的叔叔克劳狄乌斯乱伦结合。于是，阿格里皮娜成了一个继母。如果考虑到她要庇护自己的儿子，那么她变成一个邪恶之徒的可能性似乎很高。假如塞内加在这样的背景下发表《淮德拉》，无疑会让他自己身处险境。

宫闱生活与塞内加的艺术作品的描述相仿，还是与之相左呢？假如我们可以确定《美狄亚》或者《淮德拉》创作的日期，那么就可以知道答案。然而，因为缺乏编年史的记载，我们只能沉下心来思考这种令人干着急的情况：这位罗马最伟大的悲剧作家，曾经踏入一位脱胎于悲剧的王后影响下的宫廷。阿格里皮娜统治时期的戏剧即将拉开帷幕。

在举行婚礼之前，就已经有人开始关心阿格里皮娜到底会如何对待克劳狄乌斯的亲生子女布列塔尼库斯及屋大维娅了。克劳狄乌斯的首席宣传者与政治顾问维提里乌斯曾经在元老院中就此发言："克劳狄乌斯可以将他最核心的顾问以及自己的孩子托付给她（阿格里皮娜）。"[10]他在发言时语气十分笃定。但是阿格里皮娜的履历背景并没有为这种说法提供依据。阿格里皮娜一直与克劳狄乌斯的前妻麦瑟琳娜势若水火，她或许会将对孩子们生母的恨意转嫁到这两个孩子身上，而这两个孩子可能也会因自己生母的怨念而仇视他们的继母。更令人不安的是，阿格里皮娜明显更加偏爱多米提乌斯，而此时多米提乌斯在夺位之争中的胜算远胜以往。

虽然克劳狄乌斯不可能对他的新婚所带来的风险完全视而不见，但是他基本上没有采取什么措施去保护自己的孩子。当阿格里皮娜将自己亲生儿子的利益置于布列塔尼库斯之上的时候，克劳狄乌斯选择了袖手旁观。我们可以从史料中发现，克

37

劳狄乌斯总是被动且易受操纵的，而阿格里皮娜则总是无情且诡诈多智的，不过，出现这种情况似乎更有可能是因为双方在由谁继承的问题上已经达成共识：他们两人都认识到，有必要将皇室的血脉加以整合。[11]他们的婚姻是朝着这个方向迈出的第一步；多米提乌斯与屋大维娅的订婚则是第二步；顺理成章的第三步很快就来了：克劳狄乌斯准备将奥古斯都的外玄孙多米提乌斯收为继子。

一个儿子尚且健在的男性，另外收养一个继子本来是违反罗马律法的。[12]因为这样的安排很显然会威胁到他亲生后代所享受的权利。但是当元老院投票决定克劳狄乌斯可以迎娶自己侄女的时候，自然规律已经被扭曲法律所取代。公元 50 年 2 月 25 日，元老们通过了一项由元首亲自要求审议的特别领养法案。[13]克劳狄乌斯有了一个新儿子，并且给他取了一个新的名字：尼禄·克劳狄乌斯·恺撒·杜路苏斯·日耳曼尼库斯，而很快这个儿子就会以"尼禄"之名而为世人所知。

一场争夺皇位继承权的斗争已然拉开序幕，并且很快就让整个罗马人心惶惶。从罗穆路斯与雷穆斯共处的传说时代开始，没有哪一对法律意义上的兄弟会有如此严重的龃龉。皇室的每一次公开露面都会被公众仔细审视，人们想要从中找寻到底哪个男孩会是内定继承人的线索。那些在国家铸币厂铸造的钱币，往往都是用来美化在位皇帝的工具，现在也首次成为暗示谁将会继承帝位的标志。尼禄的形象愈加频繁地出现在罗马铸造的钱币上，而各个行省的钱币则继续青睐布列塔尼库斯的形象，又或者他们会把两个男孩的侧面肖像部分重叠地印在钱币上，并把这种形式称为"并列印纹"（jugate）。在希腊城市帕加马（Pergamon）铸造的一批钱币则似乎是两面下注：一面印有尼禄的肖像，而另外一面则印有布列塔尼库斯的肖像，仿佛两者之间竞争的结果取决于钱币的抛掷。

尼禄不仅血脉更为纯正，而且从政资历也较高。他比布列塔尼库斯大三岁多，因而率先[14]抵达成为一个成熟政客过程中的各个阶段：在 14 岁时，穿上成年托加（toga virilis）——一种由羊毛织成的，象征着成年与责任的及膝短袖束腰外套；在 20 岁时，达到担任公职的最低年龄；在 25 岁时，有权列席元老院。人们并不清楚一个年轻人到底要通过多少个这样的里程碑才有资格成为元首。但是，几乎可以肯定的是，在克劳狄乌斯在世的时候，尼禄积攒的履历比他的继弟更多。

很显然，尼禄的党徒们急切渴望着增加他的领先优势。因为他们提前一年就将尼禄簇拥到第一座里程碑。在公元 51 年年初，13 岁的尼禄接受了自己的成年托加，并且被护送着进入政治事务的竞技场——罗马广场（Forum）。此时他还太年轻，不能担任公职，但是元老院已经为他预留了一个执政官之职（这个每年轮换的官职名义上象征着国家的最高权力），待他年满 20 岁的时候就可以履职上任。而在奥古斯都时期，为了让年轻的继承人尽快坐上帝位，他也采取了类似的措施。现在很显然，这一切都在为尼禄日后的统治做准备。

39

作为一名准执政官，尼禄有权行使"同执政官"（proconsular）的权力，就像一个持有"学习许可"①开车的现代青少年一样；同时，他还有权穿着特殊的服饰、佩戴特殊的徽章。因此，尼禄的新形象在罗马的街头巷尾随处可见。在一场为纪念他晋升的特别竞技赛中，尼禄穿着代表高阶职位的衣袍出现在

---

① learner's permit，指在取得正式驾照前的一种有限制的许可证。

人们的视野中，而此时布列塔尼库斯只是穿着一件简朴的男童罩袍出现在他的身旁。这种对比不啻对布列塔尼库斯的羞辱，同时也清楚地表明了诸事的新秩序。

《屋大维娅》中的一个角色在回顾克劳狄乌斯在公元 50 ~ 51 年对尼禄的擢升时，不无厌恶地表示："他有心让非亲的后裔盖过自己亲生的儿子。"布列塔尼库斯的边缘化让许多旁观者都深感震惊与困惑。难道一个父亲会对自己的亲生骨肉如此冷酷无情？[15]有人认为，尼禄的擢升只不过是偶然的巧合。他们猜测，克劳狄乌斯将会在三年后以同样的方式晋升布列塔尼库斯，并且让这两个年轻人成为共同的继承者，这也是前代皇帝曾经采取过的策略。而其他人则认为，阿格里皮娜诚如传闻所言，用性欲施展诡计，从而把克劳狄乌斯迷得神魂颠倒。

在宫廷暗幕中，各派势力都在争夺影响力，其中一派支持布列塔尼库斯享有继承权，另一派则拥护尼禄。克劳狄乌斯手下的两个权势熏天的希腊被释奴的意见也出现了分歧，而这两个被释奴作为克劳狄乌斯的幕僚长也越发受到克劳狄乌斯的倚重。纳尔奇苏斯从一开始就对阿格里皮娜颇为忌惮，[16]因此他一直都试图说服克劳狄乌斯重新娶回自己的前妻艾丽娅·佩提娜（Aelia Paetina，又译作埃利娅·帕伊提娜）。而他的对手帕拉斯（Pallas）在押宝时则更有眼光，他一直支持阿格里皮娜成为克劳狄乌斯的配偶，并且如今也支持尼禄成为克劳狄乌斯的继承人。

塞内加别无选择，只能选择支持尼禄。虽然在从科西嘉岛送出的《致波里比乌斯的告慰书》中，塞内加倾诉了对布列塔尼库斯的满腔热情。[17]他在文中如是写道："愿克劳狄乌斯持之以恒地坚信他的儿子可以成为罗马帝国的掌舵人。"但那是塞内加在克劳狄乌斯拥有第二个儿子之前，也是在那个男孩的生母成为自己的庇护人之前所说出的话语。现在，罗马需要对未来发展的道路有个明晰的想法和果断的抉择。

在现存的塞内加作品中，他从未对宫廷内斗发表过任何评论，但是他引用的一句维吉尔的话语似乎表明了他的态度。公元 54 年，尼禄已经君临罗马，但依然有很多人主张让布列塔尼库斯继位，于是塞内加想象着命运三女神之一的如下话语：

> 死亡属于不称职之人，脱颖而出者将在虚位以待的王座上君临。

这句话出自维吉尔所写的《牧歌》（*Geogics*），同时给出了两位"蜂王"（在罗马人看来，蜂群的领导者应该是雄蜂而非雌蜂）相争时的解决方法。塞内加在另外一个情境中也引用了这个观点，但是鉴于围绕着帝位继承问题的紧张形势，他肯定意识到了这种观点与现实具有残酷的相关性。

布列塔尼库斯的气运日渐衰竭，而他的姐姐屋大维娅（可能只比他年长一两岁）愈加受到优待。克劳狄乌斯将她许配给尼禄，这样她成为皇后的概率就会大大增加，并且有机会最终成为皇太后，但前提是克劳狄乌斯必须和屋大维娅断绝父女关系。因为按照法律，尼禄现在已经是克劳狄乌斯的儿子了，所以屋大维娅必须是别人的女儿；即使是一个建立在叔叔和侄女的婚姻之上的政权，也无法认可兄妹成婚。屋大维娅被一个贵族家庭收养，这样她就可以嫁给"养子尼禄"（insitivus Nero）——这是在戏剧《屋大维娅》中她给自己的丈夫所取的嘲讽头衔。

到公元 53 年年初，皇室的重组工作已经完成。克劳狄乌斯收获了新妻子和新儿子；尼禄有了新的名字和新的父亲；屋

41

大维娅也拥有了新的父亲和新的未婚夫。只剩下布列塔尼库斯独自逡巡。在所有的交易中，布列塔尼库斯都是最大的输家，他只能压抑着自己的无能之怒。某天他在宫殿中与他的"兄弟"互致问候的时候，流露出了这种怨恨，而这种情绪的流露或许并非刻意为之。[18] 尽管尼禄在数月之前就已经被克劳狄乌斯收养了，但是在问候的时候布列塔尼库斯仍然称呼尼禄为多米提乌斯，这是尼禄跻身皇室之前的名字。

阿格里皮娜把布列塔尼库斯的这句问候当成是心怀鬼胎的证据，她甚至认为这是布列塔尼库斯阴谋推翻现政权的证据。她向克劳狄乌斯控诉了布列塔尼库斯的行径，并要求他采取相应行动，尽管此时布列塔尼库斯可能才只有九岁。

42 无论克劳狄乌斯对于这位被边缘化的儿子怀有怎样的感情，最终他还是满足了自己妻子的愿望。一直辅佐布列塔尼库斯的家庭教师们遭到了驱逐，这些教师也是布列塔尼库斯最为亲密的心腹与支持者。他们中的一个叫作索西比乌斯的人，还被以叛乱罪处死。布列塔尼库斯迎来了一批新的看护者，这些人对新政权忠诚不渝，或许也带着孤立这个男孩的期许而来。

布列塔尼库斯无法接触到他所珍视的一切，或许也包括他自己的父亲。他所处的境地正是他的党羽所担心的：已入其继母彀中矣。

阿格里皮娜获得了她想要的一切。她把尼禄升格为帝国的法定继承人，并且大幅削弱了布列塔尼库斯的权势。她本人的地位也随着儿子地位的提升而水涨船高。在儿子从多米提乌斯改名为尼禄后不久，阿格里皮娜也获得了新名字——荣誉头衔"奥古斯塔"。在她之前，只有最受尊崇的皇室妇女[19]才可以得到这个头衔，当时一般只有孀居皇后或者皇帝之母才能获此殊荣。而阿格里皮娜则是第一个以皇帝之妻的身份获得这一称号的人，这一转变也预示着对于其角色的新定义。一位奥古斯塔现在——就像阿格里皮娜所渴望的那样——成了和帝国皇帝地位相当的人物，有权在帝国议事的厅堂和皇帝并肩而坐，参加皇帝的枢密会议，并且可以在皇帝钱币的背面留有肖像，甚至可以与皇帝一同在钱币正面以侧面像示人。[20]

但是，阿格里皮娜的专断并没有就此止步。在成为皇后的第二年，她开始大胆地染指男性权力最为神圣的禁脔——军队。

在那一年，不列颠抵抗势力的领导者、库诺比里乌斯（Cynobelinus，莎士比亚剧作《辛白林》的主人公）的儿子卡拉塔库斯（Caratacus），被用铁链拴着带到了罗马。克劳狄乌斯筹备了一场盛大的仪式，并在仪式上接受了卡拉塔库斯的臣服：禁卫军全副武装、列队道旁，卡拉塔库斯和他的家人则跟在一队进献战利品的队伍后面，走向皇帝所在的高台。台上环饰着象征着各个军团指挥权的军旗，在高台上就座的克劳狄乌斯的身旁就坐着阿格里皮娜，她之所以能够在高台上有一席之地，是因为她声称自己是日耳曼尼库斯的女儿。当卡拉塔库斯恳求获得宽恕的时候，他同时向这对皇室夫妇致辞，也同时得到了两人的宽恕许可。对弄权女性并不友好的塔西佗，如是评述道："一个女人堂堂正正地坐在罗马军旗面前，这确实是自古以来从未有过的新鲜事。"[21]

阿格里皮娜的父亲让她在军队中收获了巨大的声望。她的名字也起到了相同的作用，"阿格里皮娜"这个名字，是将她外祖父马库斯·维普撒尼乌斯·阿格里帕（Marcus Vipsanius

43

Agrippa）的名字中的"阿格里帕"转成了阴性，而正是阿格里帕为奥古斯都赢得了诸多伟大的胜利。当阿格里皮娜意识到这些无形资产的价值之后，她找到了一个巧妙的方法来将之传播于四海。

阿格里帕曾经在德意志地区建立了一座城镇，作为乌比人（Ubii）的庇护所。这个叫作乌比的日耳曼部落，是经由阿格里帕之手被纳入罗马统治的。他的女婿日耳曼尼库斯后来也把这里作为自己的军事行动基地。而当日耳曼尼库斯在这里历经百战、屡立功勋的时候，他的女儿阿格里皮娜也出生在这里。这个地方，虽然到目前为止还只是一座叫作阿拉 - 乌比奥鲁姆（Ara Ubiorum）的区域前哨站，却是她家族英雄遗产的焦点，而阿格里皮娜也深知此事。她说服克劳狄乌斯将那里升级为一座具有完全法律地位的高级罗马城市——科洛尼亚（colonia，又译殖民城），并且冠以她自己的名字。在此之前，罗马从未有过通过命名城市来纪念女性的先例。这座城市的全名叫作科洛尼亚 - 阿格里披嫩西斯（Colonia Agrippinensis，又译阿格里皮内西恩西斯殖民城）。从罗马人的语言来看，这个名字实在是太过冗长，因而随着时间的推移，它便被简称为科洛尼亚（Colonia），也就是现在的科隆（Cologne 或者 Köln）。

阿格里皮娜以女性的角色获得了前所未有的权力，[22] 比麦瑟琳娜更甚，她甚至比她的上一任更加善于使用这些权力。于是，一种常见的套路便出现了，皇后的敌人们——尤其是一些貌美而适婚的女性——往往会突然被贴上国家公敌的标签。洛里娅·宝琳娜（Lollia Paulina）便是其中之一，她是一个富可敌国的寡妇，在克劳狄乌斯决定迎娶阿格里皮娜之前，他曾经把她当作可能的另一半。阿格里皮娜指控洛里娅犯了叛国罪，获罪理由是她曾在试图赢得这场婚姻竞赛的过程中询问占星家。洛里娅被褫夺了财富，并且遭到了放逐，她很可能被放逐到了庞廷群岛。当她安然地从公众视线中消失的时候，一个禁卫军士兵受命前往流放地将她杀死，按照狄奥的说法，这个士兵很可能把砍下的头颅给带了回来。[23]

让阿格里皮娜备受困扰的，不仅有那些女性竞争对手，而且有那些在宫廷中举足轻重的政敌。其中一位就是长期以来备受克劳狄乌斯信赖的希腊被释奴纳尔奇苏斯，他同时也是宫廷顾问。在麦瑟琳娜临朝的时代，这个精明的操控者曾经亲自击溃了诸多敌手。他或许可以成为阿格里皮娜的助力，但是两人现在矛盾重重。在继承权的争夺当中，纳尔奇苏斯越来越倾向于迎立布列塔尼库斯。

阿格里皮娜想让纳尔奇苏斯向自己低头。当纳尔奇苏斯领衔负责的一项大型公共工程项目突遭失败之时，阿格里皮娜的机会便来临了。

在纳尔奇苏斯的监督下，3 万名劳工奋战了 11 年，想要为罗马以东约 50 英里的福西湖（Fucine Lake）挖一条排水渠。克劳狄乌斯打算缩小湖泊的面积，然后在湖畔开垦耕地。这是一项巨大的工程[24]：需要在岩石中凿出一条长达 3 英里的隧道，而周围的岩石多半是坚硬的石灰岩，这样福西湖的湖水就可以顺着隧道流进附近的利里斯河（Liris）。人们必须用绞车费力地从现名塞维亚诺山（Monte Salviano）的竖井中将碎石拖出来。这个项目耗资巨大，纳尔奇苏斯本人的利益与这个项目的成功攸关；而阿格里皮娜没有忽略这一点。

克劳狄乌斯为隧道的开通精心筹备了庆祝仪式。人们纷纷从罗马城以及周围的城镇赶来观看庆典，皇帝身着戎装莅临仪式，陪同皇帝的阿格里皮娜也身着用金线装饰的军旅短氅（chlamys）。[25]作为仪式序幕，克劳狄乌斯召集了数千名死囚，让他们登上战船，进行一场殊死搏斗。从湖泊中心自动升起的机械雕塑发出的号角声，标志着仪式正式开始。

但在隧道投入使用的关键时刻，从隧道洞口流出的只有涓涓细流。纳尔奇苏斯的工程师们出了差错。于是人群返回罗马，劳工们继续工程建设。于是在恰当之时，人们举行了第二次启用仪式，这一次同样精心安排了娱乐活动，包括在隧道口附近举行的一场权贵酒宴。然而，这一次隧道的出水效果实在是异常地好了：一股水流咆哮着喷涌而出，将餐台扯去一大块，把参加宴会的人都给吓跑了。

阿格里皮娜看到了一个能让纳尔奇苏斯倒台的机会，并且立即行动了起来。这个被释奴拥有巨额财富，甚至被誉为当世之首富，这使针对纳尔奇苏斯财政渎职的指控变得颇为可信。当然，行贿只能解释第一次隧道事故，但这个时候有一种颇为巧妙的谣言流传开来，谣言声称，是纳尔奇苏斯蓄意制造了宴会上的灾难，以此来转移人们对于那一团乱麻的账目的注意力。[26]

虽然纳尔奇苏斯本人在福西湖的灾难中得以幸免，但是他的力量已经被削弱。与此同时，阿格里皮娜将她自己的被释奴党羽帕拉斯提拔到宫廷中担任管理之职。在阿格里皮娜的支持之下，帕拉斯荣登一个异邦人或者被释奴在罗马从未企及的高位。[27]

公元52年，在阿格里皮娜的授意之下，元老院授予了帕拉斯副执政官（praetor）的标志与权柄——让他较纳尔奇苏斯更胜一筹。同时，帕拉斯还从公帑中获得了1500万赛斯特斯

(sesterces) 的巨额奖金。当已经富甲一方的他慷慨地婉拒这笔钱财之时，元老院下令在一块铜制牌匾上刻上溢美之词，并将之陈列于高处，置于罗马广场的恺撒雕像上。[28]

46

将这般荣誉加诸一个被释奴身上，无疑是元老院卑躬屈膝的尴尬体现。然而，一位聪明的元老科尔内利乌斯·西庇阿(Cornelius Scipio) 却想出了一个挽回颜面的办法。根据维吉尔《埃涅阿斯纪》中的记载，一位伊特鲁里亚 (Etruscan) 王子也叫帕拉斯，神话时代的这个王子生活在罗马城附近，并且在与埃涅阿斯并肩作战的时候阵亡。在科尔内利乌斯于元老院发表演说时，他将被释奴帕拉斯称作"阿卡迪亚 (Arcadia)诸王的后裔"，暗示这两位帕拉斯拥有直系血脉渊源。元老院刚刚任命的这个人不仅是一个被释奴，同时还是上古英雄之后。

如同世界各地的其他专制者一样，对于罗马统治者而言，拔擢出身卑微或沦落至微贱身份之人，使其依附于自己并且献上忠诚，是一种有着悠久历史的权术。阿格里皮娜在征辟塞内加的时候就大肆施展了这种权术，让塞内加和帕拉斯一样，因她而获命为副执政官。他们两人都依附于阿格里皮娜，使这位罗马道德哲人和这个希腊宫廷随侍拥有了一个共同点。此外，这两位男士都发现自己的兄弟也被提拔到了炙手可热的职位，这同样也是阿格里皮娜将支持者和自己绑定的一种策略。因为如果兄弟二人都位居高位的话，一旦皇后心生不悦，那么两人都会危在旦夕。

然而无巧不成书，塞内加的哥哥诺瓦图斯和帕拉斯的弟弟安托尼乌斯·费里克斯 (Antonius Felix) 的政治生涯被一条本不太可能出现的线索联系到了一起，那就是使徒保罗（apostle Paul）的游记。

保罗是耶稣的门徒之一。在那个时候，假如罗马人听说过耶稣基督的名讳的话，那他应该是叫作"克里斯托斯"（Christus）或者"克雷斯托斯"（Chrestus）。在公元 50 年前后，耶稣引领的运动依然不过是一场小规模的异邦骚乱，是东方犹太人的教条之争，这里的东方特指犹地亚（以色列、巴勒斯坦及其相邻地区）和阿凯亚（希腊）地区。在公元 50 年代早期，塞内加的哥哥诺瓦图斯——此时他已采用了收养自己的一位富有贵族的名字，被称作为伽里奥（Gallio，又译作迦流）——正履任阿凯亚的行省总督（proconsul），而此时保罗刚刚抵达这里。[29]

帕拉斯的兄弟费里克斯，此时正在犹地亚担任和伽里奥差不多的职位。犹地亚在当时还是一个名义上的独立王国，维持着本地人统治的君主制度，但是像费里克斯这样的罗马代理人（procurator）依然会帮助国王维持当地的和平。

保罗的希腊之旅最终使著名的《哥林多前书》（Corinthians）得以面世，在这部使徒书中，他向心怀疑虑的犹太人诠释他所奉行的新教义。科林斯的首席拉比所提尼（Sosthenes），[30] 其实对保罗深表同情，他让保罗在城内的犹太会堂中传道授业。但是集会者因保罗所言而愤怒，将之斥为异端。他们将保罗送到塞内加的哥哥迦里奥的面前，要求惩罚保罗。

迦里奥并不想插手狂热的一神论者的教条之争。迦里奥宣称，既然并不存在犯罪行为，那么罗马总督就没必要干涉保罗的命运。就像数十年前在耶路撒冷遇到相同情况的本丢·彼拉多（Pontius Pilate，又译作庞提乌斯·彼拉多）一样，迦里奥也尽可能地置身事外。当犹太原告们向所提尼宣泄自己的不满，并在迦里奥的审判室外将其殴打致死时，迦里奥依然拒绝进行干涉。①

这段插曲令迦里奥在《圣经·使徒行传》的第 18 章中获得了不起眼的一席之地。与此同时，在犹地亚，帕拉斯的兄弟费里克斯却在和犹太人相处的过程中遇到了自己的麻烦。这些事迹也将被记录在《使徒行传》当中，[31]且其篇幅比迦里奥的更长，因为这些事迹有着更为深远的影响。

费里克斯是一个残暴且自私的人。从他抵达犹地亚的首府恺撒利亚（Caesarea）的那一刻起，便已经激怒了犹太人。当犹太人的首席拉比约拿单（Jonathan）开始向他喋喋不休之时，费里克斯雇了几个暴徒，让身着短斗篷的暴徒刺杀了约拿单。这些冷酷的刺客使用一套残酷有效的刺杀技巧：他们在悄无声息之间攻击，然后藏起匕首，隐入受害者周围的人群，而非直接逃窜。[32]"短匕者"（Sicarii）成了费里克斯了却私怨的组织，并且逐渐让整个行省都陷入恐惧。

犹地亚的紧张局势发展到了令人瞠目的地步。一个被称为 48 "埃及人"（the Egyptian）的叛乱者率领数千名追随者袭击了耶路撒冷的罗马驻军。[33]费里克斯派出军队向暴民发动反击。圣城的城墙被鲜血浸润。这样一个不适合敏感职位的人，却因为自己的兄弟可以上达天听而身居其位，于是他试图通过野蛮使用武力来保住自己的权力。

在这场剧烈动荡之中，使徒保罗从希腊坐船抵达犹地亚，继续自己对于东方犹太人的传教使命。尽管有诸多预言表示保

---

① 据《使徒行传》（18：17），"众人便揪住管会堂的所提尼，在堂前打他。这些事迦流（即迦里奥——引者注）都不管"。这里并未提及所提尼是否被殴打致死。

罗将在耶路撒冷受难，但他依然决定前往圣城，而此刻罗马人正在大举搜寻叛乱首恶"埃及人"。

一天，耶路撒冷的一位罗马军官获知，有人在犹太人最神圣的圣地——圣殿引发了骚动。他认为一定是那个"埃及人"，随即将这个人逮捕带走以便施以酷刑。[34]但是后来他听到这个囚犯是在用文明开化的希腊语进行陈述。这位军官抓获的正是保罗。之所以会爆发骚动，是因为那些犹太人就像在科林斯的犹太人一样，对于保罗的训导感到愤怒。保罗被罗马当局投进监狱，他们也不知道该如何处置他，这种遭遇在保罗的余生中时常出现。

最后保罗被带到了恺撒利亚，带到了费里克斯和他的妻子土西拉（Drusilla，犹太国王的女儿）面前。费里克斯从保罗那里听到的有关普适性信仰及获得拯救的内容，给他自己留下了深刻的印象。在接下来的两年中，费里克斯数次将保罗从牢房中带出，他和土西拉总是津津有味地聆听保罗讲道。一位犹太公主，一位基督使徒，以及克劳狄乌斯座下最炙手可热的被释奴的兄弟，就待在同一个房间中，这无疑是一个奇异的交汇点，然而这也正可以反映出公元 1 世纪的罗马世界究竟是如何的错综复杂。奇怪的是，在这个房间中唯一没有享有自由、财富和权力的保罗，却是他们三人当中唯一的罗马公民。

费里克斯最终在公元 60 年被从其代理人的职位上召回。除非他与帕拉斯的关系可以凌驾于法律之上，否则他肯定会因滥用权力而受到惩罚。他将保罗丢在恺撒利亚的监狱中任其自生自灭，但是保罗援引自己享有的合法权利，要在皇帝面前申诉。保罗被送往罗马，虽然他仍是一个囚徒，但是到达罗马城之后，他被准许拥有足够的行动自由[35]，这就让他可以传教，或许会让他与自己的使徒兄弟彼得有过交集。

人们对于保罗在罗马城的生活近乎一无所知。[36]但是，有一种奇妙的传说认为，保罗与塞内加建立起了炽热的友谊。

在得以保存下来的一系列据说是塞内加与保罗的通信中，每封信都流露出双方对于彼此学说教诲之钦佩，他们甚至还安排了面谈以便彼此深入了解。几乎可以肯定的是，这些信件应该都是杜撰的；但是，的确很难让人抑制住想让这两位彼时伟大的道德学者进行某种对话的想法。他们的两种道德体系——斯多葛哲学和基督教——具有很多共同点，早期的教父们甚至基于其与保罗通信的所谓"证据"，一度认为塞内加是一位原初基督教徒。[37]

费里克斯从犹地亚离去，并没有让这里的麻烦终结。继任的罗马代理人继续利用"短匕者"来作为杀手，同时课以重税，压榨行省。在尼禄统治后期，这里将会再次爆发叛乱，而且比之前"埃及人"的起义严重得多。而罗马也最终会在公元70年摧毁耶路撒冷并毁掉城中的圣殿，徒留下今日仍矗立原地的一段墙体——西墙。①

只不过那个时候，保罗早已逝去，而塞内加、帕拉斯、迦里奥以及整个皇室也已然作古。在这个危机四伏的年代崭露头角的人中，唯有费里克斯一人安然躲过动荡之洪流，并在下一个时代继续求存。

当费里克斯正在犹地亚聆听保罗教诲之时，塞内加则在罗马城的一间完全不同的教室里传道授业。他的学生，同时也是已经被内定为统治罗马帝国的继承者，亟须获得教导（时间

---

①　西墙（Western Wall），又名"哭墙"（Wailing Wall），是耶路撒冷第二圣殿所保留下的古城墙残垣，如今成了犹太人祈祷和朝圣的古迹。

也会证明这一点）。但是塞内加在课程的设置上，或者说在他为教导学生所做的任何事情上，都没有自主权。

阿格里皮娜并不重视哲学，同样也不想让自己的儿子接触哲学。[38]她认为，一个未来的皇帝不需要智慧的哲思。她想让自己的儿子学到更多元首所需的实用之技，譬如修辞和雄辩。塔西佗的记载也证实了这些被强调的学习内容，在他的笔下，尼禄日后会将自己卓越的口才归功于塞内加的教导。这位元首如是向自己的导师说道："您不仅教会了我如何用事先准备好的论辞来表达自己的观点，还教会了我如何即兴发挥。"[39]毫无疑问，这句话肯定是塔西佗自己杜撰的，但必然是基于基本研究而得出的结论。

在罗马城，即使是在专制统治之下，口才仍然与权力紧密相伴。一位元首会被要求在元老院、军队以及民众面前用拉丁语和希腊语发表演说。元首能否得心应手地应对这些情境，取决于他是否可以表现出自信心和掌控力。演说的风格也非常重要，因为言语之优雅有助于传递信念并彰显权力。

在某种程度上，或许早在 13 岁的尼禄发表演说的时候，塞内加就已经不单是演说的教官，甚至可能还要担任演说稿的捉刀人。这也是元首历史上的一件新鲜事。[40]早年诸位元首都会以个人独特的风格撰写自己的公开演说辞。然而尼禄对于文学的兴趣集中在诗歌上，尤其是希腊里拉琴演奏时流淌出的婉转颂歌。他对于较为严肃的拉丁散文并没有太多兴趣。除此之外，他还是战车竞赛的狂热爱好者，[41]这种竞技无疑是比雄辩修辞更令人兴奋的消遣之事。

塞内加在职业生涯早期就胸怀雄辩者的凌云壮志，其卓越口才令卡利古拉嫉妒不已。然而，慢性呼吸系统疾病给他的公众演说带来不少困难。回首往昔，他写道，他不再祈望向公众发表演说，而且大概是因为胸肺功能虚弱，他也无法进行这样的演说了。[42]而现在他有机会让自己的话语响彻寰宇。至少在这个领域，塞内加与尼禄的合作应该是高度互补的。

尼禄和塞内加还有另外一种互补方式：这位十来岁的少年没有父亲，而这个 50 岁的男子则没有儿子。事实上，如果塞内加的儿子没有在他被流放到科西嘉岛的前夕早夭的话，可能现在只比尼禄小几岁。之后塞内加再也没有子嗣。尼禄在 3 岁的时候就失去了自己的父亲，一生都在权势熏天的女人的照料之下：他的姑母多米提娅·列庇姐（Domitia Lepida）和强势的阿格里皮娜。对于一个刚刚步入青春期的男孩而言，一位成熟的男性教师，哪怕和自己性格迥异，也一定会让他倍感宽慰。

塔西佗对这段关系的了解比我们要多得多，他证实了这种关系中蕴含着情感的纽带。当设想尼禄如何回首那些日子的时候，这位史家笔下的尼禄对塞内加如是说道："你用你的智慧、忠告与教诲灌溉了我的童年与青春。只要我有一息尚存，你赠予我的礼物就将永远存在。"[43]他接着称呼塞内加为"最敬爱的人"（praecipuus caritate）——他珍爱的人中最为重要的那位。这句话其实颇具讽刺意味，因为尼禄说出这句话的时候，两人其实已经心生龃龉。但是塔西佗认为尼禄很有可能用过这些辞藻。

塞内加从来没有描述过在宫廷担任教师时发生的事情，也从未讨论过他所扮演的代替原生父母的角色。他曾经用非常模糊的措辞颇为倨傲地表示一些学生找老师"只是为了增益自己的才学，而非提升自己的灵魂"。[44]或许，在写下这句话时，

51

塞内加想到的正是尼禄。

塞内加自己所受的教育方式与之大相径庭。在他像尼禄那般年纪的时候，他早出晚归地"围堵"阿塔罗斯的教室，几乎整天站在他心目中伟大的斯多葛典范旁边。[45]而他现在则被圈在务实教学的牢笼里。但是塞内加有机会改变这位未来的元首，让他变得更好，假如他能仅仅通过自己的存在就施加影响。[46]而通过改变元首，他或许可以改变这个世界。

公元53年的某一天，天色如血，以至于路人可能以为哪里着火了。[47]尼禄与克劳狄乌斯的女儿屋大维娅在这一天结为连理。此时，他16岁，而他的妻子则比他年轻数岁。虽然没有留下任何记载，但是此刻罗马的庆祝活动必然十分热烈。通过二人的结合，皇室的血脉将融合，这也为半个世纪以来的难题画上了句号。如果这对夫妻可以诞下子嗣，那么元首制度的未来将会更加稳固。

然而尼禄并不急于让妻子受孕。婚姻之于屋大维娅而言，并不是一个好归宿。屋大维娅是尼禄的继妹，他俩认识彼此很多年了，以至于尼禄很早便知道她根本不是自己喜欢的类型。屋大维娅矜持端庄、品行高洁、举止得体，但是从尼禄日后的择偶对象来看，她是尼禄最不想选择的伴侣。

根据苏维托尼乌斯的说法，一些廷臣也用隐晦的方式建议尼禄向自己的妻子表达更多的爱意。[48]但是尼禄盛气凌人地回答道："她应该满足于妻子的衣饰（uxoria ornamenta）。"他用了"执政官衣饰"（ornamenta consularia）的双关语，这种执政官的徽记有时候只是授予那些名不副实的执政官的作秀罢了。

屋大维娅似乎也对尼禄并不上心。《屋大维娅》的作者认为，二人婚姻的破裂是因为屋大维娅并不喜欢尼禄，而并非相反的情况。大约八年之后，尼禄曾经有些任性地向塞内加抱怨道："我妻子的灵魂从来未曾与我的灵魂结合。"[49]

这对年轻夫妇对彼此的看法似乎无伤大雅，因为皇室的联姻往往都不是出于爱情。他们的作用不过是诞下一个继承人罢了，并且通过向民众展示屋大维娅贤惠的女性形象来赢得他们的支持。从第二个角度来看，屋大维娅无疑是一位理想的皇后。罗马欣赏她到目前为止展现的清醒和节制。而随着时间的推移，屋大维娅的人气也将越来越高，以至于尼禄对她的凌虐有可能在城市的街道上引发骚乱。

如果我们从塞内加现存作品中偶尔提及的婚姻来判断的话，那么塞内加的婚姻与尼禄的有云泥之别，那是一种真正的伴侣关系。在其中一部作品中，他描述了自己坚持抱病出行时妻子所表现出的柔情似水般的担心。"她的生命与我不可分离，"塞内加在给自己的朋友路奇里乌斯（Lucilius）的信中写道，"我无法让她在对我的爱意中表现得更加勇敢，因而她要求我一定要更加爱惜自己（也就是说要更好地照顾自己——本书作者注）。"[50]假如塞内加所言非虚，那么这便是我们对塞内加家庭生活的惊鸿一瞥。

这位对塞内加的安全如此焦虑的女性，叫作彭佩娅·宝琳娜（Pompeia Paulina），是高卢行省的一位骑士之女。塞内加至少在 49 岁的时候就已经和她完婚了，他们的婚期或许更早。[51]我们不知道究竟是宝琳娜，还是那个不知名的首位妻子，就像在《论愤怒》中描述的那样，在塞内加 40 岁那年为他生下了一个早夭的儿子，而那时的塞内加每天夜晚都在历数自己

53

道德上的不堪。他并没有说出与他共度彼时的那位配偶的名字。如果那位配偶真的是宝琳娜，那么塞内加娶她的时候她肯定还不到 20 岁，因为他在致路奇里乌斯的信中明确表示，宝琳娜比自己年轻得多。

对于宝琳娜和她的家人来说，与廷臣的婚姻可以带来政治的升迁。大约在塞内加担任尼禄导师期间，他的岳父彭佩乌斯·保里努斯（Pompeius Paulinus）获任监粮长官（praefectus annonae），负责罗马城的粮草供给。[52] 塞内加蒸蒸日上的气运令其整个家族的财富都水涨船高，然而如果运势不济，那么财运也将随之逆转。事实上，保里努斯在公元 55 年似乎就已经遭受了这样的逆转，而这也在塞内加的一部道德论著中得以体现。

公元 55 年，由于阿格里皮娜的设计，塞内加在宫廷中遭遇挫败，此时阿格里皮娜已经与塞内加势如水火。为了炫耀自己的胜利，阿格里皮娜将自己的一个党羽——法伊尼乌斯·路福斯（Faenius Rufus）任命为监粮长官，这就意味着塞内加的岳父保里努斯必须下台。这种贬职令塞内加和保里努斯都倍感难堪，除非这种行为可以被描述为一种自愿而高尚的事物：一种哲学上的避退。看来这在一定程度上成了塞内加写作《论生命的短暂》的目的，这篇论述是写给保里努斯的，以敦促他采取这种避退。

塞内加对自己的岳父说道："将自身投入更平静、更安全、更伟大的事业吧。难道你认为，这两件事是可以拿来互相比较的吗？一件是确保粮食在运输过程中不被盗窃、没有疏漏，不因湿气而发热或受损，同时核算谷物的重量与数量；另一件则是埋首于这些神圣高尚的事情中：了解神是何物，知晓什么样的经历等候着你的灵魂，发现是什么将一切重的物质维系于世界的中心，探求是什么让光亮悬于高空，明白是什么把星火推向至高。"

而《论生命的短暂》不单单是在呼吁一个人隐退。它广为传播，面向更为广大的受众。塞内加在其中阐述了他关于时间、死亡以及追寻美好生活的一些核心思想。在他看来，只有哲学沉思才可以实现这一追求。只有那些研习哲学者，才是真正地活着，因为他们已经走出了时间的牢狱，进入永恒的领域。所以其他人，那些疲于世俗追求的人，都是在浪费时间，只不过是在等待死亡时钟的倒计时罢了。

塞内加对保里努斯最后的劝导，因其针对性和细致性，而从这篇论述以及其他塞内加作品中脱颖而出。塞内加在其他任何地方都不曾提到收信者自身的特殊情况。这一反常现象令不少读者为之震惊，包括研究塞内加的著名学者米里亚姆·格里芬（Miriam Griffin）。[53]正是格里芬本人首次提出，这篇基于其他缘由而没有注明日期的《论生命的短暂》，是在保里努斯被免职后不久写成的。根据这种说法，这部论述的最后一部分是一个颇为巧妙的顾全颜面的设置，是现如今表示希望花更多时间陪伴家人的这种陈词滥调的更为崇高的版本。

当《论生命的短暂》作为一篇文笔优美、动人心弦的检讨人生的劝勉文时，这种解读多多少少会让这部作品有所折损。但是它非常符合塞内加早期作品的范式，诚如对玛西娅和波里比乌斯的告慰书所展现的那般。在其中，塞内加对言语和论据的巧妙操控使得他可以同时做到两件事情：阐述他的斯多葛理想，同时改善自己的政治形象。[54]看起来，塞内加从进入宫廷之后便一直在玩这种双赢把戏，或许诚如我们所见，这种把戏一直被贯彻到了他生命的终局。

尼禄和屋大维娅的联姻为阿格里皮娜带来了胜利。到了公元 53 年，她成功地让尼禄继位成了可能，虽然并不是十拿九稳。同时她还采取了其他措施来增强自己控制事态的能力。不论如何，阿格里皮娜证明了她自己是王朝政治博弈有史以来最为重要的战略家之一。

在与克劳狄乌斯成婚的第四年，阿格里皮娜为了自身的利益开始改组帝国的等级架构。她对廷臣进行了彻底的筛查，同时起用她忠实的拥护者——希腊被释奴帕拉斯，而将碍事的纳尔奇苏斯推到一旁。纳尔奇苏斯是一个危险的对手，阿格里皮娜必须谨慎以待。正如纳尔奇苏斯控制着克劳狄乌斯皇帝的私人文件和书信一样，他通过多年经营所获得的巨量财富，[55]也让他可以对阿格里皮娜造成威胁。

阿格里皮娜在禁卫军方面也做了许多工作，这支军队在时机到来之时，将会协助推举新帝。她耗费数年时间来剔除不信任的人，并且拔擢党羽。阿格里皮娜对禁卫军的领导层也进行了关键性的改变。她设法移除了两位军队长官，这两个人是麦瑟琳娜时代的孑遗，取而代之的则是她青睐的人选。从此之后，禁卫军只有一位指挥官，他的名字叫作阿弗拉尼乌斯·布路斯（Afranius Burrus）。

布路斯是一位来自社会中层的普通军官，就像塞内加一样，他也是行省公民（来自高卢）。他的家族世代都属于骑士阶层，而非元老阶层。或许是因为在作战中受伤，布路斯的一只手落下了残疾，这使他职业军人的道路前途未卜。[56]被任命为禁卫军长官，让他的财富和社会地位都有了极大的提升。布路斯和塞内加一样，都会怀有足够的感激之情去做其庇护者——或者说就是阿格里皮娜——希望他们去做的事。

阿格里皮娜所拥有的权力和尼禄继位的基础日益稳固，但是布列塔尼库斯也在悄然成长。

早在公元53年，布列塔尼库斯就已经年满12岁，只比尼禄获得自己的成年托加和一系列的头衔与荣誉时的岁数小一岁。他的支持者，包括纳尔奇苏斯，急切地关注着布列塔尼库斯也可能"超前晋升"的迹象。或许，这支派系认为，克劳狄乌斯让尼禄晋升，只是为了填补自己亲生儿子成年之前的三年半的空当。克劳狄乌斯或许依然打算让两位共治者继承帝位，或者长子先行统治之后再将权力传给次子。这种安排在之前的诸帝中有过先例，虽然在皇帝逝世之后并没有得到执行。

克劳狄乌斯日渐年老，这也加剧了这个问题的紧迫性。现在60岁出头的克劳狄乌斯，已经深受身体颤抖和消化疾病的折磨，这样的皇帝似乎不太可能活到古稀。自从他掌权以来，占星者们几乎每个月都会预测他将死去，或者说这些占星者只是塞内加笔下的闹剧中满嘴俏皮话的角色。[57]不管谁成为继承者，很快就会见分晓。

大概在此时，克劳狄乌斯确实患上了重病，而罗马城也陷入了临终看护的气氛。阿格里皮娜抓住这个机会，将自己的儿子推到聚光灯下，安排尼禄赞助为了祈愿克劳狄乌斯康复而举行的公共赛事。尼禄自掏腰包以提供赛马和战车，这无疑是在向公众展示自己的孝心。不过，他内心的真实情感肯定是在朝着相反方向发展。很显然，从尼禄的角度来看，克劳狄乌斯逝世的最好时机，莫过于自己已经成年而弟弟尚未成年的这个时期。

克劳狄乌斯在病榻上写信致元老院，宣布尼禄有资格在他死后执掌大权。但之后，出乎所有人的意料，克劳狄乌斯康复了。当他恢复到以往少有的健康状态的时候，布列塔尼库斯支持者们的希望也随之恢复。

纳尔奇苏斯现在开始向阿格里皮娜发起攻击，他公开谴责她，声称"宫廷正因继母的阴谋而趋于支离破碎"。[58] 他表示，不管谁最终成功继位，他的命运早已注定——他应该明显感受到，他对麦瑟琳娜的背叛已经让他成了其中一位继承者的敌人，而他与阿格里皮娜的仇恨则让他与另外一位继承者为敌——但是，他希望至少可以保护自己的主人克劳狄乌斯。他明确指出，如果尼禄被指定为继位者，那么克劳狄乌斯很快就会沦为阿格里皮娜和帕拉斯的受害者，而这位帕拉斯现在诚如纳尔奇苏斯所言已经成了皇后的情人。

对不分贵贱、通奸或乱伦而产生的性行为进行指控，在罗马政治中是一种非常有效的策略。几乎每一位皇室妻女都遭受过这种指控，而阿格里皮娜在人生的大部分时间都会面临这样的指控，直至她最终死去。如今，判断这些指控孰真孰假几乎是徒劳的。（可以试想一下，假如在两千年后，后人尝试对现在的逸闻小报给当下名人性生活的描述做出评估的样子。）我们所能确定的是，这样的指控肯定会持续，并且留下令人不快的污点。

同样难以评估的，还有当时宫廷中所发生的幕后故事。我57们所掌握的文献表明，皇帝的喜爱开始发生转移，逐渐从尼禄转向自己的亲生儿子。苏维托尼乌斯表示，克劳狄乌斯会拥抱布列塔尼库斯，并且敦促他快些长大，他引用了一句希腊古谚："伤害你的人（指的是克劳狄乌斯自己——本书作者注），终将治愈你。"而在塔西佗的作品中，是纳尔奇苏斯做出了这般举动而并非克劳狄乌斯。① 但是塔西佗确实支持了一种观点，那就是克劳狄乌斯对阿格里皮娜的行为——尤其是有关性的举止行为——越来越不信任。[当克劳狄乌斯因主导了针对一名通奸者的定罪而受到称赞时，据说克劳狄乌斯曾一语双关地表示，他自己的两任妻子也同样不堪，但她们不会轻易逃脱审判（impudica sed non impunita）。]

克劳狄乌斯在这个时候起草了一份遗嘱，并且加盖了公章。他不能简单地将帝国的控制权像传家宝一般传递下去，但他若是想将自己的个人财富——任何执政者都必须拥有的一种资源——进行遗赠，也会达到同样的目的。

在那份文件中，或者说在克劳狄乌斯的内心里，有哪些事关自己儿子的事项呢？那份遗嘱后来被压了下来，引发了古代和现代史家对于遗嘱内容的争论。或许，正如塔西佗和一部分现代学者所认为的那样，遗嘱确认了让尼禄作为继承者的选择；然而尼禄为什么要压下不表呢？塔西佗给出的动机是，这份指定继子而非亲生儿子继位的遗嘱可能会惹怒民众，但是这种解释听上去有点似是而非，因为将遗嘱完全毁坏反而可能会在民众的不满上火上浇油。

现代最权威的克劳狄乌斯的传记作者芭芭拉·列维克（Barbara Levick）认为，在最后的阶段，没有一个合乎情理的人选可以让长期以来一直偏爱尼禄的定势发生偏移。但是，年

58

---

① 据塔西佗《编年史》（第 12 卷第 65 节）中的记载，纳尔奇苏斯时常把布列塔尼库斯搂到怀里，一心盼望他快快长大成人。他时而向上天，时而向布列塔尼库斯伸出双手，要他快快长大，除掉他父亲的敌人，甚至向谋杀他母亲的凶手进行报复。

迈帝王的举动并不总是合乎逻辑的。提比略也曾面临与克劳狄乌斯相似的两难境地：基于年龄和血统，到底是选择侄孙盖乌斯还是选择自己的孙子成为继承人？他尽量避免立刻做出决定，然后指定了这两个男孩成为共同继承者。即使在即将故去的时候，提比略似乎仍然无法或者不愿意做出最终的决定性选择。根据塞内加的记述，在弥留之际，提比略从手上取下了图章戒指，好像要把它交给自己的继任者，但是又攥住这枚戒指，在即将死去的那一刻，又将戒指戴回了自己的手上。[59]

克劳狄乌斯在公元 54 年 10 月是否也陷入了相似的窘境？[60]还是说他像这四年来一直坚信的那般，认为尼禄是最好的继任者？阿格里皮娜是否察觉到克劳狄乌斯的内心正在发生变化？她是否会像大多数史料认同的那般，在克劳狄乌斯回心转意之前，采取措施让这颗心脏停止跳动呢？

鸩杀之事比性事丑闻更加令现代史家困扰不已。在一位皇帝逝去之后，也没有进行过尸检。罗马人，和世界各地的其他人一样，都喜欢奇谋诡计与阴谋论。这比那些患病老者慢慢衰朽步入死亡的记载要有趣得多。克劳狄乌斯是否死于谋杀的真相将永远无法获得定论，而又有一部分学者并不相信他是被谋杀的。[61]

即便如此，克劳狄乌斯的死亡时间非常可疑。因为他死于布列塔尼库斯即将成年的三个月之前，也是尼禄三年优势期的最后阶段。如果克劳狄乌斯曾向任何人表露过，或者在遗嘱中写过，自己对于尼禄继承帝位有任何疑虑的话，那么现在正是打击尼禄的最佳时机。[62]

据塔西佗所述，阿格里皮娜精心策划了针对克劳狄乌斯的谋杀。她首先把皇帝身边最为警觉的纳尔奇苏斯调到了西努埃撒（Sinuessa），让他可以在这座拥有温泉的城镇中治疗痛风。接着阿格里皮娜委托一个高卢女子洛库丝塔（Locusta，"小龙虾"，又译作卢库斯塔）制作毒药。这个高卢女子虽曾因放毒而获罪，但是被从监狱中放了出来，其前提是要为皇室工作。阿格里皮娜想要一种经过仔细调试的药物，一种不会很快置克劳狄乌斯于死地的药物，因为暴死会让谋杀阴谋变得显而易见，她要一种可以摧毁他神智的药物，这样的话他就既不能保护自己，也无法擢升布列塔尼库斯。

这种特制的毒药被呈到一个叫作哈洛图斯（Halotus）的宦官那里，这名宦官是皇帝的侍从和试吃者，他将这种毒药放入一盘蘑菇，这也是克劳狄乌斯最喜欢的食物之一。狄奥认可了塔西佗的说法，并且补充了一个令人难忘的细节：阿格里皮娜只给其中一朵蘑菇下了毒，那是整盘菜中最大且最肥美多汁的蘑菇。为了让自己的丈夫放松警惕，她和丈夫一起吃完了这道菜，但就像恩爱的夫妻经常会做的那样，她坚持让丈夫吃下了最好吃的那一朵蘑菇。

克劳狄乌斯很快就陷入昏迷，并被抬出宴会厅；然而，按照塔西佗的记述，这个计划又出现了差错。在克劳狄乌斯排空了自己肠子里的有毒食物之后，他居然慢慢开始好转。阿格里皮娜惊慌失措，意识到她的丈夫现在肯定怀疑她别有所图，并且会迅速对她采取反制措施。

但幸运的是，阿格里皮娜还有其他的皇宫仆从准备好执行她的旨意。一位曾为王室服务过的希腊医生色诺芬（Xenophon）应召入宫，并开了一剂治疗用的催吐剂。他拿出一根涂抹着烈性毒药的羽毛来给克劳狄乌斯催吐。在10月12日的晚上，第二种毒药终于了结了克劳狄乌斯的性命。

这就是塔西佗讲述的克劳狄乌斯死亡的故事。这个故事在细节上与其他古代史家的记叙矛盾，也受到了一些现代史学家的怀疑。[63]但是，许多今日依旧否认克劳狄乌斯是被谋杀的人，仍然同意可能是那盘蘑菇导致克劳狄乌斯死亡。[64]假如果真如此，那么考虑到这种致命的真菌出现在皇帝餐桌上的时间，那么它更有可能是被下了毒，而非仅仅是自身有毒。

尼禄即位的时刻即将到来，这是阿格里皮娜期待已久的时刻，她现在以完美卓越的技巧编排了这一时刻。在克劳狄乌斯的死讯还没泄露出去之前，她就利用多年来精心培养的军队——禁卫军封锁了宫殿。在时机成熟之前，无人知道克劳狄乌斯已经死去。与此同时，她把布列塔尼库斯关在了他自己的房间中，同时让他的姐姐屋大维娅不要离开自己的寓所。

天亮了，一队喜剧表演者前来为皇帝表演娱乐节目，士兵们随后放行。[65]向不相关的路人传达一种按部就班的感觉是十分重要的。终于，在正午时分——按照当日之迷信，适逢吉兆——阿格里皮娜终于开始行动了。

宫殿的门被打开，尼禄在禁卫军长官布路斯的陪同下大摇大摆地走了出来。在城外执勤的士兵们接到了克劳狄乌斯逝世的简短通告，他们从布路斯那里获得暗示，如同面对元首一般向尼禄欢呼致敬，或者至少大多数人是这样做的。塔西佗记载，有几个人焦急地四下张望，互相询问为什么布列塔尼库斯没有出现。然而，在此关键时刻，布列塔尼库斯始终没有现身。

罗马此时还没有为元首欢呼的固定仪式。在此之前，只有两次有序的权力交接。由于缺乏更为长久的传统，士兵们采取了上次用在克劳狄乌斯身上的那套程序。尼禄坐着带顶的轿子被抬到了城墙外的禁卫军营地。尼禄在那里向聚集起来的士兵发表了一场演说，狄奥表示，塞内加正是文稿的捉刀人。[66]他在发表完一通豪言壮语后，还送上了丰厚的礼物：每人可以获得2万赛斯特斯[①]，这相当于一个百夫长近20年的薪资。就像上次对待克劳狄乌斯那样，士兵们拥戴尼禄为皇帝。

尼禄前往元老院，并且在那里待了数个小时。元老们也怀着崇敬之情向尼禄致以问候。他们立刻投票授予他新职位应被赋予的权利与权威。在这一点上，尼禄超越了克劳狄乌斯和卡利古拉，因为他们两个人可是等了好几个星期才获得这项殊荣。

在10月13日即将结束，自己的儿子返回皇宫之时，阿格里皮娜对她自己所做的一切都深感满意。现在尼禄成了元首，而布列塔尼库斯则被褫夺了继承权。禁卫军们恪尽职守。她设置好的机器已然开始运转。

身处坎帕尼亚（Campania）的纳尔奇苏斯，获闻克劳狄乌斯去世的消息后立马赶回罗马。或许他仍然寄希望于唤起人们对布列塔尼库斯的支持，但是为时已晚。他刚进城就遭到逮捕并被投入监狱。新政权刚成立仅一两天，就出现了首例对于司法程序的滥用。

与此同时，在罗马城的上空，克劳狄乌斯的灵魂正一瘸一拐地步入天堂，加入众神的行列。正如元老院不久即将颁布的法令那般，克劳狄乌斯在他逝世的那一刻已经晋升为神，成了神圣的克劳狄乌斯皇帝（Divus Claudius）。

---

① 克劳狄乌斯在继位时曾赏赐给禁卫军士兵每人15000赛斯特斯，从而开创了一个为害深远的先例。

第三章　同室操戈

（公元 54~55 年）

　　"我想记述在即将开启一个无比幸福的时代的纪元初始，10 月伊迪斯日（ides）的前三日①，在天上发生的事情，以传后世。"这是一篇文章的开头，该文被冠以奇怪的标题《圣克劳狄乌斯变瓜记》（*Apocolocyntosis Divi Claudii*）。[1] 作者是一个身份不明的政坛内幕知情者，他用尖酸刻薄的语气和突然吟出诗句的写作习惯，打算去叙述在 10 月 13 日，也就是克劳狄乌斯死后的次日，所发生的事情。塞内加应该是该文作者，虽然看起来不太可能。

　　关于这部作品的几乎所有信息都是一个谜，[2] 包括作品标题的含义，因为我们在这部作品当中并没有看到"瓜"的身影。这个生造出的希腊词"变瓜"（apocolocyntosis）应该源于"神化"（apotheosis）一词，或许只是为了营造一种滑稽荒唐的感觉。这一切都是因为在公元 54 年年底罗马见证了一件真正可笑的事情：由尼禄和阿格里皮娜发起的、官方对于克劳狄乌斯

---

①　所谓伊迪斯日，又称月份中日，是指古罗马历中 3、5、7、10 月的第 15 日或者其余各月份当中的第 13 日。除了伊迪斯日之外，卡伦代日（the kalends）代表每月 1 日，诺奈日（the nones）是指 3、5、7、10 月的第 7 日或者其余各月份当中的第 5 日，这三日也被称为每个月的基本日（principal days）。以这三个基本日来推算每个月的其他各日，推算的时候首尾两日也计算在内。

的神化。

这是近 20 年来第一次有人被授予这般荣誉，也是有史以来第二次有元首获得这项殊荣。毫无疑问，第一位获得神化的元首是奥古斯都。将克劳狄乌斯与至圣的先帝相提并论显然是荒谬的。塞内加的哥哥迦里奥（曾名诺瓦图斯）就曾经对他的亲信们说，克劳狄乌斯是被一根钩子给钩上天堂的，这个钩子指的就是罗马人用来拖行罪犯尸首穿过广场以便扔进台伯河的钩子。[3]

无论此举是否可笑，但它的确对尼禄颇为有利。他现在可以被人称为"神之子"（divi filius），他的头像也将很快被镌刻于钱币和碑文之上。然而讽刺的是，新帝主要的竞争对手和最大的威胁——布列塔尼库斯的地位也顺势水涨船高。

在克劳狄乌斯被神化的这件事情上，阿格里皮娜也获益匪浅。她现在意图效法奥古斯都妻子莉薇娅，进而获得神之遗孀所拥有的权力。莉薇娅成了奥古斯都崇拜的女祭司，而她将有一名手持束棒（这根束棒象征着使用武力作为一种控制手段的权力）的扈从相伴。事实上，阿格里皮娜决心要超越她的前辈。将克劳狄乌斯神化的元老院法令授权阿格里皮娜拥有两名扈从，而莉薇娅当年只有一名扈从。同时，这些法令还要求拨出资金在罗马城中心建造一座巨大的新神庙，[4]由阿格里皮娜担任神庙的首席女祭司（flamen）。

塞内加在《圣克劳狄乌斯变瓜记》中所嘲笑的，正是这种貌似庄严神化，实则巩固尼禄、阿格里皮娜威权之行径。他抛弃了道德论丛中含蓄的、高洁的基调，转而用一种异乎寻常的滑稽与不敬的口吻去写作，如果不是卡西乌斯·狄奥偶然提及，没有人会想到这部作品竟然出自塞内加之手。[5]

63

《圣克劳狄乌斯变瓜记》从克劳狄乌斯去世之日开始描述。在命运女神剪断了皇帝的生命之线之后，克劳狄乌斯放了一记响屁，说出了自己最终的遗言："哦哟，神呀，我好像把自己给弄脏了。"（旁白补充道："不管他有没有把自己给弄脏了，他把所有的一切都给糟蹋了，这倒是板上钉钉的事儿。"）这个颤颤巍巍、跛足而行的皇帝出现在天堂的大门前，以一个畸形怪物的身份被接待。众神开始召开会议——就像罗马元老院那样——讨论克劳狄乌斯入圣的请求，其中出现了反对者严正的驳斥。已然神化的奥古斯都站起来谴责克劳狄乌斯对权力的滥用，愤怒地讲述了那些谋杀皇室中人的同室操戈之举。

64　　　被天堂拒绝之后，克劳狄乌斯只能被送入冥府。在冥府克劳狄乌斯受到了大批受害者的欢迎，根据灵魂裁决者埃阿科斯（Aeacus）的精确记录，其受害者包括 35 位元老、321 位骑士以及无数的平民。这部分内容出现在作品临近尾声的地方。克劳狄乌斯将在卡利古拉那里谋取一个永恒的低贱差事，为这个疯子皇帝麾下的一个被释奴翻弄法律文书。

塞内加写作这部作品的动机令人极为费解。[6]新近的编译者们都暗示塞内加意图报复，因为 13 年前克劳狄乌斯曾在麦瑟琳娜的授意下将他流放到了科西嘉岛。[7]还有一些读者认为，这部作品是在农神节（Saturnalia）写的，而农神节正是一个容许下仆调侃主人的冬至节庆。但如果真是这样的话，塞内加或许会利用这一许可，在另一个极为危险的边缘试探，去取笑尼禄当政后做出的最早也最为冷静的一项承诺。

事实上，《圣克劳狄乌斯变瓜记》包含的不仅仅是讽刺和节日欢娱。即便是在第一句话中，这部作品也采取了严肃与谐谑混合的复杂腔调。注明的日期也采用了短语"纪元初始"

（anno novo），仿佛尼禄的登基已经开启了世界的新篇章，让一切迎来了"一个无比幸福的时代"。在这些语句中，塞内加似乎是在尽述直言；但即使是在讥讽刚刚逝世的元首之时，他也依然对现任的元首不吝褒扬。这是一种微妙的平衡之举——当这赞美变得愈加入微时，语意便愈加微妙。

塞内加用浮夸的悲剧诗句来描述克劳狄乌斯生命之线的断裂。但是当作者的注意力转向尼禄的时候，他的语调充满了痴迷狂喜。命运女神用一根无尽的金线纺出新的生命。阿波罗仿佛在宣告，这流金的生命将带来一个崭新的黄金时代。他把这个人比作漫漫长夜之后升起的旭日。阿波罗脱口而出："这就是恺撒，即将现身于罗马的尼禄！"

这段话仿佛是在谐歌剧中突然响起的嘹亮军歌。[8]塞内加把这些谄言媚语都收进了一个滑稽而讽刺的包裹，就像他把对于克劳狄乌斯的颂扬都包裹在了哲学著作《致波里比乌斯的告慰书》当中那样。十年前的那部作品已经过时了，现在克劳狄乌斯倒台了，尼禄继承了元首之位，据卡西乌斯·狄奥表示，塞内加一直都想把那部旧作雪藏。[9]而再过上十年，或许塞内加也会对自己在《圣克劳狄乌斯变瓜记》中写下的诗句感到懊悔。

塞内加以这样一种奇怪的方式，将轻浮的调侃同庄重的炫耀相结合，向公众展示了他与元首本人的亲密关系。他们可以在一起开怀大笑着将克劳狄乌斯尸体上的灰尘掸掉。这部作品有种局内人说笑话的感觉，只会限于在宫廷密室的私密氛围中进行分享。有一种观点认为，它是为农神节的宴会[10]而创作的，尼禄本人在费乐纳斯美酒的杯盏交错之间享受着欢娱和奉承。

*

罗马现在拥有西方世界有史以来最为年轻的统治者。即使是年少扬名的典范亚历山大大帝，在其执掌马其顿并发起对东方的征服之前也年逾而立。而尼禄登基之时只有 16 岁，却统治着一个比亚历山大治下更为广袤的帝国。但尼禄的领导才能、对于指挥与统治的意向，也与亚历山大大相径庭。因为缺乏自信、容易被怪念奇想所蛊惑，尼禄很容易受到惊吓与控制。至少他的母亲希望他如此，因为她想要将儿子掌握在自己的手中。

尼禄的青春年少，在当日充满活力的肖像雕塑中被理想化，[11] 以供民众消费，这与克劳狄乌斯所展现出来的衰朽形成了可喜的对比。罗马对一个无畏进取的新开端寄予厚望。那些诗歌和册子（塞内加的《圣克劳狄乌斯变瓜记》亦在其中）宣告着一个崭新的黄金时代即将到来。这种言论虽然在皇帝登基之时已经成了惯例，但是对于一个身材匀称、体格健壮、较为英俊的少年来说，这种言论无疑更加具有说服力。

欢庆的氛围中潜藏着对上一个年轻元首卡利古拉的痛苦追忆，因为卡利古拉 25 岁时就在一片美好期望中就任元首。然而不到两年，这个年轻人的充沛精力就演变成了施虐狂一般的变化无常。起初也没有任何迹象可以预知卡利古拉日后的癫狂；因而，在尼禄即位时，人们也无从获知这个男孩的天性中到底隐藏着什么样的弱点。作为精神缺陷的巨型放大镜，元首之位将会把这些不堪及时暴露出来，然而很少有人能猜到这一切来得究竟有多快。

除了阿格里皮娜之外，塞内加是最接近尼禄的人，因而他也最有资格判断尼禄是否适合君临天下。即使这位智者曾对未来怀有恐惧，他也从来没有将之表达出来，或者说，从来没有用比他笔下那迫近的末世浩劫更激烈的笔触来描绘。他肯定会心怀疑虑，因为他在卡利古拉的先例中，看到了年轻人的傲慢与绝对的权力相遇时产生的爆炸性结果。如果我们可以信任苏维托尼乌斯的描述的话，那么在塞内加被任命为尼禄导师的当晚，他便做了一个梦，在梦里他实际上正在教育卡利古拉。[12]这个故事或许是杜撰的，但也为我们提供了唯一的线索，即塞内加在对尼禄的灵魂做了短暂的观察之后，便可能对他面前的道路产生了畏惧。

卡利古拉并不是罗马的精英们试图逃离的唯一噩梦。克劳狄乌斯也曾经杀害了他们中的不少人（或者在皇帝情绪较好的时候，他们被迫自杀）。他利用"叛国罪"这种语焉不详的指控逮捕自己的敌人，然后在宫廷的密室中进行秘密审讯。麦瑟琳娜和宫廷中的被释奴通常会和他一起莅临法庭，对那些被起诉的人进行审判。克劳狄乌斯的妻子和她的盟友们与廷臣相勾结，常常会利用克劳狄乌斯的恐惧与迷信，怂恿皇帝做出有罪裁决。

克劳狄乌斯的统治，因为涉嫌滥用权力，引发了元老院的广泛不满。[13]然而，克劳狄乌斯是尼禄合法性的来源，因为正是他收养并且擢升了这个男孩。新元首面临的第一项挑战就是如何对待自己的前任。他必须在身为养子和门徒所表达的尊敬和对先皇滥用权力的反思中寻得平衡。

在这两个极端之间权衡的任务就落在了塞内加的肩上。现在他开始正式担任元首演说稿的撰写者。然而，塞内加却在自己的首个重要任务中失败了。

　　克劳狄乌斯的葬礼将在其死后六日举行，届时将是一个被精心安排的仪式。尼禄也将在汇聚而至的罗马精英们面前致悼词。塞内加用回顾英雄事迹般的言语构建了整篇演说，试图重申元首统治的权力，以及克劳狄乌斯和尼禄之间的亲密联系。然而塞内加错估并且逾越了自己的既定目标。当尼禄大声颂出对克劳狄乌斯的溢美之词时，人群中响起了窃笑声。塞内加笔下的过度赞美反倒变成了讥讽，尽管这次他是无意而为之的。

　　多年后，史家塔西佗注意到这篇葬礼演说其实是颇为洗练的，同时表示"他那取悦人的才华，十分合乎当时人们的品位"。鉴于演说中包含的显而易见的虚构成分，这种赞美多少有些模棱两可，而这也是塔西佗对于塞内加职业生涯的多层次评述之一。毕竟，"当时人们的品位"是习惯听取故弄玄虚的空洞诔辞。塔西佗本人既是一位作家，也是一位廷臣，他通过精心修饰自己的言辞，在图密善暴虐的统治之下得以幸存。[14]虽然他对塞内加的困境表示了同情，但同时也略带一丝轻蔑。

　　不管新的政权在第一次演说中失去了什么，这失去的很快就在第二次演说中得到了弥补。尼禄在元老院的就职演说，同样出自塞内加之手，提到了所有陷入困境的元老渴望听到的内容。秘密审判的行为将会被停止。新任元首不会像他的前任那样担任唯一的裁决者，也不会将权力下放给那些被释奴。元老院将重获其古老的尊严，以及曾经失去的各种裁判权。"我年少时并没有因内战和家内倾轧而烦扰，"尼禄如是说道，表示自己和以前那些长于深宫的皇帝不同，"我没有仇恨，没有伤痕，也没有复仇的欲望。"[15]

　　一位如此年轻且看上去又如此真诚的人，做出了翻开历史新篇章的承诺，希望恢复统治者与贵族之间的友善关系，这无疑深深触动了在场的诸位元老。他们投票决定将这篇演说词镌刻在一根覆盖着银板的圆柱上，并且每年新任执政官就职之时，这篇演说都要在元老院当中被大声诵读。这是公开演说所能收获的史无前例的荣誉。就像在奥古斯都时代那样，元老院和元首达成了相互尊重的契约。卡利古拉的噩梦似乎已成往事，塞内加也曾怀着反感之情三次引用那可以代表卡利古拉时期政策的口号："让他们憎恶吧，只要他们对我心怀畏惧。"[16]

在为尼禄立下这份契约时，塞内加其实是在同自己原先的同僚们讲话。虽然塞内加现在为皇室办差，但是身为元老的他也担任着独一无二的角色，这很符合他圆滑的处事风格。他是克劳狄乌斯时期不公的受害者，起初获罪死刑，减刑后被流放到科西嘉岛。他对权力的滥用深有体会。作为一个提倡克制的人，没有人比塞内加更有信誉。

塞内加在尼禄的就职演说中提出的观点，与其在《论愤怒》当中的观点是一致的，而这个观点到现在已经被广为流传。[17]这篇作品让所有掌握权柄、高傲自满的人认识到，与其屈服于愤怒，还不如忽视那些过失。塞内加在《论愤怒》当中写道："与平级者对抗，存在风险；与高位者对抗，是为疯狂；而与低位者对抗，有辱自身。"他举了一位无与伦比的斯多葛之士——小加图的例子，当对手向加图吐唾沫的时候，他只是擦了擦脸并且回敬了一句善意的俏皮话。[18]如果一个人无法做到视而不见的话，那么他至少可以选择原谅别人，因为他知道人非圣贤，孰能无过。

无论是在那篇就职演说里，还是在《论愤怒》中，塞内加都渴望消除争论与报复，但是他清楚这需要不断的努力。如 69

果我们相信塞内加在《论愤怒》中描绘的自画像的话，那么他自己其实就在练习着一种类似坐禅修行的方法以抑制自己的愤怒情绪。[19]塞内加向自己的读者吐露，每晚在临睡之前，他自己都会静静地坐在妻子身边，盘点自己一天的经历，回忆自己堕入激情的时刻。或许他在一次争吵当中表现得过于急躁，又或者他对自己的下属说话时过于严厉，超出了常人能够接受的范围。每逢这种情况，他都会告诫自己："以后别再这么做了，好了，我现在原谅你了。"

塞内加接着扩展了这个情境，在他的笔下，好像所有的罗马人都在做着相同的练习。或许一个人在宴会当中会被醉汉开的玩笑冒犯到；或许另一个人在富户的家门口遭到一个妄自尊大的看门人的推搡；又或许一个人坐在宴会桌旁，他坐的位置比自认为应坐的位置要低一些。塞内加恳求自己的读者们原谅这种疏忽，不要太过当真："稍事避退，以笑面对。"[20]

通过细致入微的观察，《论愤怒》讽刺了罗马贵族们的自命不凡、妄自尊大。这份研究甚至采用了一种现代心理学家可能会熟悉的方式来解释这些特点。有钱有势之人总是会娇纵自己的孩子，而不曾教会他们如何面对侮辱。塞内加写道："如果一个人从来没遭到过拒绝，他留下的眼泪总能被焦虑的母亲迅速擦去的话，那么他肯定难以忍受丝毫的冒犯。"[21]他认为，学会去笑，是对特权引发的暴躁情绪的一剂解药。

然而，并不是每一个人都可以接受这种微笑疗法。塞内加正要面对这样一位女性，而根据史料，这个人完全没有幽默感。塞内加曾经在《圣克劳狄乌斯变瓜记》中隐晦地嘲弄了她。[22]因为她自认为自己是神的遗孀与祭司。对于她来说，"神化"可不是什么笑料。

当然，这个女人就是专横的阿格里皮娜，她曾经是塞内加最大的庇护者，但现在成了他最大的麻烦。

克劳狄乌斯在世时，为了让尼禄登上帝位，阿格里皮娜、她的儿子尼禄以及她儿子的导师塞内加紧密地联合在一起。现在既然这个目标已经实现，那么他们之间的关系就变得不那么稳定了。能否维持三者的关系，很大程度上取决于塞内加如何应对三人关系中的变化。斯多葛哲学教会了塞内加很多关于控制情绪和保持理智的知识。但是，在一个年近不惑却仍旧精力充沛、盛气凌人且占有欲极强的女人和一个叛逆冲动的 17 岁男孩中间，他又怎能保持理性呢？

尼禄首先开始向阿格里皮娜致以公开的敬意。在尼禄统治的第一个夜晚，当卫队长向他的元首询问安全通行的口令时，他决定使用"最好的母亲"（optima mater）[23]作为口令。这是史诗当中的一则短语，曾见于维吉尔的《埃涅阿斯纪》，也可以被看作一份将母亲阿格里皮娜视为英雄的礼物。这不仅仅是尼禄的一时兴起，因为他清楚多年来她一直都在精心培养禁卫军的忠诚。他们对待阿格里皮娜比对待自己更加忠诚。如果在他们的眼中，自己是一个忠诚于母亲的好儿子的话，无疑会给自己带来很多好处。

儿子对母亲的依赖在雕塑作品中得以强化，尤其是在一幅从阿弗罗狄西亚（Aphrodisias，位于现今土耳其境内的一座古罗马城市）发掘的浅浮雕中得到了鲜明的体现。[24]这幅浮雕在 1979 年才被发现，作为皇室肖像画廊中的一部分，浮雕描绘了阿格里皮娜在给尼禄戴上月桂花环时，用满怀母爱的神情凝视着自己的儿子。身着戎装的尼禄并没有与母亲目光对视，而是冷漠且不动声色地望向浮雕之外，看向自己前方的使命。该浮雕明确地将阿格里皮娜塑造成她儿子力量的源泉。这幅浮雕有可能脱胎于罗马城内展出的原作。

在尼禄首次发行自己的钱币时——钱币一直都是皇帝影响最为深远的传播媒介——他让自己的母亲扮演了引人注目的、实际上是共治者的角色。在克劳狄乌斯治下，阿格里皮娜就已经出现在钱币的并列印纹当中，那时她丈夫的肖像叠在她的肖像之上，又或者她的肖像只能被"贬到"钱币背面去。现在，一种罗马历史上从未出现过的新样式[25]出现了：尼禄与阿格里皮娜的侧颜呈对称展示，四目相对，一同出现在钱币的正面，而两个侧颜大小相同。这图景暗示着一次亲密的交谈，一个完美的和谐时刻，在此时双方都毫无畏惧地注视着对方。

这些媒介想要传递的信息无疑是明确的：尼禄想让公众知道，阿格里皮娜与他分享着统治的权力。对于一个年少之时便被拔擢为帝国元首的年轻人而言，这种举动十分显眼，但是也带来了相当大的风险。罗马人目睹了麦瑟琳娜带来的破坏，或者奥古斯都之妻莉薇娅的阴谋诡计之后，并不希望看到有另外一个女人掌握权力。"无能"（impotentia）的幽灵——罗马男性对罗马女性妖魔化的权力意志的描述——将再次抬头。阿格里皮娜在卡利古拉和克劳狄乌斯统治时期就已经召唤出了这个幽灵，引诱着（人们认为）她可以从中渔利的男性，并且借机摧毁她的反对者。

不久之后，阿格里皮娜就开始扮演起"最接近"自己在民间故事中所担当的角色了。她用自己新掌握的权力下令执行了两次暗杀，除掉了一个潜在的威胁和一个长期的敌手。根据塔西佗的说法，尼禄并没有直接参与这两次行动。[26]

时年 40 岁的马库斯·尤尼乌斯·西拉努斯（Marcus Junius Silanus），也就是那个用自杀搅乱阿格里皮娜婚礼的西拉努斯的兄弟，当时正担任现今土耳其西部的帝国行省的总督，已经是一个人畜无害的人物了。然而他身上流淌的奥古斯都血脉，让他成了危险人物。假如有一天罗马人决定驱逐尼禄的话，那么他作为奥古斯都的后裔就会成为潜在的权力替代者。阿格里皮娜派出了两名特使，他们给西拉努斯提供了和当初鸩杀克劳狄乌斯相同的毒药。按照塔西佗的说法，"（这种行为）太过于明显，以至于根本无法被忽视"。很显然，她想让尤尼乌斯家族的其他男性知道他们到底是在和谁打交道。

接着，阿格里皮娜除掉了克劳狄乌斯忠心耿耿的被释奴纳尔奇苏斯。自打他的主人逝世之后，他就一直被羁押着。阿格里皮娜不仅对他怀恨在心，而且因为他知道的实在是太多了。她下令让纳尔奇苏斯自杀，这比直接处以死刑要温和一些，因为纳尔奇苏斯仍然可以把自己的财产传给自己的继承人。纳尔奇苏斯在临死之前，或许是为了换得自杀的许可，焚毁了自己收集的私人文件，这些文件可能会对阿格里皮娜造成巨大的伤害。

阿格里皮娜的清洗行动本可以更进一步，然而塞内加采取行动阻止了她。他不能袖手旁观，不能看着克劳狄乌斯时期的故态死灰复燃，如果这些手段付诸实施的话，那么塞内加借尼禄之口向元老院做出的承诺就不复存在了。塔西佗喜欢将塞内加与阿格里皮娜的场景进行戏剧化的处理，但是他并没有向我们展现出这场对峙是如何进行的。不过，他的确曾表示，塞内加的遏制政策得到了朝中一位重要盟友——新任禁卫军长官阿弗拉尼乌斯·布路斯——的支持。

布路斯和塞内加是一对奇怪的组合，一位是职业军人，而另一位则是从未动过兵器的道德学者和作家。但是现在他们俩已经建立起了相互信任的纽带。两人携手教导年轻的尼禄，并且与他的母亲横加的支配相抗衡。塔西佗曾经赞赏地表示："他们两人（对尼禄）施加了不同但均等的影响，布路斯是通过军人般的责任感与严肃的性格，而塞内加则是通过自己的雄辩教育和正直的修养。"这是一个颇为罕见的例子。本该成为对手的两个人，在共同目标的帮助下，进而在共同敌人的威胁下，成了合作者。

塞内加在自己的《论愤怒》一作中诠释了自己有关统治者的克制哲学。在作品中，他把领导者对于国家事务的处理比作医生对身体的护理，他以后也会经常用到这种类比。[27]就像一位好医生会寻求最为稳健的治疗方法一样，一位领导者理应使用最为温和的拨乱反正的方法。如果可能的话，他应该只用言语表达自己的惩戒，然后采取最为温和的打击。死刑本来应该是那最终也最为绝望的解决手段，但对于那些道德上"病入膏肓"的人而言，死亡实际上是一种无痛解脱。

假如阿格里皮娜可以用自己的方式来套用这种医学隐喻的话，她可能会以预防所带来的益处来辩驳。有的时候，肿瘤必须在转变为恶性之前被切除。又或者，她也可以化用塞内加不久前引用的维吉尔有关养蜂的论述中的一句话来进行反击："死亡属于弱者，强者将在虚位以待的王座上君临。"

74　　　阿格里皮娜暂停了她的清洗计划。但是，她很快就引发了新的问题，即声称自己在议事堂中占有一席之地。

作为克劳狄乌斯的妻子，阿格里皮娜曾经身着戎装现身于皇帝所在的高台上，接受不列颠叛乱者的投降，[28] 而现在她想要出席更为重要的场合。元老院议事堂是禁止外人进入的，但是阿格里皮娜设法将这会议挪到了皇宫里的一个房间中举行，并设法在幕帘的后面旁听审议讨论。所有人都知道她在那里，并且记下了他们所说的每一句话。

宫廷权力斗争的另一个决定时刻发生在公元 55 年年初，此时尼禄的统治才刚刚开始数月。一场外交政策的危机已然出现。在帝国的东部边境，罗马的宿敌帕提亚人（Parthians）决定考验这位新皇的勇气。发生在亚美尼亚的一场起义将罗马扶植的傀儡赶下了王位，而帕提亚国王立刻抓住了这个机会。他任命自己的兄弟提里达特斯（Tiridates）为亚美尼亚的统治者，实际上就是把这个至关重要的缓冲国度纳入自己的掌控之下。

罗马人需要对这种挑衅进行反击，可是到底让谁去回击呢？一些罗马人担心，一个刚刚年满 17 岁的年轻人，在自己母亲和老师的监管下，无法胜任对东方发动战争的任务。[29] 而其他人则认为，塞内加和布路斯是经验老到的股肱之臣，他们会协助年轻的皇帝渡过难关。每个人都在等待着看谁会被任命为军队指挥官，是一位真正的军人，还是一位不会功高震主的平庸之辈。

阿格里皮娜是该世纪最为杰出的军人的女儿，她也希望能够帮忙应对这场危机。但是，对于执掌政权的男性领导者而言，这是一根不可触碰的红线。即便她是日耳曼尼库斯唯一尚在人世的孩子，罗马人也不能容忍一位亚马逊族女战士率领罗马走向战争。接见亚美尼亚来使的场合，便是表明立场的地方。

塞内加和布路斯坐在尼禄两旁，三人落座在象征皇权的高台之上。[30]阿格里皮娜走进了议事堂，明确表示自己打算和他们一起坐在高台之上。这种想法令周围的旁观者感到惊惧，不过这三个人很快就想出了对策。在塞内加的提示之下，尼禄走下坐台，在平地上接见了自己的母亲，假装向她打招呼，却挡住了她前行的步伐。在外人看来，这段插曲仅仅是母子之间温情的交流，并非对意志的鉴定考验。随后，整个议程被延期并且被更换到了其他的地点。因为假如尼禄重登坐台，那么一场公开的冲突就有可能随之到来，而这就会让外国使节瞥见整个政权出现的裂痕。

在塞内加的鼓励下，尼禄用一个微小却有力的姿态站起来反抗了自己的母亲。他很快就采取了同样自信的行动来对抗东方的威胁。军队的力量得到了强化，在幼发拉底河上架桥渡河以侵入帕提亚的计划也被制定出来。尼禄任命多米提乌斯·科尔布罗（Domitius Corbulo）为入侵部队的指挥官，这是一位纪律严明的铁腕军人，曾在克劳狄乌斯统治时期击溃日耳曼人。这一举动被认为是一个标志，表明在塞内加和布路斯的辅佐下，尼禄的确有实力抗击蛮族敌人。

帕提亚人很快就选择了退让。他们在亚美尼亚的代理人也交出了权力，并且把人质交给科尔布罗以作为不再犯边的保证。心怀感激的罗马人向尼禄表达了敬意，在战神马尔斯的神庙中为他竖起了一尊与战神像等身的塑像。

阿格里皮娜接受了第二次博弈中的失败，尽管自尊受损，但是她依然没有选择放弃。她还远远没有准备好要把首席摄政者的角色让给塞内加，更别提让给布路斯了。阿格里皮娜决心表明究竟是谁能对她儿子更具有影响力：是她，还是他们？就这样，她的下一个机会很快就到来了，而她也将努力利用这个机会，永远摧毁皇宫中仅剩的和睦氛围。

就如同大多数罗马人一样，塞内加也不信任那些野心勃勃的女性，尤其是希望母凭子贵的母亲们。在他被流放到科西嘉岛时，塞内加曾在一封寄给自己母亲赫尔维亚的信中，称赞她就算是有两个儿子列席元老院也不曾参与政治："您没有把我们的影响力当作家庭财产来利用……在我们从选举到上任的过程中，唯一让您触动的是这些事带给您的点滴欢乐，以及加诸您的诸般负担。"[31]在塞内加笔下，赫尔维亚的被动姿态与那些"使用女性的'无能'（impotentia）之力来支配儿子权柄（potentia）的母亲"形成了鲜明的对比。他在这文字游戏当中也将政治管理——通常是男性的领域——同女性无法"管理"自己的欲望和情感进行了对比。 76

塞内加在其现存的任何一篇著作中都没有提及阿格里皮娜。事实上，他的道德论著只是零零散散地提及概括性的女性群体。《论愤怒》将愤怒描述为"女子气和孩子气的恶行"，[32]不过它所选取的例子都来自成年男性的领域。即便是在《圣克劳狄乌斯变瓜记》当中，塞内加对克劳狄乌斯滥用权力的行为进行了尖锐的讽刺，同时也提及麦瑟琳娜（无数处决行为的幕后推动者），但也只是把她当作罪行的受害者而非犯案者。

相较之下，塞内加笔下的悲剧大多以女性为主角。他写就的两部最好的戏剧《淮德拉》与《美狄亚》，都是围绕着强势女性及其激情而展开的，前者是爱，而后者是怒。淮德拉对其继子希波吕托斯怀有孤注一掷的激情，在继子选择抛弃自己时，她选择将他毁灭。而美狄亚，身为希腊英雄伊阿宋的蛮族之妻，为了报复自己通奸的丈夫，杀害了自己的孩子。这很容易让人联想到，塞内加或许是在麦瑟琳娜时期写完了前一部，而在阿格里皮娜时期写下了后一部。然而，无论是这剧作本身还是其他的史料来源，都没有线索可以让我们确定这两部作品完成的确切时间。

现如今很少有人会把《论愤怒》和《美狄亚》放在一起去阅读，尽管这两部作品很可能是在同一时期被创作出来的。[33]事实上，在塞内加作品的数十个现代版本当中，在这些为现代读者整理的大量作品选集当中，唯有一卷敢把他的悲剧和散文作品并列放在一起。[34]那么为什么会有读者——更不用说那些作家——选择同时置身在两个几乎截然相反的道德世界当中呢？美狄亚展现的狂暴愤怒，迅速发展成了巨大且可惧的形态。"愤怒啊，我追随着你的指引。"美狄亚一边说着，一边将自己的孩子一个个刺死。但在《论愤怒》中，塞内加认为，愤怒可以而且必须被控制，这样理性才能占据上风。我们的榜样便是塞内加本人，他在夜幕降临时和妻子坐在一起，平静地责备自己在当天所说的不逊言辞。

解读者一直在努力，并将持续如此地去尝试理解为什么一个人会创作出这样两种迥异之作的。[35]这就好比爱默生从写作散文中抽出时间来创作歌剧《浮士德》。有人把塞内加的悲剧描述成其散文作品的倒置物——用否定的例证进行教诲——但是这种解读显得过于讨巧。[36]戏剧作者所表达的，是一种严谨的论说文作者难以接受的思想。当伊阿宋看着自己凶残暴虐的妻子乘坐一辆龙拉着的飞翔战车离去的时候，他说出了《美狄亚》中最后一段对句，语句中回荡着虚无主义的恐怖：

你乘着空中的气流飞向太空吧，只是请你作证，你去的地方没有任何的神明！

悲剧中有许多这样的时刻。人们或许会猜想，它们的作者可能对绝望甚至对疯狂都了如指掌。然而那散文的论说是乐观和虔诚的。它们宣扬着诸神无处不在，或者说只有一个神——这可以从每个人的灵魂中都拥有神圣的理性力量而被证实。

我们在哪部作品当中可以看到真正的塞内加？或者说两者都同样真实地表达了其所谓的"分化的思想"（compartmentalized mind）？[37]他是否将自己笔下的悲剧作为一种隐秘的内心呐喊，一种他无法用其他方式表达出来的道德厌恶的释放？从他那最为雄心勃勃且最令人痛心的戏剧《梯厄斯忒斯》（*Thyestes*）中，我们将看到事实似乎确实如此，这部剧作或许是塞内加完成的最后一部戏剧，同时也是唯一可以将创作时间准确追溯到尼禄统治时期的剧作。

在《美狄亚》与《淮德拉》中，塞内加深入探讨了自己眼中典型的女性所蒙受的痛苦，即"无能"——无法控制欲望，无法抑制嫉妒，无法压制住对掌控与权力的追求。这是塞内加和其他所有的罗马男性在任何情况下都害怕的东西，尤其是当女性涉足政治领域之时。无节制的女性所释放的激情可能会摧毁那个领域，进而将世界推向末日。

当包括塞内加在内的罗马人目睹阿格里皮娜在公元55年突然失控的时候，他们感受到的正是这种对女性"无能"的恐惧。引发这场风暴的，并非治国理政之事，而是一个事关人心的问题。

尼禄在就任元首前一两年便和屋大维娅完婚了，但是他 78

们之间的结合颇为冷淡。年轻的皇帝并不喜欢母亲为自己挑选的那位高洁的公主。而屋大维娅是阿格里皮娜促成尤利乌斯家族和克劳狄乌斯家族之间的联合，并且确保王朝未来的计划的核心。两人诞下的儿子将决定未来，从而巩固尼禄的帝位，虽然此时屋大维娅并没有怀孕。或许她不能怀孕，又或者更有可能的是，她那倨傲的丈夫并没有给她提供太多受孕的机会。

尼禄对性怀有的兴趣，和其他身处青春期的男孩一样强烈，但是就像许多备受压抑的精英子弟一样，他渴望异域情调，并且不愿意循规蹈矩。[38] 尼禄在宫中待了不久之后，一个名叫阿克提（Acte）的来自亚洲的被释奴便引起了他的注意，被他拥入床中。阿克提是克劳狄乌斯召集的诸多异邦仆从中的一员。她和屋大维娅截然不同，她并非出自尼禄母亲的遴选。

位高权重的皇帝们总是觉得自己有权得到任何他们想要的女人，而不用去管双方的婚姻状况究竟如何。尼禄对阿克提怀有的热情本身并不是一件令人忧心之事。事实上，这反倒让许多人松了一口气，[39] 因为他们曾目睹卡利古拉与元老们和执政官们的妻子的放荡之举，他用奸淫与堕落来羞辱整个精英阶层。尼禄与阿克提的风流韵事没有伤害到任何人，但是，这却让阿格里皮娜大发雷霆。在她看来，这是儿子对自己的背叛，是对她权威的挑战。"一个侍女居然要成为我的儿媳！"[40] 阿格里皮娜向自己的党羽们如是怒吼道，并且要求尼禄终止和阿克提的联系。"是我让你坐上了皇帝的宝座。"[41] 她提醒尼禄，暗示她可以撤回她所做的一切。

尼禄已经忍无可忍。母亲的吹毛求疵和恃强凌弱之前就令他大为光火，以至于他一度威胁要退位，[42]远遁罗得岛，从而逃离她的影响。现在尼禄准备冒一次有可能与母亲彻底决裂的风险，于是他开始向自己最好的天然盟友塞内加求助。

塞内加很早就在尼禄与阿克提的婚外情中提供过一些助力，并指示他的密友、同时也是罗马夜巡官（指挥着一支肩负警察和消防职能的混编部队）的安奈乌斯·谢列努斯（Annaeus Serenus）帮忙掩人耳目。[43]谢列努斯假装自己是阿克提的情人，从而就像他自己送出礼物那般，将尼禄的礼物递送给那个女孩。这是一种偷偷摸摸的、颇为被动的支援——毫无疑问是希望这件事能够顺其自然、自生自灭——但是很清楚地表明了塞内加对尼禄的同情。倘若母子对垒的话，那么塞内加会选择站在儿子的那一边。

能做出这种选择并非易事。阿格里皮娜是他的女庇护人，将他从流放中解救了回来，并且赋予他现在所享有的权力。如果塞内加站错了队的话，他或许将失去那种权力，甚至可能丢掉性命。而如果阿格里皮娜被逼得太紧，那么她甚至可能走向极端，这也是塞内加并不希望看到的危险结果。纵使尼禄最终一定会取得胜利，但是塞内加也不会从他的两位主人的彻底疏远中获得任何好处——实际上他可能还会遭受很多损失。

然而，这难堪之事似乎又迎来了转机。因为无法一直恫吓自己的儿子，阿格里皮娜突然开始示好，其举动甚至令人觉得反胃。为了迎合塞内加和谢列努斯，阿格里皮娜将自己的宫殿提供给尼禄幽会，并使用自己的财富来满足尼禄的享乐。这显然别有所图，所以尼禄的亲信们劝诫他不要中圈套。尽管如此，这位罗马皇帝还是颇有悔意。尼禄深知母亲对于女性服饰的癖好，便从内帑中挑选了一些带着珠宝的衣服送给母亲，希望借此达成和解。然而，收到珠宝的阿格里皮娜并没有喜笑颜开，反倒声称自己给儿子的皇冠上的珠宝正在被一点一点地返还给她。这次和解的尝试，最终却扩大了两人的分歧。

尼禄决定让阿格里皮娜的一个主要支持者失势，那个人就是被释奴帕拉斯。正式担任王室财库管理者的帕拉斯，由于参与了诸多密谋，已经在罗马积累了巨大的影响力和财富，仅次于他已故的前任竞争对手纳尔奇苏斯。这七年来，帕拉斯一直代表阿格里皮娜施加影响力，但是现在尼禄打算要断其母亲的臂膀。他和帕拉斯达成了一项协议，如果帕拉斯在不造成任何麻烦的前提下离开，那么这个被释奴就可以带着自己的掠夺所得，在不被问责追究的情况下，抽身离去。帕拉斯在成群结队的侍从和脚夫的簇拥下，颇为风光地离开了。帕拉斯正是这样罕见的政治赌徒，他大赚了一笔，然后至少从目前来看，他几无损失地走出了博弈的赌局。

在失去了重要盟友之后，阿格里皮娜简直怒不可遏。数周之前，她还吹嘘自己在为尼禄保住皇位的过程中起到的作用；而现在，她公开表示她有能力把尼禄赶下皇位。她告诉自己的儿子，布列塔尼库斯即将成年，可以轻而易举地收回属于他的遗产。阿格里皮娜把尼禄描绘成一个擅自闯入且篡夺了布列塔尼库斯权力的人，这和她以往坚持的说法背道而驰。她表示，正是仰赖于诸神的恩典，布列塔尼库斯才得以存活。她会将布列塔尼库斯带到禁卫军营地，让士兵为其山呼；在宫廷中，士兵们也会选择站在她的那一边，来对抗自己的对手。

"一边是日耳曼尼库斯的女儿，而另一边则是残废的布路斯和被放逐的塞内加，就凭这两个人啊，一个人用他那只残废的手，一个人用他那条教书匠的舌头，居然就妄图统治全人类!"[44]她如是呼号着,手舞足蹈,召唤着圣克劳狄乌斯、西拉努斯兄弟的地下冤魂。

一个年轻人与其仆从的调情正逐渐演变成一场危机。阿格里皮娜恶毒地攻击自己的儿子,她总是具有一种不可思议的直觉,能够在政治上威胁尼禄,在心理上恐吓尼禄。毫无疑问的是,阿格里皮娜与禁卫军共同组成了拱卫皇位的基石。而禁卫军则一直对日耳曼尼库斯家族忠心耿耿,他们对这个家族留下的记忆都倍加尊崇。有禁卫军支持,假如阿格里皮娜心有所想,那么她完全可以将塞内加、布路斯以及尼禄一起毁灭,就像当初她从无到有般成就了这三个人一样容易。

克劳狄乌斯政权走向尾声时建立起来的三方同盟——这个由阿格里皮娜、尼禄和塞内加组成的奇妙的三角关系——已然瓦解。现在这是一场二对一的博弈,而阿格里皮娜也会不惜一切代价避免自己失败。为了让尼禄保持对自己的忠诚,她愿意动用一切武器,将其情绪推向极致。而信奉理性、提倡节制和抑制愤怒的塞内加,尚且不知道是否要反击、如何去反击。

布列塔尼库斯即将迎来自己的 14 岁生日。紧接着,他就可以获得成年托加,这是一种标志着获得进入罗马广场准入许可的仪式,同时暗示了他获取权力的资格。尼禄享有的资历优势很快就会消失,而且是永远地消失。

虽然布列塔尼库斯被排除在权力之外,但是他曾明确表示,自己的希望并没有破灭。[45]在公元 54 年 12 月,也就是尼禄登基的两个月之后,皇室成员花了一个晚上玩角色扮演的游戏来放松,尼禄扮演了国王的角色。这位新就任的元首专横地命令自己的继弟站在众人面前唱歌。而布列塔尼库斯并没有屈

81

服于霸凌，选择唱了一曲关于痛失遗产与统治的悲歌。如果当年布列塔尼库斯没有理会尼禄被收养的身份，并且故意直呼尼禄本名多米提乌斯的事情属实，那么在多年之前，这个少年就已经具有这般勇气了。

克劳狄乌斯是否想让自己的亲生儿子在成年之后继承皇位？有些人认为，他在遗嘱中的确这样要求，但是阿格里皮娜和尼禄将之压了下来。无论如何，现在对尼禄来说，重要的不是自己养父的意图，而是他母亲的想法。即使遗嘱没有指定布列塔尼库斯为继承人，阿格里皮娜依然可以声称遗嘱已经做了如此安排；而谁又会去否认一个悲伤的寡妇呢？她既是日耳曼尼库斯的女儿，又是信奉她那被神化的丈夫的宗教团体的女祭司。

在由阿克提引发的这场危机中，阿格里皮娜已经表明，她会不择手段地利用布列塔尼库斯来攫取影响力。她所拥有的至高无上的武器可以让她凌驾于元首之上，而元首也只不过是一个受操纵的替代品罢了。只有当这种武器被拆除之后，尼禄才有希望去控制母亲，尽管她仍然拥有来自禁卫军的支持，那是日耳曼尼库斯留下的英雄遗产，也是她能够肆意给予或拒绝给予母爱的非凡力量的源泉。

随着布列塔尼库斯生日的日渐临近，尼禄越来越感受到威胁。尼禄决定，他必须把这个日子定作最后期限，正如其字面意义所示，那天就是布列塔尼库斯丧命的日子。[46]

尼禄不仅攻击自己的继弟，也攻击自己的母亲。不过，尼禄还没有强大到下令对阿格里皮娜采取暴力行动，尽管很快他就会殚精竭虑地这样去做。而现在，他可以通过代理人去实施谋杀。

尼禄打算用母亲雇来的毒师——高卢女子洛库丝塔（绰

号"小龙虾")完成这项任务。然而，与他母亲杀死克劳狄乌斯的时候不同，尼禄并不在乎这种行动是否隐秘。洛库丝塔起初调制了一种慢性毒药，只让布列塔尼库斯出现了呕吐的症状，[①] 焦躁不安的尼禄拷打了这名毒师。[47]这名女子解释说，她只是想帮忙掩盖罪行。"所以我会惧怕尤利乌斯家族的律法，是这样吗？"[48]尼禄如是反问道，嘲笑别人居然误以为自己会受到法律的审判。

洛库丝塔不得不加大剂量，并在山羊和猪的身上进行测试以确认药效。现在药物起效的速度和效果都达到了预期。尼禄想要让阿格里皮娜看到她的儿子有付诸行动的勇气。

塞内加是否帮助尼禄进行了他人生的第一次暗杀，或者说，他是否至少知晓这个阴谋？[49]我们没有任何资料去暗合这两种说法，然而宫闱利益之需要所暗含的逻辑要求我们对这些说法加以考虑。塞内加从一开始就是尼禄对抗阿格里皮娜的盟友，同时也是他的首席顾问和导师。很难想象，假如没有塞内加的参与，尼禄是否能够犯下或者打算犯下这一罪行。

按照惯例，皇室成员们会在一起用餐，而年轻的皇室成员则要坐在属于他们自己的桌子旁（就像大多数罗马人家的子女享受的待遇一般）用餐。[50]布列塔尼库斯和他的密友——韦斯巴芗（Vespasian）将军的儿子提图斯（Titus）——一起在这里用餐，而韦斯巴芗以及提图斯有朝一日会成为帝国的皇帝。尼禄和他的妻子屋大维娅分开坐着，以成年人的姿态斜靠在餐椅上。皇室地位、用餐姿势和所享餐食的等级制度将屋大

82

---

① 　根据塔西佗《编年史》（13.5）的记载，布列塔尼库斯第一次被下毒是在他自己的教师那里，但是他腹泻了一次，就把毒药排了出来。这剂毒药或是由于毒性不够，或是由于被稀释而没有立刻发挥作用。

维娅和自己的弟弟分开了。自从继子尼禄来到他们俩中间之后，这两个孤儿的人生道路就大不相同了。

试吃者例行公事地品尝了所有的饮料和菜肴，以防止皇室成员中毒。但是每个体系都有其漏洞，而尼禄便是利用了其中之一。因为此时是冬天，酒是要被暖上的，并在混合热水之后饮用。布列塔尼库斯的那杯酒，在被试喝了一点之后就被递给了他。但这杯酒实在是太烫了，这个年轻人不喜欢喝这么烫的酒。于是，布列塔尼库斯将酒杯推开，而一个热情的仆人又添上一些融化的冰雪以使之适饮。于是，现在这杯掺了雪水的酒便有毒了，并且没有被第二次尝试。布列塔尼库斯只饮了一口，便魂归九天了。

紧接着，餐厅里的人们因震惊而陷入了沉默，正如一位史家所言，在此期间，所有在场的人都感到"需要看清别人的所思所想，同时又要隐藏自己的想法"。[51] 有些人匆匆离开了房间。阿格里皮娜和屋大维娅也被吓了一跳，站在那里目瞪口呆，（根据塔西佗的说法）努力使自己的脸上不透露出丝毫表情。所有人的目光都转向了尼禄。皇帝提醒在场的所有人：布列塔尼库斯从小就患有癫痫，毫无疑问这个男孩很快就会恢复健康。没有人去反驳尼禄，于是众人冷漠地继续进餐。

罗马从前也发生过皇朝谋杀，但是从未在这样一个大型的聚会场合上发生过如此厚颜无耻的谋杀。如此露骨的谋杀也传达了一个明确的讯息，这个讯息的首当其冲者便是阿格里皮娜。她的任何恐吓或者勒索自己儿子的行为，都是不被允许的。尼禄会独立，或者更确切地说，他选择和辅佐自己的塞内加以及布路斯站在一起，而非自己的母亲。

洛库丝塔漂亮地完成了任务。因此，她获得了帝国对于她原先罪行的赦免，并且获得了罗马城外一块肥沃的土地作为犒赏。① 根据苏维托尼乌斯的记述，在这些庄园的土地上，她为元首建立起一座毒药研究院。[52] 到目前为止，她的毒药已经杀掉了仅存的三个克劳狄乌斯家族成员中的两个，第一个是服用了慢性毒药，第二个则是被用烈性毒药迅速杀死的。在接下来的几年里，尼禄还有理由再去拜访她一次。

不知道是什么原因，原本给布列塔尼库斯下的毒药也进入了提图斯的体内，而提图斯也是布列塔尼库斯最好的朋友和同餐的伙伴，（据苏维托尼乌斯所述）他因此卧病数周。[53] 25 年之后，提图斯成了罗马皇帝，他将自己描绘成布列塔尼库斯死后衣钵的捍卫者。在公元 79 ~ 81 年短暂的元首生涯中，他发行了印有布列塔尼库斯肖像的钱币，并且委托别人制作了两尊造价不菲的雕像：一尊镀金像立于宫殿；而另一尊覆有象牙的骑马雕像，则会在每年大竞技场体育盛会开启之时，与其他神祇和英雄的塑像共同陈列。

而到那个时候，与克劳狄乌斯家族的联系已然成了在位皇帝的财富，因为尼禄已经毁坏了尤利乌斯家族的声誉。而布列塔尼库斯无疑成了一个光辉耀眼的象征。

布列塔尼库斯死后的丧葬仪式，就像克劳狄乌斯的后事一样，必须要经过精心策划。这个年轻人的死，必须要让外界看起来像是一个自然发生的事件，即使宫内人都知道并非如此。据说，当人们发现洛库丝塔下的毒使布列塔尼库斯的皮肤变黑

---

① 据苏维托尼乌斯《罗马十二帝王传》（6.33），鉴于其服务殷勤，尼禄非但没有惩罚她，反而奖给她大片地产并让她教授学生。

时，尼禄专门在尸体上涂了一层白垩粉，使尸体变得再次白皙。[54]尽管下着大雨，但是在当天晚上抑或次日，火葬仪式还是如期举行了。后来有传言说，雨水冲刷掉了布列塔尼库斯脸上的妆容，仿佛是众神想要亲手揭开真相。

布列塔尼库斯的骨灰被迅速而安静地埋葬在了奥古斯都家族的陵寝中，这里专门用于安葬罗马皇帝和尤利乌斯一脉的家族成员。虽然布列塔尼库斯拥有尊贵的安息之所，但是这仓促且缺乏仪礼的处置引起了公众的不满。尼禄被迫在布列塔尼库斯下葬的第二天颁行了一项法令。尼禄明确表示，不为英年早逝的人大肆操办葬仪是罗马人的良俗，这样才能避免早逝者的尸体过久存留而给家族带来厄运。纵有塞内加的聪明才智，这样一个勉强的借口也已经是这个政权所能给出的最好的应对措施了。

据两名消息人士透露，阿格里皮娜公开为这个早逝的少年哀悼，她自己方才表现出对他的支持，却没曾想居然断送了他的性命。或许她的眼泪只是一出政治上的逢场作戏，目的是激起人们对尼禄的反对，但是她确实也有悔恨的理由。她在宫廷中恢复自己日渐衰微的权力的最佳手段已经不复存在了。她在一场生死攸关的对决中将布列塔尼库斯用作棋子，而她的儿子却用闪电一击将她击败。

阿格里皮娜的气运正在急速衰微，这一点从帝国的货币就可以明显看出：她的形象不再与尼禄并立。[55]曾有一段时间，她的形象以并列印纹的形式呈现在货币上，只不过，此时她的形象被曾为元首的克劳狄乌斯的侧颜所遮盖。在此之后不到一年，她的模样就完全从帝国的货币上消失了。"最好的母亲"已经被儿子从挚爱之人中移除了。在被抛弃之后，她被另一个宫闱弃儿所吸引，那就是她的继女屋大维娅，[56]屋大维娅是克劳狄乌斯与麦瑟琳娜留在世间的孤女，同时也是不受尼禄宠爱的年轻妻子。

布列塔尼库斯死后，屋大维娅的处境着实令人同情。这七年来，她目睹了亲生父亲杀死亲生母亲，而自己的继母又杀死了自己的父亲，自己的丈夫杀死了自己的弟弟。她和她同父异母的姐姐安东尼娅，在一个由陌路人和敌对者统治的政权中幸存了下来。她的丈夫排斥她，转而寻求一个被释奴的拥抱。弟弟布列塔尼库斯的离世让她孑然一身，她也许会感到害怕且悲伤，正如《屋大维娅》的作者所想象的那样：

> 我的恐惧令我不能为我的弟弟哭泣，是他寄托了我最后一丝希望，
>
> 他能暂时缓解我所遭受的痛苦。我之所以活着，只是为了哀悼我的亲人
>
> 那些让我深深依恋着的，那曾经煊赫一时的名字所投下的阴影。[57]

史家塔西佗也证实了这位悲剧作家的描述："尽管还十分年轻，但是屋大维娅已经学会了如何隐藏自己的悲伤、自己的爱——自己所有的情感。"

布列塔尼库斯曾在宫廷、元老院或街头拥有其他的党羽，但是现在整个罗马都保持了沉默。尽管早先的元首提比略曾因日耳曼尼库斯可疑的死亡而饱受众怒，但是，在这次事件中，并没有出现任何抗议活动来给新政权带来困扰。公众甚至并没有被这么一个令人不安的、可信度未知的传闻所激怒，这个传

闻表示尼禄在那场致命的晚餐之前就曾蹂躏布列塔尼库斯，而蹂躏的目的就是在打倒他的敌人之前先打击他的士气。[58]

许多人怀疑这是一场谋杀，但是他们屈从于历史的逻辑，因为据塔西佗所言：在皇室中，兄弟之间就曾发生过萧墙之乱；元首的权柄不能与他人共享。"死亡属于弱者，强者将在虚位以待的王座上君临。"很可能在数周之前，塞内加就在《圣克劳狄乌斯变瓜记》中如是写道，在这部分中他引用了维吉尔有关结束蜂房中两位"蜂王"冲突的建议。

在《圣克劳狄乌斯变瓜记》中，塞内加也描绘了在诸神相伴下的奥古斯都的形象，他十分鄙视克劳狄乌斯残害家族成员的行径。而在《论愤怒》一书中，他把元首比作一位温和的医生，只有在病人无法被治愈时，才把死亡作为一种仁慈的治疗方式。对于这两部作品的作者来说，布列塔尼库斯被谋杀一事引发了令人不安的问题。

一个有道德的元首，一个兼容斯多葛教义的政府，真的可能存在吗？塞内加的善政观念是建立在奥古斯都政权的基础之上的；然而他所依属的政权，却是由一个缺乏安全感且被宠坏了的少年以及他那情绪并不稳定的母亲所统治的，因而似乎离这个光辉的理想还有很长的路要走。他身处的更像是其笔下悲剧（例如《美狄亚》和《淮德拉》）中的道德世界，而非《论愤怒》等散文作品中反映的世界。

塞内加不仅要考虑自己的原则，还要考虑自己在精英阶层中的声誉。他起草了尼禄在元老院的就职演说，并承诺终结对权力的滥用。这段历史性的演讲被镌刻在银板之上，这块银板被镶嵌在一根圆柱上供大家瞻仰。然而，那些银板如今已经失去了光泽。几个月前，这个政权曾被寄予全新开始的希望，扬言要否定克劳狄乌斯家族的偏执和诡计，而这些最终被证明不过都是谎言。

即使塞内加在这起谋杀中仅仅扮演了一个被动的角色——当然肯定有人怀疑他的角色不止于此——他本人还是受到了牵连。"如果不去阻止错误行为的话，就等于在鼓励错误的发生。"[59]塞内加在他的一部戏剧作品中如是写道，倘若帝国的精英们听到这句话，现在可能会将之啐到他的脸上。不过，这可能并没有多少实质性的作用，因为塞内加很可能是尼禄瓜分布列塔尼库斯资产时的受益人之一。按照塔西佗的记述，这种分配方式在罗马官方层面引起了反感："很多人对此持有不同意见：那些自命道德高尚的人物，竟然像分赃一样地瓜分了屋宅和地产。"[60]

在布列塔尼库斯死后的日子里，塞内加最关心的还是他自己的安全。任何期冀与控制着禁卫军的布路斯合作就能保护自己的幻想，现在都已经破灭了。基于恐惧的势力均衡支配着宫廷关系，而在这些算计之中，毒药无疑是一张强有力的王牌。尼禄现在有了一位专业的毒师在为他服务，更重要的是，他已经敢于动用毒师所提供的武器。在此后的每一次国宴上，尼禄的权力所带来的威胁，必定都会浮现在塞内加的脑海中。

在塞内加写于自己生命即将结束时的悲剧《梯厄斯忒斯》中，剧情高潮的一幕是一位国王给他的兄弟吃了有毒的食物，想要杀掉自己的兄弟。一方面，这个场景让人想起了对布列塔尼库斯的谋杀，因为受害的兄弟恰巧处于即将共理国事的年龄；而另一方面，受害者恰是塞内加本人，因为该剧把这个人描绘成一位从流放中归来的温文尔雅的圣哲。[61]在他写完《梯厄斯忒斯》或者完成后不久，我们将看到，塞内加的生命也受到了毒药的威胁。在剧作中，他似乎想起了布列塔尼库斯致命的最后一餐，不过他也把自己放在了那个男孩的位置之上。

塞内加现在所面临的困境——道德的、政治的、个人深层次的困境——将会在其陪伴尼禄的十年里，变得更加复杂和紧迫。从他数次拐弯抹角地提到这些困境来看，他从未觅得破局之法。在那十年之期即将步入尾声时，他描述自己患有一种无法治愈的道德疾病，虽然能够稍事缓解，但无法治愈。[62]那或许就是他在很久以前，甚至是在追寻斯多葛道德朝圣的同时，毅然决定从政的必然结果。他既获得了圣哲的智慧，又获得了宫廷人物的权力；但是，这两种自我可以共存吗？

塞内加并不打算放弃践行有道德的元首政治的理想。他个人最有价值的东西——其精湛的口才和文学的独创性——仍然像以前一样强大而有力。在此之前，他曾经两次利用这些天赋来完成了灵巧技艺的展示：在《致波里比乌斯的告慰书》中，一方面宣扬对于死亡的悦纳，而另一方面则又请求让自己从流放中被召回；在《圣克劳狄乌斯变瓜记》中，言语恶毒地讽刺了一位逝去的元首，同时盛赞了一位活着的元首。塞内加对辞藻的高超掌握，仿佛足以让他达成任何目标，或许甚至可以弥合他选择的两条道路的分歧。

在布列塔尼库斯死后，塞内加开始写作他迄今为止最雄辩、最大胆、最巧妙的散文之作。这一次，他不仅要用腹语的方式同尼禄交流，同时他还要向尼禄传道，坚持一位老师向他的学生传道授业的特权。他将抹去最近发生的暗杀事件，重新建构政权，而这一次政权的道德基础将更加稳固。他将表明，如果尼禄步克劳狄乌斯之后尘，或者更糟糕地走上了卡利古拉的道路——放逐、处决、在宫闱里进行受到操纵的审判——那么他，塞内加，绝对不会坐视不管，或者至少在事后不应受到责难。

　　不管怎样，这样的想法是解释《论仁慈》之所以面世的一种方式，这也是罗马元首统治时期最鼓舞人心的一篇政治论说文——或者说，这也许是最为巧妙的宣传之作。

第四章　弑母

（公元 55 ~ 59 年）

　　"难道天神在芸芸众生中特别宠幸我，挑选我在大地上担任诸神的代表？我是决定各国生死存亡的裁定者吗？"正如塞内加想象的那样，这是 18 岁的尼禄看着自己治下的王国不禁说出的令人敬畏的话语。塞内加在《论仁慈》的开篇就说出了尼禄的所思所想，这是一种借皇帝之口让罗马再次听到他的话语的新方法。

　　塞内加将尼禄描绘成一个无所不能且道德高尚的青少年。就如同一位当代的少年英雄，这位元首知道巨大的力量也让他承担着巨大的责任。公正、仁慈与克制的原则指导着他的一举一动。无论是对付异邦之敌，还是对付可恶暴徒，他时刻保持着"严厉深藏不露，而仁慈随时涌出"的姿态。[1]这是塞内加最喜欢的隐喻之一，所谓道德之行即似近身肉搏。化身为尼禄的塞内加得出的结论是："如果今天诸神要我做个统计，那么我将随时准备对整个人类进行清点。"这就意味着，作为牧羊人的尼禄，绝不允许自己所牧的羊群减少一头羊。

　　当然，这些羊群的数量已经减少，而且最近还失去了一头非常重要的头羊，读过塞内加的论著的人都知道这一点。布列塔尼库斯之死给《论仁慈》蒙上了一层阴影，尤其是在这一次，塞内加还用他自己的声音宣告了尼禄的清白。[2]他肯定了尼禄的自吹自擂，即所谓的"从未在地球上的任何地方让别人流下鲜血"——这句话从字面上看是真实的，但听起来反倒更加虚伪：因为布列塔尼库斯是被毒死的，而非死于刀刃之下。塞内加故意将往事一笔带过，仿佛让这一年的政权重新开始。塞内加肯定进行了一番推理，他认为如果尼禄能饶过一条性命，那么这位元首可能会让更多的人获得赦免。

根据塞内加自己的叙述，在目睹宫廷生活的幕后景象之后，他不禁为之动容，写下了《论仁慈》。禁卫军长官布路斯是塞内加坚定的盟友，他需要皇帝签发处决两个盗贼的执行令。尼禄一直拖延着这项令人不快的任务，直到布路斯最终起草了文件并且上呈等待签字。据说尼禄在签发执行令的时候叹了口气："假如我不会读写就好了！"[3] 塞内加滔滔不绝地说着，认为这是全世界都应该听到的俏皮话，它展现了一个四海之内皆兄弟的黄金时代应该是没有罪孽的。塞内加声称，这无疑表明尼禄已经拥有完美的仁慈之心，而他则巧妙地将教诲隐于奉承之后。

这篇文章表示，塞内加并不是要教尼禄做什么，而是要向尼禄展示他自己的道德光辉，就像对着镜子一般。当然，它的真实目的其实更为复杂。

塞内加在《论仁慈》中的目标读者，并不是皇帝而是元老阶层，也就是那些罗马政治精英。[4] 这篇论说文试图安抚这些贵族并告诉他们，他们的安全在很大程度上仰赖于尼禄的人品与性格，而这些恰恰都得到了妥善的料理。尽管布列塔尼库斯的谋杀是一种警示，塞内加表示他自己仍然可以约束住这位年轻的皇帝，不让他重蹈卡利古拉的覆辙。塞内加贯彻的宽仁原则，在这里通过修辞手法叠加到了尼禄的身上，而这些原则将会用来领导这个政权。

　　塞内加在《论仁慈》中比在《论愤怒》中更加充分地阐述了这些原则。（这两篇论著在某种意义上是互补的，因为"愤怒"会试图施加惩罚，而"仁慈"则会赦免刑罚。）这两篇文章都认为，所有人都是容易犯错的，因此都应该获得宽恕。不过，《论仁慈》更加强调了这一点。"我们所有人都做过错事，"塞内加在此用类似现代基督教布道中的话语吟诵道，"有些是严肃为之，有些则是鲁莽所致；有些是蓄意之举，有些是无意卷入，而有些则是因为他人蒙蔽而受蛊惑；有些则是因为没有坚定地坚持我们制定的良好规划，从而在不情愿的情况下犯下罪孽，却试图恢复无罪之身。"[5]最后一个案例听起来倒是非常像塞内加自己的经历。[6]

　　鉴于人类普遍存在的罪过，每个人都应该保持仁慈；然而，塞内加声称，皇帝——以及国王们——有更多的理由去这么做。值得注意的是，他毫无羞愧地把这个古老的、久受诋毁的单词"王"近乎当作"元首"的同义词。500多年来，罗马人一直都蔑视国王，这就意味着罗马皇帝们必须隐瞒自己身为君王的真实身份。在理论上，此时的罗马仍然是一个共和国，而元老院由"第一公民"（元首）温和地进行领导。

　　在《论仁慈》中，塞内加揭开了这层伪装的面纱。他承认，罗马已经变成了一个专制政体，在他看来这或许是一件好事，因为另外一种选择意味着混乱。他在文章的开篇就断言，倘若暴民们挣脱了自己的"枷锁"，那他们将会伤害到自己以及其他所有人——虽然至今没有人敢承认，但是这种看法确实支撑了诸位恺撒长达一个世纪的统治。

　　塞内加在《论仁慈》一文的开头，就把绝对权力转让给了尼禄；但随后他又展示了为什么元首的权力应该受到限制。统治者的仁慈会赢得臣民的崇敬，从而能使他的统治持久且稳固；而严苛则会滋生恐惧，恐惧则会产生阴谋。就像在其他塞内加著作中一样，这里也提及神圣的奥古斯都，将其作为先贤的榜样。尼禄的高曾外祖父奥古斯都曾发现自己信任的下属卢修斯·秦纳（Lucius Cinna）正密谋推翻他的统治。经过与秦纳漫长而紧张的谈判，奥古斯都非但没有惩罚他，反而任命他为执政官，这也是至高的政治荣誉。塞内加总结道："他再也不会成为任何阴谋的目标了。"[7]

根据《论仁慈》给出的定义，尼禄虽是在法律层面上的绝对君主，却是道德原则下的虔诚仆人。他可以选择，或者——按照塞内加想要展现尼禄完美姿态的想法——已经选择自发地约束自己的权力。如果尼禄与会犯错误的普罗大众的情谊没有推动他这么做的话，那么尼禄为了确保自身利益也会这么做。

为了强调这种情谊，塞内加用了一个新颖的类比来说明元首的角色。罗马的作家们经常把他们的领袖描绘成一位养育子女的父亲，或者在情感饱满洋溢之时，还会把元首描绘成光耀大地的太阳。而塞内加则引入了一种新的模式，他将尼禄比作控制着公民身体四肢的头脑。[8]这个类比实际上把理性（斯多葛学派最为推崇的德行）具象化为皇帝。

《论仁慈》的第二部分其实并没有完整地保存下来，但是塞内加在这里提出了一个问题：究竟如何定义仁慈，它是如何产生且发挥作用的？从理论上说，此时他还是在对尼禄说话，但是读者们知道，元首对这些事情丝毫不感兴趣。就像塞内加的大多数作品一样，《论仁慈》是写给多个受众并力求实现多

92

个目标的。它表明，塞内加的崇高声誉的源泉——纯粹伦理哲学，是一项被不断推进的事业，虽然这并非塞内加公职任务的一部分。

《论仁慈》是一部雄心勃勃的作品，旨在将支离破碎的生命凝聚在一起。或许塞内加能够完成 400 多年以前亚里士多德尝试对亚历山大大帝所做的（至少在广为流传的传说中是如此）：为一位寰宇统治者进行启蒙。或许斯多葛哲学的美德最终可以与权力携手并进，又或许元首制可以建立在道德基础之上。至少人们可以看到，他，塞内加，进行了尝试——倘若实验失败，那么他做出过尝试的这一点将至关重要。

对于自己在公共场合接受这样的教育，尼禄到底是怎么想的，无人知晓。他在十几岁的时候或许不太可能对哲学产生青睐，而之后可能更不会如此了。如果他终究尝试过的话，那么塞内加真的很难找到一个比他更加不适应此课程的学生了。尼禄正忙于探索自己的新权力给他带来的可能性：不仅犯下谋杀重罪，还要惹出较轻的罪过，声色犬马，并且对整个罗马社会进行不负责任的攻击。假如有哪份哲学文本可以引起尼禄的注意的话，那将不会是塞内加笔下情操高尚的论著中的任何一篇，而是柏拉图的《理想国》，以及其中古各斯的戒指（Gyges' rin，又译作裘格斯的戒指）的故事。

在《理想国》中，柏拉图描述了格劳孔（Glaucon）与苏格拉底谈话的情景。前者是一个与尼禄年龄相仿的青年，而后者与塞内加的年龄相仿。在某个时刻，格劳孔跟苏格拉底谈起一个名叫古各斯的吕底亚人（Lydian）找到了一枚魔法戒指，假如佩戴者以某种方式扭动手上的戒指，戒指就会让佩戴者隐身。格劳孔接着问苏格拉底，有什么能够阻止古各斯戴着这枚戒指在市场上偷窃、强奸妇女、殴打或杀害他所选择的任何一个人？毫无疑问，格劳孔说道，任何人在看不见的情况下都会做这些事，无论他的本性看起来是多么正直。

苏格拉底对此的反驳，将在《理想国》接下来的九卷中展开。在一位名师的指导之下，格劳孔逐渐意识到，正义带来的幸福将远远大于通过不义获得的幸福。这正是塞内加在对尼禄的教导中希望得到的结果。然而，尼禄并不是格劳孔，而塞内加也不是苏格拉底。

实际上，尼禄选择的正是古各斯所走的道路。他认为元首权柄正是自己的隐身戒指，是他为所欲为的许可证。

尼禄开始乔装偷偷溜出自己的宫殿，在夜间纵欲地四处游荡、偷取商品、酗酒狂欢、殴打路人。他醉心于权力的放纵，在城市的街道上恣意妄为，对女性和男孩进行性骚扰。这正是罗马即将面临灾祸的早期征兆。新的元首原来只是一个没有道德准则且无法无天的少年。

尼禄无须担心承受法律后果，但是他在伪装的时候有可能会遭人殴打，这就造成一个问题。其中一件事的结局无疑十分糟糕。年轻的元老尤利乌斯·蒙塔努斯（Julius Montanus）因为自己的妻子遭到奸污而暴怒，在没有认出皇帝的前提下，狠狠地殴打了这个人。尼禄返回宫中躲了起来，直到自己的瘀伤痊愈。[9]他不愿意因为一个人的无心之失而对他进行惩罚；然而，不知何故蒙塔努斯还是知道了他殴打的对象是谁，于是寄了一封道歉信，这却改变了一切。尼禄无法容忍一个知道自己痛打了元首的臣民的存在。蒙塔努斯得知皇帝心生不满之后，便抢在皇帝诛杀他之前了结了自己的性命。从那以后，尼禄便小心翼翼地在他出宫冒险的时候带上自己的士兵，命令他们站在一定距离之外，一旦蒙受召唤就要前来支援。

塞内加没有干预尼禄那如同海德先生（Hyde-like）^① 一样的逾矩行为，塞内加的亲密盟友布路斯同样也没有去干预。这两个人本可以抑制尼禄年轻时迸发的狂野活力，不过，至少在卡西乌斯·狄奥看来，他们被布列塔尼库斯的谋杀给吓住了。[10]为了争取自己的独立，不仅从自己的母亲那里，而且从他的两位高级顾问那里，这位元首出了一拳。

尼禄的年轻朋友，诸如马库斯·奥托（Marcus Otho，又译作玛尔库斯·奥托）和克劳狄乌斯·塞内奇奥（Claudius Senecio）那样放荡不羁的同伴，[11]怂恿元首违抗这两个如慈父般的人。"你害怕他们吗？"他们这样问尼禄，并且知道自己会因为大不敬的行为博得尼禄的好感，"你难道不知道自己是恺撒吗？你知道你有权控制他们，而他们却无权管制你吗？"[12]就这样，尼禄对塞内加的信任开始逐渐瓦解，这一过程持续了十年之久，并最终给两人带来了灾难。

尼禄将自己新获得的许可扩展到平民当中：他移除了维持罗马露天剧院秩序的武装力量。各种哑剧舞者——这些像芭蕾舞者一般的表演者，其性感让她们成了那个时代的象征——的粉丝们利用这种自由，在看台上开始了派系争斗。尼禄乔装打扮来到剧院里，兴高采烈地观看这些争斗，甚至还亲身参与其

---

① 这里的海德先生的典故，出自罗伯特·史蒂文森小说《化身博士》（*Strange Case of Dr Jekyll and Mr Hyde*）。该作讲述了绅士亨利·哲基尔（Henry Jekyll）博士在喝了自己配制的药剂后，分裂出了邪恶的海德先生人格的故事。作品中的海德是一个邪恶、毫无人性且人人憎恶的猥鄙男子。

中，和最疯狂的斗殴者一起投掷石块或破碎的板凳。最后，这种骚乱变得如此严重，以至于连尼禄都觉得必须阻止骚乱的蔓延。他下令将所有的哑剧演员都逐出意大利，从而给狂热的观众们一个冷静下来的机会，并且恢复了军队对剧院的武装巡逻。

最令年轻的尼禄着迷的并不是舞蹈家，而是一位音乐家：一位名叫特尔普努斯（Terpnus，意为"喜悦"）的希腊歌者兼里拉琴演奏者。皇帝把这个人安置在皇宫中，让他在晚餐后表演。尼禄经常熬夜且无比着迷地聆听这个歌者或柔情似水或充满激情的演唱。就像哑剧舞蹈一样，特尔普努斯所表演的艺术形式是从希腊引进的，罗马人发现它具有诱惑力并能给感官带来快感：尽管暴徒们十分崇拜这种艺术，但是精英阶层并不信任这种艺术带来的效果。尼禄被迷住了，不久也开始学习这门艺术。他的嗓音并不是天生适合音乐的，然而他采取了特尔普努斯教给他的所有的方法来让自己的声音变得动听，他尝试了通便剂、灌肠剂、特殊的饮食以及仰卧时在胸口上放铅板的方法来锻炼自己的膈膜。[13]尼禄已然迈出了从元首转变为表演艺术家的第一步，并且在接下来的十年里，会在这条路上越走越远。

在尼禄的失范行为和培养声音的实验过程中，罗马必须以某种形式获得治理。很明显，现在这位元首对于治国方略并不感兴趣，也没有治国才能。尼禄早年的一项重大倡议是取消所有的间接税费，如关税、过路费等。这一提议不得不被尴尬的顾问们给否决了，理由是这么做会导致财政崩溃。[14]

塞内加和布路斯似乎在很大程度上维持了罗马的秩序，但究竟程度如何还有待商榷。[15]我们拥有的资料几乎没有提及那个时期的统治，更多的是个人的戏剧性行为和宫廷的钩心斗角——对著述者们而言，这些事情就已经定义了尼禄的统治。塔西佗仅仅暗示了国家机器尚在运行，而尼禄并没有做太多的工作去管理它。塞内加和布路斯在克劳狄乌斯时代留存下来的希腊被释奴们的帮助下，很可能已经疲于奔命了。

当然还有阿格里皮娜，她渴望做任何她能做的事；而这些事情已经远远超过了大多数罗马人的所求。

尽管布列塔尼库斯被鸩杀使阿格里皮娜失去了自己的终极武器，但现在她正试图重整旗鼓。她开始聚敛钱财，用以在心怀不满的群体中施加影响、培植党羽。尼禄则先发制人地用慷慨的礼物贿赂了许多廷臣，以此作为他们共谋杀死布列塔尼库斯的奖赏；不过阿格里皮娜也拥有大笔财产，并且希望有朝一日能够超越尼禄。

令尼禄更为不安的是，阿格里皮娜正在与不受自己待见的妻子屋大维娅建立联系。这两位被抛弃的女子和睦相处对他可没有什么好处。阿格里皮娜可以利用屋大维娅来打皇位继承这张牌，就像她曾经利用布列塔尼库斯所做的那样，她会打着克劳狄乌斯家族的旗号来争取支持。她可以将屋大维娅许配给篡位者，这既是一种奖赏，也是对篡位者合法性的保证。

96   尼禄的"鸣枪示警"显然并没有让自己的母亲恭顺谦卑，因此他需要采取更加严厉的措施。尼禄下令剥夺阿格里皮娜享受护卫的权利——她的护卫是一群日耳曼壮汉，这些护卫也是其地位显赫的标志（因为只有元首才能受到类似的护卫）[16]——也撤走了在她住处巡逻的禁卫军。最后，尼禄直接用一个显而易见的借口把她赶出了宫殿，他表示阿格里皮娜党羽们的日常聚会让讨论国事的厅堂拥挤不堪。

阿格里皮娜立刻成了尼禄政权中不受欢迎的人物。阿格里皮娜的朋友们连忙与她划清界限，唯恐跟她有什么牵连会对自己不利。尼禄去拜访她的新居时，带了一队引人注目的武装护卫。[17]他想向所有的观察者表明，阿格里皮娜是一个危险的女人。

在后来的一天晚上，当尼禄喝酒唱歌放松的时候，突然传来的消息似乎证实他母亲正在做最让他担心的事情。

截至公元55年，只有四个还活着的人的血统，能使他们成为尼禄的潜在竞争对手。其中两人属于命运多舛的西拉努斯家族，他们和尼禄一样都是奥古斯都的直系后代（这种显赫的血缘关系已经让他们的两个亲属丧了命）。而第三个则是路贝里乌斯·普劳图斯（Rubellius Plautus），他是提比略孙女的独生子，因而通过收养关系与奥古斯都家族产生联系。最后一位是福斯图斯·苏拉（Faustus Sulla），他并非任何一位皇帝的后裔，但他是尤利乌斯家族的一员，是奥古斯都的姐姐屋大维娅的外曾孙。

这些人并不能简单地像亚瑟王传奇（Arthurian）中的那样通过战斗来挑战尼禄。不过，他们很可能会像当年的日耳曼尼库斯那样，得到外省军团的支持；或者像克劳狄乌斯那样得到哗变的禁卫军的支持；又或者，会被罗马第三位立王者——阿格里皮娜拥立。

在尼禄看来，普劳图斯最值得关注。这个人因其性格坚强而享有盛誉；他信仰斯多葛哲学，过着简朴而无野心的生活。他的妻子安提司提娅·波利塔（Antistia Pollitta）也备受尊敬，而且有着良好的政治背景，因为她是当时一位执政官的女儿。

苏拉几乎和普劳图斯一样令人担忧，他娶了克劳狄乌斯与其第二任妻子（麦瑟琳娜的前任）的女儿安东尼娅为妻。苏拉的名字也将他与一个世纪前那令人敬畏的先祖卢修斯·科尔内利乌斯·苏拉（Lucius Cornelius Sulla）联系在一起，后者是一位军事强人，其声名至今仍能在军队中激起躁动。

尼禄醉酒的那天夜晚，叩响尼禄门扉的使者是一个名叫帕利斯（Paris，又译作帕里斯）的被释奴，他是尼禄最喜欢的演员之一，或许（诚如塔西佗暗示的那样）也是他的枕边人。帕利斯带来了他从尤利娅·西拉娜（Julia Silana，又译作朱莉娅·西拉娜）那里得到的消息，那个女人甚至在阿格里皮娜失宠之后还保持着与她的交谈。根据尤利娅的报告，阿格里皮娜正在策划一场政变，让路贝里乌斯·普劳图斯掌权。阿格里皮娜要让普劳图斯和安提司提娅离婚，然后自己再嫁给他，继而阿格里皮娜就能像她在克劳狄乌斯统治时期那样成为帝国的共治者。

这个故事有理由遭到怀疑，因为故事的讲述者尤利娅一直对阿格里皮娜怀恨在心。[18]尽管如此，尼禄还是进入了应战状态。尼禄一直害怕母亲会动用力量摧毁自己，这梦魇刚刚才被压制住，现在却以可怕的力量卷土重来。尼禄想要立即处死自己的母亲，而且根据塔西佗的一份资料，他还要求任命一位新的禁卫军长官——他现在不再信任布路斯了，因为那是阿格里皮娜任命的人。[19]根据这一消息来源，只是因为塞内加的干预，尼禄的第二步行动才被阻止，但是尼禄似乎执意要执行第一步行动。

布路斯被召至尼禄的寝宫，接到了杀死阿格里皮娜的命令。这位禁卫军长官费了好大力气才说服元首等到天亮，等到

98

他酒醒了，再全面地权衡这件事。第二天拂晓，布路斯被派去讯问阿格里皮娜，与他随行的则是忧心忡忡的塞内加。

两个人都不希望这对母子之间出现这样的对决。此时距离布列塔尼库斯被杀才过了仅仅数月。公众已然接受了一起显而易见的谋杀事件，但是不见得会安然接受另外一起事件，即针对更有权势的人物——日耳曼尼库斯的女儿的谋杀。塞内加和布路斯也需要考虑自己的未来。他们因反对阿格里皮娜而赢得尼禄的好感，但是如果这一平衡被打破，那么皇帝的信任也可能随之消失。不过，他们似乎已经逐渐失去皇帝的信任：尼禄还另派了他自己的被释奴来见证对阿格里皮娜的讯问，仿佛他已经怀疑这些人会相互勾结。

塔西佗记载了阿格里皮娜的自我辩护演说，这篇演说依靠的是支离破碎的逻辑和佯装出来的母爱。阿格里皮娜指出，所有控告她的人都别有用心，其中最主要的控告者尤利娅·西拉娜根本没有孩子，所以她无法体会到母爱的温暖。"双亲是不会像个卑劣的通奸者换情人那样更换自己孩子的。"阿格里皮娜争辩道。然而，她却忽略了一个事实，在几个月前，她就这么做过：她威胁要用布列塔尼库斯取代自己的儿子。接着，阿格里皮娜改变了策略，回想起她曾为使尼禄掌权所做的一切。她声称如果普劳图斯或者其他人继承王位，那么她就断无生存的希望。她表示，只有她自己的亲骨肉才能保护她的安全，这种说法又一次忽略了一个明显的事实：正因为她亲生骨肉的所作所为，她现在才需要为存活而战。

这些论点是否华而不实并不重要。塞内加和布路斯知道，他们必须实现母子之间的和解，否则就将会面临一个极其不确定的未来。他们说服尼禄与自己的母亲会面，虽然塔西佗并没

有提及在他们的闭门会议中到底发生了什么，但这场危机通过
99　某种方式被化解了。

和解的代价是巨大的。尼禄知道，如果不杀死阿格里皮
娜，那么必须找到一个权宜之计，他不得不做出明显的让步。
宫廷统治集团必须重新洗牌，这样阿格里皮娜的指控者才会被
驱逐，而她的支持者才会得到拔擢。最近被任命的人不得不失
去职位，甚至塞内加的家族也未能幸免于难：他的岳父彭佩乌
斯·保里努斯现在失去了罗马监粮长官的位子，这是为了给阿
格里皮娜的党羽法伊尼乌斯·路福斯[20]让位。正如前面所看到
的，这可能是塞内加在《论生命的短暂》中请求保里努斯隐
退到哲学中去的情境。

无论塞内加在普劳图斯案件中到底损失了多少，布路斯失
去的显然更多。在谣言刚传出的恐慌之夜，布路斯可能侥幸逃
脱了被解职的命运；然后他不得已拒绝了尼禄直接下达的命
令。危机发生之后，一个名叫帕伊图斯（Paetus）的机会主义
者，试图通过将布路斯与一个以福斯图斯·苏拉为核心的新阴
谋联系在一起，来讨好尼禄。为了让指控更具说服力，使判决
更具吸引力，帕伊图斯指控阿格里皮娜以前的仆从——被释奴
帕拉斯是布路斯的帮凶。

这是一次对宫内新生嫌隙的探查，不过，或许是在塞内加
的敦促之下，尼禄站在了布路斯那边。似乎是为了体现对帕伊
图斯指控的轻蔑，尼禄指派布路斯作为裁决此案的法官之一，
从而确保所有人都无罪开释。暴风雨过去了，宫廷统治集团得
以恢复正常。

尼禄继续着他的夜间消遣：在城市街道上引发骚乱，聆听
特尔普努斯的歌咏授课，坠入阿克提的温柔乡。但是，他比以

往更加因路贝里乌斯·普劳图斯和福斯图斯·苏拉而感到困扰。虽然尼禄没有找到对他们两人不利的证据，但就算是闲言碎语也足以使他不再相信他们。在专制统治的扭曲逻辑之下，一个虚构阴谋中的篡位者会变成现实中的敌人。按照这种逻辑，流言蜚语的主角都是那些元首候选人，一旦公众要求更换元首，他们就是人心所向。

这些流言蜚语还把阿格里皮娜描绘成这个政权的敌人，说她打算嫁给普劳图斯。虽然这种指控可能并不那么可靠，但正是这种似是而非的说法折磨着尼禄的内心。尼禄已经目睹了他的母亲在嫁给克劳狄乌斯之后，自上而下重新改造了皇室。而她可能会再耍一次同样的花招。刚满 40 岁的她，甚至有可能再给某位出自尤利乌斯家族的新丈夫诞下第二个儿子，诞下一位剥夺尼禄的王位和母爱的继承者。[21]

这样一个可以勾引并控制有权有势的男人的母亲，憎恶自己的儿子不屈服于她的意志，还曾在矛盾激烈的时候威胁要拥立布列塔尼库斯——这样的女人似乎什么事情都能干得出来。总有一天，尼禄和阿格里皮娜之间会有一场清算，尽管尚且没有人知道这场清算会以什么样的形式进行。

在公元 55 年或（更有可能是）56 年，塞内加获得了罗马国家宪法所规定的最高职位，也就是执政官。[22]这个职位比他作为元首之友（amicus principis）的非正式角色所具有的权力要小一些，但仍然是一个了不起的成就。塞内加的哥哥迦里奥已经结束作为总督在希腊的任职，回到了罗马，大概在同一时期也获得了相同的荣誉。兄弟俩来自科尔多瓦，出身于外省的骑士世家，他们的父亲是一位脾气暴躁的修辞学家，虽然自己从未进入元老院，但两个儿子已经取得了更大的成就。这标志着在罗马赢者拥有一切的政治体系当中，皇帝的青睐究竟能够带来些什么。

身居高位并不是塞内加改变命运的唯一途径。自科西嘉岛回来后的六七年中，他已经发了财。

流亡科西嘉岛让塞内加一半的财产被褫夺，但是阿格里皮娜的召回令其恢复了一半，此后他与尼禄的亲密关系使他的损失得到了数倍的弥补。一些礼物来自皇帝本人，还有一些则来自寻求帮助或希望搭上关系的人。到公元50年代末，塞内加在埃及、西班牙和坎帕尼亚（以那不勒斯为中心的肥沃且备受青睐的地区），以及其他一些不具名的地区拥有地产，并且拥有大量的现金。[23] 塞内加的花园以规模庞大和富丽堂皇而闻名。[24] 在公元60年代早期，他又在罗马北部的诺门图姆（Nomentum）添置了一座优质葡萄园。[25] 塔西佗和讽刺作家尤文纳尔（Juvenal）都称他为"巨富"，这个称呼比我们所谓的"满身铜臭"（filthy rich）要温和一些，但肯定不是塞内加本人会引以为傲的称谓。

通过销售农产品，尤其是葡萄酒，塞内加获得了一定的收入。他自诩为专业的葡萄酒酿造者，据说曾用1英亩的葡萄酿造了超过180加仑的葡萄酒。[26] 不过，放贷收取利息可以让他获得更高的利润，而塞内加也致力于此。

新加入罗马帝国的省份迫切需要资金以发展贸易、开拓罗马市场，并且愿意为此支付高额的利息。塞内加在不列颠，这个新近并入帝国且最为贫瘠的行省，进行了投资。[27] 这是一项很好的外交政策，因为来自罗马的资金有助于使不列颠当地的军阀们顺从，而且这也是一笔好生意。卡西乌斯·狄奥曾估计塞内加在不列颠拥有 4000 万赛斯特斯的股份，虽然这个数字可能有点夸张。不过无论他的投资金额究竟有多大，很明显，塞内加的投资组合是以大幅盈利为目标的。

就像在我们现今所处的时代一样，在塞内加生活的时代，一位道德哲学家富庶且愈加富有的悖论引起了人们的关注。其他哲人也曾享受皇家的津贴，比如亚里士多德就曾从他与亚历山大大帝的父亲、马其顿国王腓力的友谊中获益颇多；但是没有哪个人会如此热衷于积累财富。事实上，两位生活方式倍受推崇的希腊思想家——苏格拉底和第欧根尼（Diogenes）——都因其对财富的漠视而闻名。苏格拉底出身贫寒，而且一直不关心牟利之事；而犬儒派的第欧根尼则自愿做一个禁欲主义者。他拒绝了自己家族的世俗地位，自我放逐，背井离乡，披着一件破旧的斗篷，只带着最简陋的东西：一个装面包皮的袋子和一个从喷泉里舀水的杯子。有一天，第欧根尼看见一个男孩用自己的双手捧水喝，便厌恶自己对奢侈的迷恋，于是就把杯子摔碎了。

与第欧根尼那样的犬儒派学者不同，塞内加是一个信奉斯多葛哲学的人；而对斯多葛派学者们而言，财富并不是糟糕的东西。他们把财物看作"无关紧要的东西"之一，它既不会带来幸福，也不会带来不幸。温和的斯多葛派学者甚至承认，财富可以增加幸福，尤其是因为财富让行善成为可能。但从塞内加最早的著作中可以看出，他被一种更严厉的生活方式吸引，这种生活方式对财富的蔑视近乎犬儒主义。[28]

塞内加在流放期间的书信中，赞美自己所过的离群索居的生活，他望向天空时的开阔视野并没有被豪宅和宴会厅所阻挡。他曾赞扬克劳狄乌斯宫廷中的一名成员，这名成员"抛

102

开财富，而且在本可安然获得财富的时候，除了对财富报以蔑视，并不想从中牟取更多的利益"。他曾在《论愤怒》中发誓说，世上所有的金矿堆成一堆，"都不值得让一个好人蹙眉"。当然，假如真的如此，肯定会令人蹙眉。为塞内加作传的米里亚姆·格里芬写道："没有人比这位百万富翁更擅长歌颂贫穷。"[29]

塞内加的言行不一使他的敌人们愈加大胆。到目前为止，塞内加已经树敌颇多，而且这些敌人不只存在于阿格里皮娜的圈子里。其中一个主要的敌人就是苏伊里乌斯·路福斯（Suillius Rufus），他曾在克劳狄乌斯和麦瑟琳娜统治时期作为一个告密者（delator），即专门控诉元首不喜之人的奴才，以换取报酬并发家致富。苏伊里乌斯在尼禄的统治下过得并不好：元老院颁布了一项举措，威胁要对那些为法律服务付费的人处以罚款甚至施以惩罚。苏伊里乌斯陷入困境，并试图把责任转移到一个新的目标上。他表示，如果元老们想要对不义之财进行惩罚的话，那么他们只需要看看塞内加就行了。

"作为一位宫廷权臣，塞内加到底是以什么样的智慧，遵照什么样的哲人教诲，居然能够在四年的时间里积累了3亿赛斯特斯？"苏伊里乌斯在元老院中咆哮道，"那些膝下无子的人以及他们的产业都被他网罗；意大利以及其他省份正在被他肆无忌惮的放贷榨干。我能够忍受一切——任何的指责或者审判——但是我不愿意把我长期以来靠自己努力获得的荣誉屈居于他那暴敛横财之下！"[30]

这段言语攻击令人十分震惊。它驳斥了这样一些观点，即认为苏伊里乌斯通过诽谤无辜之人赚取钱财，而塞内加只是收下交到他手中的钱财，或者说，克劳狄乌斯一朝的财富比尼禄一朝的财富更加值得尊敬。苏伊里乌斯认为，这些观点只不过基于扭曲的道德逻辑。苏伊里乌斯将自己在法庭上的发言——他形容该发言是"有力且无可指摘的"——与塞内加面向天真的年轻人进行的"慵懒"的演说进行了比较。苏伊里乌斯还重新提起了塞内加与卡利古拉妹妹莉薇娅通奸的旧日指控，当年塞内加因此被流放，而这一指控加剧了人们的愤怒。塞内加在科西嘉岛为那也许子虚乌有的罪名付出了八年流放的代价，而现在他又不得不忍受苏伊里乌斯给他带来的惩罚："难道我们应该认为我所犯的事情——那不过是获取被告自愿支付的正当劳动的报酬——比玷污皇室女性的闺房内室更加严重吗？"

苏伊里乌斯的指控并没有取得任何进展，尼禄的政权也不愿意看到自己的高级官员遭受诽谤。相反，苏伊里乌斯在克劳狄乌斯统治时期犯下的劣行被挖掘出来，并被用来佐证他的坏名声。当苏伊里乌斯声称自己只是服从命令时，尼禄尽职尽责地检查了自己父亲的文件，并且报告说他并没有发现有这样的命令。苏伊里乌斯最终被流放到巴利阿里群岛（Balearic Islands）并且失去了自己一半的财产。但是，他对塞内加的讽刺刻画——一个贪赃舞弊的暴发户，一个通过阴谋获得权力、金钱和公主枕席的外来者——是不可能轻易被抹除的。

在这几年中，除了苏伊里乌斯，也有其他的人对塞内加进行攻击。有人说塞内加诱奸了他佯装教导的年轻人，而另一些人则说塞内加被阿格里皮娜给勾引了。还有人说，塞内加在家里保留了 500 张由柑橘木制成的餐桌，用来举办奢华的晚宴。而其中最可怕的指控——因为它根本无法被反驳——正是源于塞内加与尼禄的密切合作。"即使是在谴责了暴政之后，塞内加也依然成了暴君之师（tyrannodidaskalos）。"[31] 狄奥引用了塞内加的批评者们的话语作为警句，并且还使用了这么一个罕见而强有力的希腊语单词。两千年以来，这一指控一直笼罩在塞内加头上。

塞内加为自己的克制而感到自豪，尤其是自己对愤怒的克制。在《论愤怒》中，他高举小加图作为榜样，因为即使有人当众向小加图脸上吐口水，小加图也能镇定自若。但是，那些对塞内加拥有的财富吹毛求疵的家伙令他十分恼火。在他的论著《论幸福生活》（*De Vita Beata*）中，他予以了回击。

《论幸福生活》主要阐述了斯多葛学派的价值观，将理性与美德视为幸福的源泉。一位贤哲——践行斯多葛信条的完美宗师——所需要的就只是这些而已。然而，塞内加也承认，那些不那么完美的人，那些仍然在向智慧挺进的人，可以从财富中获得一些帮助。这让他开始思考哲学家与金钱的关系，接着他的文章就出现了令人惊讶的转折。

塞内加突然直接回应了那些攻击他的人，首先用言辞尖刻的细节重述了他们提出的指控："为什么你说得比做得要好？……为什么你拥有超出你自然需求的更多的土地？为什么你不按照你笔下所写的戒律来饮食呢？为什么你的家具如此奢华、闪闪发光？为什么你餐桌上美酒的酒龄比你的年龄都大？为什么要在那里陈列黄金？为什么要种植那些除了遮阴之外一无是处的树木？……为什么你在海外拥有产业？为什么这些土地多到你自己都无法巡视得过来？"[32] 塞内加抛出了一个接一个的问题，通过夸大这些人的讥讽来嘲弄控诉他的人。[33]

塞内加构筑的防线，依赖于他在之前对完全获得斯多葛智慧的贤哲和其他仍在努力中的人进行的区分。"我并非一位贤哲，我也不会成为那样的人——就让我给你们的恶意提供一些源泉吧!"他如是回答那些指控他的人,"请你们别拿最好的人的标准来要求我,我只要比那些恶棍更好就行了……我还没有获得完满的健康,实际上我也永远无法获得。对于痛风,我只是打算缓解症状,而没有企图治好它。"塞内加承认,财富不适合贤哲,但既然他不是贤哲,那么这个规则对他就不适用。实际上,塞内加认为,自己无须实践自己尚未企及的美德,纵使他的批评者们无疑会进行反驳,但是这种实践或许可以让他朝着自己的目标推进。

塞内加要求他的批评者们将盛装他性格品行的玻璃杯看作半满的,而非半空的,并且原谅他自身的道德缺陷。更多的论证随之而来。塞内加表示,他对钱的兴趣不如指控他的那些人大。他并不依赖财富来获得幸福:既然他对财富所具有的毒性免疫,那么他为什么不可以拥有财富呢?最后,他通过假托苏格拉底的一番长篇演说,来想象自己伟大的先驱者在遇到类似的情况时会说些什么。这不是他第一次,也不是最后一次,将自己和这位最崇高的榜样融合在一起;尽管奇怪的是,他是在讨论财富时做出了这样的想象,而在这个领域,他和苏格拉底几乎没有共同之处。[34]

我们所能看到的这篇论著的最后一个句子——要么是塞内加自己说的,要么就是塞内加用腹语假借苏格拉底之口所说,又或者两者皆是——向控诉塞内加的人传达了一则令人不安的悲惨讯息:"当我立于高处俯瞰,看见正在逼近的风暴,乌云正向你袭来,近在咫尺,即将横扫你和你所拥有的一切。"看上去,塞内加似乎不可避免地发出了威胁,间接地指出自己有能力动用与皇帝的关系。[35]

而在留下另外一句示威的语句之后,《论幸福生活》就戛然而止了。文献传播过程中的意外——蛀虫的啃食或侵扰破坏了早期手稿中的一部分内容——造成了这样的中断。不过，最终由此产生的文本给人留下的印象却是，文章的作者突然意识到自己说得太过火了。

塞内加允许批评他的人激怒他。他因受到地位比他低微之人的攻击而感到愤慨，因而反驳时激情澎湃。虽然他援引苏格拉底作为自己的代言人，但是他似乎没有从他那伟大的前辈那里学到如何在纷争中保持超脱。宦海沉浮的不确定性和接近权力带来的迷醉，正在损害他斯多葛式的宁静。

当塞内加与他的批评者们抗辩搏斗，为自己的巨额财产添砖加瓦之时，尼禄却被另外一件事情分去心神：他坠入了爱河。

在尼禄执政的四年当中，这位元首一边与阿克提同床共枕，一边继续维持着自己与屋大维娅虚假的婚姻。[36]但是在最近，一个比他年长8岁的女子令他意乱情迷，她同时也是他挚友的妻子。她是当时最美丽、最迷人、最性感的女人之一，最重要的是，她能孕育子嗣——而这一点对尼禄来说十分重要，虽然尼禄只有20岁，但是只要有了自己的继承人，他就会获益良多。这个女子的到来，将引发撼动皇室的第三次也是最大的一次母子危机，一举摧毁了过往三年并不稳定的和谐。她的名字叫作波培娅·萨比娜（Poppaea Sabina）。

在戏剧《屋大维娅》当中被描绘成一位贤惠妻子的屋大维娅，是这样描述波培娅的："她是一个傲慢的荡妇，用从我的宅邸中偷窃来的东西恣意妆扮。"[37]古代史家也同意这个看法，将波培娅描绘成一个冷酷且诡计多端的女人。她似乎与阿格里皮娜抚养成人的那个男孩成了绝配。毫无疑问，罗马人对女性"无能"的恐惧——这种恐惧与对阿格里皮娜扭曲的看法如出一辙——将再度发挥作用，从而把波培娅的形象扭曲成了一幅拙劣的讽刺画。[38]不过，波培娅和阿格里皮娜确实存在很多共同点。不出所料，双方很快就对彼此产生了根深蒂固的仇恨。

当尼禄爱上波培娅的时候，她已经结过婚，离过婚，并且再度成婚。波培娅也因为自己的第一次婚姻而拥有一个年幼的儿子。貌似是她的第二任丈夫，也就是尼禄的密友奥托，最先将波培娅与皇帝撮合到了一起，不过具体是怎么一回事还尚不清楚。塔西佗给出了两种不同的记录：一种是说奥托其实是这件事的怂恿者，他极力吹嘘波培娅的美貌，以至于尼禄不得不亲自去一探究竟；而另外一种说法则是，尼禄一直都想获得波培娅，并让奥托迎娶她作为掩护。[39]无论情况如何，奥托最终还是离开了罗马，被派往卢西塔尼亚（Lusitania）担任行省官员，[40]而与他离婚的波培娅则留在了罗马。

尼禄似乎从一开始就打算将波培娅娶为皇后：如果古代有关她勃勃野心的记载具有一定真实性的话，那么波培娅肯定要求过这样的结果。然而，想要做到这一点，尼禄必须违背自己母亲的殷切希望，与屋大维娅离婚。尼禄对屋大维娅的忠诚问题，早已成了尼禄与阿格里皮娜之间剑拔弩张的紧张关系的导火索，这种情形自从数年前阿克提初次登场的时候就已经露出了苗头。既然尼禄不仅打算找一个新情人，而且打算娶一个新妻子，那么这对母子之间极有可能再爆发一场大战。

通过操弄尼禄心中那份男性自尊，波培娅让他敢于鼓起勇气面对自己的母亲，并且抗拒屋大维娅。她讥笑地称呼尼禄是

106

107

一个无助的依赖者（pupillum），既没有力量也没有自由。又或者，她嘲笑尼禄说，他害怕娶一个能让他看到阿格里皮娜的真面目的女人：看清那个被公众所鄙视的贪婪而傲慢的泼妇。波培娅还威胁说要抛弃尼禄，回到自己前夫奥托身边。最重要的是，她用她的情色魅力来迷惑尼禄，而据史载，这十分有效。

阿格里皮娜认识到了来自波培娅的威胁，并且采取了对策。在阿克提引发危机时，也是她面临类似挑战的时候，她会在一开始就讨好自己的儿子，给他钱、给他礼物、给他爱。现在她似乎打算再尝试一次，而且是用更极端的方式：把自己奉献给尼禄。根据多数史料所载，阿格里皮娜引诱尼禄乱伦，以此抵抗波培娅对尼禄的吸引。当尼禄在午宴上喝得醉醺醺的时候，阿格里皮娜穿着诱人的服饰前去拜访他。塔西佗在引用其资料之后，并没有说两人确实发生了关系——假如真的发生了，又有谁能亲眼看见？但他确实用耸人听闻的语调表示"情色之吻与肌肤之亲是罪恶的先兆"。[41]

在罗马，乱伦谣言是一种强有力的诽谤手段，但塔西佗表示，这则谣言来自一位并无私心的宫廷内臣——克路维乌斯·路福斯。塔西佗声称，只有一位持有不同政见的人很好地支持，同时也反驳了这一观点：这个人只是表示，是尼禄，而非阿格里皮娜，做出了这种事。苏维托尼乌斯赞同这种不同的解读，[42]而卡西乌斯·狄奥则保留了奇怪的第三种说法：尼禄和一位打扮得像阿格里皮娜的妓女发生了关系，然后开玩笑地吹嘘他和自己的母亲睡过。[43]然而，就像这对奇怪的母子传奇故事中的诸多转折点一样，事实的真相是我们无法把握的。[44]但是克路维乌斯说出来的故事并不能被忽视。

对于塞内加在这幕剧中扮演的角色，克路维乌斯也提出了 108
一个有趣的说法。他表示，塞内加用尼禄一直宠爱的床上伴侣
阿克提来与阿格里皮娜抗衡，[45] 而阿克提自己也试图对抗波培
娅。塞内加在适当的时候委派阿克提前去拜访元首，试图将这
个年轻人的欲望转移到更为合适的对象上来。据记载，塞内加
要求阿克提在其诱惑使命中向尼禄传达这么一个信息：拱卫尼
禄统治的禁卫军，绝对不会容忍王室内部出现乱伦行为。

　　克路维乌斯给我们描绘了尼禄统治了五年之后塞内加在宫
廷中扮演的角色。这位高尚的斯多葛派学者，一开始就为了这
个政权而制定了针对奥古斯都①的目标与指导方针，而如今却
深陷家族阴谋的泥潭。他努力保持着对尼禄的影响力，相信后
者还能践行正道。但是，他现在不得不使用极端的权宜之计。
他居然充当了皇帝的皮条客，派遣一个被释奴到元首那里去阻
止他与自己的母亲交媾，并且以布路斯和禁卫军为含蓄的威
胁——这些都是他满载着伦理论著从科西嘉岛返回罗马时完全
无法想象的角色。

　　塞内加和尼禄已经在一起共处十年了。尼禄长大了，而塞
内加变老了。元首找到了新的盟友，其中还有一位是他先前的
家庭教师，那是一个名叫阿尼凯图斯（Anicetus，意为"不可
战胜的"）的希腊被释奴。[46] 尼禄把此人提拔为米塞努姆
（Misenum）舰队的指挥官，他正在把这支海军培养成自己的
精锐之师（corps d'élite），因为禁卫军更加忠于他的母亲。其
他的被释奴、奴隶以及异邦人也开始在宫廷中崭露头角，这些
人对尼禄的完全依赖和屈从让尼禄倍感满意。反对塞内加和布

———————
　　①　罗马当政皇帝的名号，此处指尼禄。

路斯的声音越来越多，越来越刺耳，尼禄也越来越愿意去倾听。

在公元 59 年夏天，当尼禄即将面临自己统治的重大危机之时，他没有选择塞内加或者布路斯，而选择向阿尼凯图斯寻求帮助。在那个时候，这个年轻人对波培娅的爱已经让他下定了可怕的决心。他决定实施的罪行，正如戏剧《屋大维娅》所做出的预言一般，"后世之人会很难去相信，而随着时间推移，他们又不得不选择相信"。[47]尼禄决定弑杀自己的母亲。

109　　这其实是他多年之前就想去做的事情，只不过当时被塞内加和布路斯给阻止了。现在，在阿尼凯图斯的怂恿下，尼禄终于鼓起勇气，打算采取行动。也许诚如塔西佗所言，波培娅怂恿尼禄继续做下去，并且坚持认为只要阿格里皮娜还活着，她就永远无法成为他的妻子。但是尼禄并不需要麦克白夫人①的长篇大论来让自己走上犯罪的道路。尼禄已经主动采取行动杀死了自己的继弟；而他的母亲则对他构成了更大的威胁，给他造成了更大的精神折磨。

塞内加是否参与了尼禄的弑母计划？塔西佗也十分好奇，但是无法获知真相。[48]狄奥的作品却让塞内加成为头号煽动者，尽管这就像他给出的很多关于塞内加的证词一样，似乎只是诽谤而已。[49]是否存在勾结的问题确实很难解决。一位元首不太可能轻易在自己的高级顾问面前隐藏这样的阴谋，但是也许此时塞内加所处的级别已经不那么高了。假如尼禄不让塞内加知

————————

① 莎士比亚戏剧《麦克白》中的人物，其形象为一个残忍恶毒的女人，是促成悲剧的元凶。

悉，拒绝与自己的资深盟友商议对抗阿格里皮娜的事情，那么这对师生之间的关系可能就真的在走下坡路了。如果尼禄征求了塞内加的意见，那么塞内加可能会发现自己无法阻止尼禄的行动，但至少可以帮助尼禄成功。在这种情况下，假如谋杀可以布局巧妙，看上去更像一个意外的话，那么他可能会同意执行谋杀。

谋杀的实施的确必须非常巧妙，因为对于日耳曼尼库斯的女儿，无论是用兵刃加身，还是用律令责难，都不太可行。使用毒药也是不太可能的，因为阿格里皮娜早就怀疑尼禄的意图，已经采取了预防措施，甚至可能会服用一些解药来增强自己的抵抗力。[50] 于是，尼禄需要一种精巧的技术来作为实施的手法，而他恰好是一个非常热爱技术的人。据狄奥所述，有一天，他在剧院里看到了一艘可折叠的船，船在一根操纵杆的作用下就会解体，模拟了海难中的场景。这个想法在他堕入魔障的头脑里扎下了根。只要按照操作流程按下一个按钮，尼禄就可以把他的母亲压扁，或者将她淹死，又或者同时做到两者，一切都会发生在远离岸边的水上，远离公众的视线。他把这个任务委派给了阿尼凯图斯。

秘密建造这艘用于诡计的船并非易事。毫无疑问，阿尼凯图斯在米塞努姆招募了最好的造船师，同时也训练了忠诚的水手，让他们在这趟决定性的航行中担任船员。与此同时，尼禄开始同自己的母亲和好。这对母子最近变得愈加疏远了：两人在过于亲密的结合之后，最终还是分手了。不过，尼禄赶忙去修补这道裂痕。他必须重新赢得阿格里皮娜的信任，这样才能让她登上那艘船。

尼禄用诙谐的口吻写信，承认是自己发了脾气。他哄骗母亲和自己一起去巴亚（Baiae，又译作拜阿伊）——那是一处被湖泊和宁静的海湾环绕的奢华度假胜地——共同参加当年的智慧女神节（Quinquatria）的庆祝活动，该活动就是在春分时节举行的纪念密涅瓦（Minerva）的仪式。

尼禄和母亲在巴亚都有别墅，许多罗马精英也是如此。在塞内加看来，这个地方以生活奢靡、道德败坏、休闲享乐而闻名，是良善之人应该避开的罪恶之所——尽管他有时候也会到那里去。塞内加用鄙夷之情描绘了一幅生动的画面："为什么我们需要看海滩上游荡的醉汉、游艇上纵情狂欢的泛舟者、回荡着乐者歌声的湖泊？……你觉得小加图会住在那里吗？他会历数泛舟驶过的淫妇、五颜六色的舟船和漂满整个湖面的玫瑰吗？"[51] 他的回答当然是"不"，尽管他的描述可能会让巴亚的旺季听起来比他所想的更加吸引人。

泛舟是在巴亚享受的最佳乐事。因为大多数别墅沿着蜿蜒的海岸分布，或者在小海湾对面的普提欧里（Puteoli，如今的波佐利），所以参加狂欢派对的人可以乘舟从一家去往另一家，并在私人的小码头停靠。在阿格里皮娜如日中天的岁月里，她曾驾着一艘由精心挑选的水手操控的帝国战船在这些水域上往来。从她位于包利（Bauli）庄园的别墅沿着海岸而下，就是米塞努姆的海军基地，船只和船员在那里随时待命。不过，现在从米塞努姆驶来供她使用是一艘完全不同的船，那是一艘装饰着王家饰物的豪华游艇，并且由一批特殊的船员驾驶，其中许多人都是阿尼凯图斯麾下训练有素的刺客。

尼禄让这艘船停泊在巴亚的一座别墅旁，并在那里为阿格里皮娜举办了盛大的宴会。[52] 晚饭后，他把这艘船作为礼物送给了自己的母亲。这只不过是那天晚上他为了消除母亲对自己的不信任而做的诸多孝行之一。阿格里皮娜十分警惕，因为她早就怀疑儿子会来取自己的性命。然而，这艘装饰华丽的船迎合了她的虚荣心；尼禄将她带到船上时，给她献上的吻[53]似乎也是真诚的。

111

那是一个万里无云、无风静谧的夜晚，正如塔西佗在其最令人难忘的一句话中所说的那样："那种平静仿佛是众神赐予的，为的就是去揭露这罪恶。"这艘船在从巴亚到包利的沿海航行中，是沿着浅水滑行的。阿格里皮娜和自己的朋友阿凯罗尼娅（Acerronia）就倚在后甲板上的一张特殊沙发之上。这两位女性热烈地谈论着当晚的娱乐活动以及尼禄的殷勤款待。旁边则站着阿格里皮娜的另一名随行人员：她的财务官（procurator），也是她的资产管理者——克列培莱乌斯·伽路斯（Crepereius Gallus）。

在毫无预兆的情况下，这三个人上方建筑的一部分坍塌了，带着用铅加固的自身的全部重量砸向了伽路斯。这个人随即被压死了。

如果阿格里皮娜没有斜倚在沙发上，或者阿凯罗尼娅没有因为俯身依偎在朋友的腿上而坐得更低的话，那么很可能她们俩都会和伽路斯一样被砸死。然而沙发救了她们一命。沙发的椅背和扶手都伸展得足够高，足以阻挡下落的铅块的力量。这两名女子从致命的重压下挣脱出来，却发现自己身处一片癫狂的景象之中。

阿尼凯图斯安排在船员中的人正在试图完成他们的任务。他们原以为船会裂开，让阿格里皮娜掉进海里，但是这一幕并没有发生。他们陷入茫然，不知所措，而且似乎也没有什么后备计划，只能在船只破碎的甲板上跑来跑去。有些人想把所有的重量都叠加在一边，使船倾覆。但是，其他船员可能猜到了他们的同伴正在干什么，于是与他们对抗，跑到了另一边。喊叫声回荡在海湾平静的水面上，而岸上的人却几乎什么也听不到。

随着船只逐渐倾斜，阿格里皮娜和阿凯罗尼娅都滑到了水中。或许阿凯罗尼娅没有意识到这场灾难背后的算计，她大声呼喊自己就是阿格里皮娜，请求救援。而她的喊声却引来了船桨和其他海军器具的猛烈击打，因为附近的刺客们看到了一个完成任务的机会。阿凯罗尼娅被人用棍棒击毙在水中，而一直谨慎地保持着沉默的阿格里皮娜只是肩膀上挨了一击。她瞥见附近一些渔舟上的灯笼，于是悄悄地游开了。她不屈不挠地坚持到了最后，终于逃出了尼禄设下的死亡陷阱。

平安返回包利的别墅之后，阿格里皮娜反思了一下自己的处境。很明显，尼禄想把她杀掉，但是为了不让她知道这一罪行，他费尽了心机。她身为日耳曼尼库斯之女的卓越声望和儿子的胆怯阻止了一场公开的袭击，而这些现在可能足以让她获救。她派了一个信使去告知尼禄当晚发生的事情，假装这是一场意外事故。如果她能假装信任儿子，阻止他再度出击，那么她就能以某种方式赢得支持，巩固自己的地位。现在已经有成群的探视祝福之人聚集在她的别墅之外，他们听说了船只的事故。假如她能活过今晚，她就还有一线希望。

与此同时，尼禄在阿尼凯图斯的陪同下在巴亚焦急地等待了数小时，想知道阴谋的结果。阴谋失败的消息令他惊慌失措。他知道母亲现在就会发现自己的意图。此时的阿格里皮娜虽然受伤但是没有死亡，她将变得比以往任何时候都更加危险。她很可能在当晚就带着一队全副武装的奴隶进犯尼禄的别墅，或者赶回罗马，在元老院前将他告发。尼禄下定决心要让母亲在第二日黎明前死去，但他不知道该怎么做。在绝望之中，他派人将自己的两位高级顾问——塞内加和布路斯从他们各自的房间中叫醒。

塞内加任何有关道德、品行、理性与美好生活的沉思，都无法让他对这种事情有所准备。当塞内加走进尼禄的房间时，站在他面前的是一个惊恐而愤怒的23岁青年，那是他过去十年来的学生和想要保护的人（protégé）。在过去的五年中，塞内加与这位元首联合起来对抗他那个危险的母亲。而现在，他通过支持尼禄与阿克提行苟且之事，为尼禄开辟了一条道路，却导致了一场拙劣的谋杀和一场规模空前的政治崩溃。塞内加已经来不及抽身事外了。这条路必须一以贯之，直至尽头。

塞内加所写的每一个字，他所发表的每一篇论著，都必然 113 与他此刻在这间屋子里的现身相抵触。他默默地驻足了很长时间，仿佛在考虑摆在他面前的选择。然而并没有什么好的选择。他终于开口时，却把责任推给了布路斯。塞内加询问布路斯是否可以派出他的禁卫军去杀死阿格里皮娜。

现在轮到布路斯去面对这种勾结所带来的糟糕选择了。他同样拒绝了顺势而为以及对尼禄完全效忠的要求。他表示，禁卫军过于拥戴阿格里皮娜，同时也非常怀念她的父亲。他建议由阿尼凯图斯和米塞努姆的海员们来完成他们未完成的任务。

尼禄麾下的旧卫队在关键时刻选择了拖延时间，因此把权力让给了新卫队。[54] 阿尼凯图斯赶忙接受了塞内加和布路斯放弃的任务，尼禄当即肯定了自己对于这份雪中送炭之情抱有何等之高的评价。他宣称："从今天起，我才真正得到帝国的统治大权，而这样一份丰厚的礼物却是一名被释奴送给我的。"

这句尖刻的话语是针对塞内加的，尽管塞内加为巩固尼禄的权力工作了十年，但是现在尼禄发现他仍然不堪所用。这位圣哲对元首的影响力长期处于衰退之中，而这次无疑又出现了一次急剧的下滑。

阿格里皮娜早前派来的使者阿格里努斯（Agerinus）来得正是时候，他带来了自己的女主人"横遭意外"的消息。尼禄很感激自己能够有这样一个借口，不管这个借口显得多么勉强，但是可以让他公开表示对母亲的反对。当阿格里努斯前来传递讯息的时候，尼禄将一把剑掷到他的脚边，下令把他当作刺客抓起来。然后，他差遣阿尼凯图斯前往包利。

当阿尼凯图斯的刺杀部队抵达阿格里皮娜的别墅之时，已经过了午夜时分。虽然时候已经不早了，但是广场和沙滩上还是挤满了向阿格里皮娜表达祝福的人。阿尼凯图斯严令他们四散离去，然后破门而入，开始驱逐家内奴隶。

卧室中，只有阿格里皮娜和一个仆人，然而当屋内涌入武装人员时，最后一个陪伴者也消失不见了。当阿尼凯图斯和另外两名军官冲进来时，房间里只有皇太后独自一人。她一直希望是自己的信使阿格里努斯来了。然而，他迟迟未出现就意味着阿格里皮娜仍然处于极度危险之中。

阿格里皮娜现在唯一的机会，就是唤起攻击她的人对自己家族荣耀的记忆，让他们感到羞愧，从而使他们放弃任务。然而，经受了一夜的折磨，阿格里皮娜已经精疲力竭、惊惧不已，甚至还受了伤。据塔西佗所述，她所能做的，就是表达自己的抗议，认为阿尼凯图斯一定是犯了一些可怕的错误，而尼禄是肯定不会下令杀死她的。

陪同阿尼凯图斯的船长是一个名叫赫丘列乌斯（Herculeius）的人，他用木棍击打了阿格里皮娜的头部作为回答。另一位站在一旁的军官奥巴里图斯（Obaritus）则拔出了自己的佩剑。阿格里皮娜已然黔驴技穷、无计可施了。除了死亡，她几乎没有其他选择的余地。

阿格里皮娜被她一手扶植上台掌权的人给出卖了，其中最重要的人是尼禄，还有布路斯、阿尼凯图斯，当然还有塞内加。她从科西嘉岛拯救出来的那位圣哲，明明他如今所得的一切都仰赖于她，但是他现在拒绝表达反对弑杀她的意见。她和塞内加最初在政治上可谓是"相知相伴"——一些人表示这也许是字面意义上、源自肉体的"相知相伴"。但也正是政治，加上儿子的精神错乱，使他们中只有一人能幸存。

她是那个时代声名最为显赫的女人：她是一位皇帝的妹妹，也是其继位皇帝的妻子，同时是第三位皇帝的母亲，更是日耳曼尼库斯的最后一个孩子。如今的她形影相吊，众叛亲离，即将逝去。最后的最后，她做出了一个大胆的手势，三份古典文献均对此有所记载。其中《屋大维娅》的作者留下的描述最为经典：

> 她垂死挣扎，向刺客提出了最后的请求：
> 将他那致命的刀剑刺入她的子宫。
> "把你的剑埋入这里，就在这儿——
> 那个怪物来到人世的地方……"
> 说完这一席话之后，她那悲伤的灵魂
> 便从撕裂的伤口中流逝
> 伴随着她的最后一丝呻吟。[55]

第五章　宫闱之戮

（公元 59 ~ 62 年）

　　尼禄一直以来渴求付诸实践的行为并没有给他带来丝毫慰藉。当他回到自己在巴亚的别墅，得知母亲逝世的消息之后，他只是茫然地凝视着黑暗，仿佛受到惊吓一般不时悚然而立。[1]他制造的巨大的权力真空现在愈加明显。在新近政治事务的核心圈子中，那位临朝十余年的核心人物——伟大的日耳曼尼库斯所生的九个孩子中仅存的一个——已经离开了人世。尼禄，这个缺乏安全感、自我放纵的 23 岁年轻人，最终让自己变成了无父无母的孤儿。

　　布路斯派出禁卫军前去迎接他，并且试图借此鼓舞这个年轻人的志气。这支卫队曾是阿格里皮娜最为忠诚的拥护者，尼禄当然有理由害怕他们。不过，在布路斯的授意下，禁卫军明确表示自己会改变立场，并且祝贺这个年轻人识破了自己母亲的"阴谋"。尼禄将一把剑扔在信使脚边并编造的那个勉强的借口，就成了关于当晚事件的官方说法。于是，尼禄被宣布为暴力事件的受害者，而非肇事者。

　　与此同时，在包利，阿尼凯图斯负责监督阿格里皮娜尸体的火化事宜，火化的方法很简单，就在餐椅上焚烧她的尸体。没有举行国葬仪式，也没有准备火葬使用的柴堆，甚至我们也不清楚尼禄是否从巴亚赶来瞻仰过遗体。[2]没有葬仪，也没有建造任何纪念碑，阿格里皮娜的党羽们只是把她的骨灰埋在一个小土堆下。（如今被称为阿格里皮娜之墓的巨大的坎帕尼亚遗址，实际上只是一座建造时间更晚的剧院所留下的遗迹。）

在手忙脚乱的弑母之事发生之后，最重要的清理工作便落在了塞内加的肩上。有人担心罗马的元老们可能会在元老院里谴责尼禄的所作所为，或者与禁卫军合谋将元首赶下台，而此时的塞内加则是元首与元老们的主要联络人。塞内加已经被尼禄赋予了争取元老们默许的重大使命。[3]尽管塞内加在宫廷中的地位有所下降，但他的语言技巧仍然是这个政权重要的资产，正如其在精英阶层中具有的崇高地位一样。至少在这里，阿尼凯图斯这样的暴徒新贵是无法胜任塞内加的工作的。

塞内加现在承担起了自己一生中最为困难的写作任务。在尼禄以自己的名义（并不表明真正作者的身份）寄给元老院的信件当中，塞内加必须为一种既不正当也非政治层面的罪行进行辩解，将之变成一种政治策略。现在塞内加不得不厚着脸皮面对这样一起家族谋杀，而在五年之前，他还曾承诺要终结这种家族谋杀。他必须为自己的元首赢得宽恕，即使这样会让他冒着名誉受损的风险，因为这位元首本应如同他在《论仁慈》中所宣称的那样，其至高美德应该是不让流血事件发生。

何等巧妙的措辞，何等迂回婉转的修辞，才能够完成这样的任务呢？这封信中只有一句话在一次偶然的征引中得以留存下来；不过，塔西佗还是记录了信件的大致内容和行文结构。[4]

这封信件的开头便是掩盖事实的重要托词，即在阿格里努斯身上发现了一件武器。阿格里皮娜策划了一场政变，而据称当阴谋被揭露时，她已经了结了自己的生命。信中还讨论了阿格里皮娜在世时，罗马所面临的更大的威胁：一个篡位者，更糟糕的是，那是一个女人，她想要追求至高无上的权力。信中还说，阿格里皮娜向禁卫军和元老院施压，要求他们宣誓效忠自己；然后，如果这些扈从拒绝，她就会扣留本属于他们的礼物和赠予——这颇为微妙地提醒人们，尼禄此时正在为相同的群体准备礼物和赠予。[5]信中还表示，阿格里皮娜曾试图进入元老院，代表罗马国家与外国使节打交道。自从十年前她嫁给克劳狄乌斯起，阿格里皮娜就攫取了王位权柄。

尽管自称摆脱了一个怪物，但是塞内加所代表的尼禄依然表现出对母亲逝世的悲痛。即使这个母亲在信中被描述成噩梦一般的人物，但是因自己母亲的逝去而庆祝无论如何都是不合时宜的。"我既难以相信自己居然还活着，也不为自己还活着而感到高兴。"[6]塞内加让尼禄如是说道，在这过程中采用了一种典型的平行对比（parallel-with-contrast）的结构。

这封信所面临的最严峻的挑战，是如何描述导致阿格里皮娜死亡的离奇事件。许多人都目睹了这艘装有操纵装置的船的解体倾覆，而且从后来爆发的杀戮来看，这显然是蓄意为之的。不过，塞内加一定是觉得，即使是一个显而易见的谎言，也比什么都不解释要好。他在信中把这次解体事件描述为一场船舶失事，这是一场表明了众神亲自介入、拯救国家的事故。尼禄派出的军队只是完成了神（Providence）的既定规划罢了。

这无疑做得太过分了。塞内加在自己的政治生涯中，第二次因为力挺元首而逾越了公序良俗。塔西佗表示："舆论谴责的对象不再是尼禄（因为他的残暴行为已经达到了无从谴责的程度），而是塞内加，因为他采用花言巧语给尼禄起草了这种辩护词。"

尤其是一位名叫特拉塞亚·帕伊图斯（Thrasea Paetus）

的固执奉行斯多葛思想的元老，他在信件被宣读完之后，就默默地走出了议事堂。[7]与崇拜小加图以及其他问心无愧的英雄的塞内加一样，特拉塞亚并不喜欢自己的同僚们所展现出的卑躬屈膝。塞内加的信中虚构的情节，以及元老院对此表示支持的意愿，最终将他推到了崩溃的边缘。按照现代的标准，他的抗议是温和的，只是简单地表达了自己的不支持。然而，在罗马专制统治时期，即使是这样微小的举动也具有巨大的意义，同时会带来巨大的风险。

尽管毫无疑问很多人都想这么做，但是并没有其他元老追随特拉塞亚的脚步。相反，他们宣布自己完全接受信中叙述的事情。他们投票决定在每年的智慧女神节期间举行赛事，以庆祝元首获得拯救。在罗马广场上的尼禄雕像一旁，将会竖立起一尊女神密涅瓦的金像，春日节庆就是献给她的。公众也不会对尼禄弑母的行为再做清算了。

118

但元老们在奉承的同时，也在默默地思考着尼禄政权的新路线。他们对皇帝逐渐显现的性格有了更清晰的认识。尼禄的弑母之举表现了一种怯懦与残忍的奇怪结合。尼禄没有勇气公开反对自己的母亲，甚至没有勇气承认就是自己杀了她。相反，他表现出紧张与缺乏自信，试图在元老院赢得人心，然后才敢进入罗马。事实上，在元老们投票对他予以表彰之后，尼禄还在坎帕尼亚久久徘徊，不知道自己在帝国的首都会得到什么样的接待。

尽管原因或有不同，但是这样的人可能会变得和卡利古拉一样危险。他想要获得的是安慰和奉承，甚至是阿谀奉承的群氓的欢呼——尽管罗马很少有人见识过他想成为演员的雄心。他的臣民们不仅要表现出忠诚，还要表现出更多，即一种喜爱之情。他讨厌任何有资格评判他的人，那也就是整个政治阶层。贵族阶层可能会再次被古老的幽灵所困扰——叛国审判、放逐、处决以及被迫自杀——而这一次并非出自一个施虐狂的心血来潮，而是出自一个任性孩子的要求。

一个叫达图斯（Datus）的笑剧演员——他是表演阿提拉戏（Atellan farces）① 的行家里手——在阿格里皮娜逝世不久后的演出中就突显了这份新危险。在一首包含"永别了父亲，永别了母亲"的笑剧歌曲当中，达图斯先做了饮酒的动作，然后又做了游泳的动作。事实上，克劳狄乌斯因有毒食物而死，而非美酒；阿格里皮娜也是从水中逃脱，最终死在床榻之上。接着，当达图斯转到另一行歌词"冥王（Orcus）指引你们的步伐"时，他指着坐在观众席前排的元老们。他暗示，掌管死者灵魂的神祇正在阴间等候着他们。[8]

在坎帕尼亚待了近三个月后，尼禄和他的廷臣们在 6 月返回罗马。长时间的拖延以及在此期间组织者们所做的工作，已经让民众做好了准备。罗马人成群结队地拥出来欢迎尼禄回家，甚至在尼禄行进的路线上设置了露天看台；元老们则穿上了节日的盛装。人们在努力向他们的元首表明，他们对那场谋杀选择了视而不见。

然而，在这一系列表演的背后，一种反感厌恶的情绪也在

① 阿提拉戏（又被称为亚提拉闹剧，拉丁文为 Fabulae Atellanae），流行于古罗马的一种笑剧。自第二次布匿战争之后，逐渐从坎帕尼亚传播到罗马，在经过文学加工之后由职业演员来演出。在罗马帝国初期，这种戏作为余兴（exodia）十分流行。笑剧中常常会十分露骨地讽刺当代皇帝的缺点。

酝酿着。在一些匿名的玩笑和涂鸦中，尼禄被迫回忆起他所犯下的罪行。一位逗趣者把一个皮袋子挂在了尼禄的公共雕像上，因为有时罗马人在惩罚弑杀父母之人的时候，会将犯罪者与各种野兽一起封进一个袋子当中，然后把袋子连同里面所装的一切都扔进台伯河，使其溺毙，而这个人这么做就暗示了他们的元首也应当被套入袋中。[9]与此同时，另一条信息则出现在了一尊盖着布的阿格里皮娜的雕像上，覆盖其上的布只是一种临时措施，是在推倒雕塑之前用于遮掩。有人则假装那块布是代表谦逊的面纱，在上面附了一块代表阿格里皮娜对尼禄所言的牌子："我有羞耻之心，而你却没有。"

尼禄以一种令古代编年史家都困惑不解的耐心忍受了这一切。他或许是因为自己的所作所为受到了一些惩罚反倒释然了，又或者（据狄奥的推测）不希望控诉他们从而坐实谣言，[10]因此他对所有的嘲笑不予理睬。即使有些告密者急于获得擢升，向尼禄报告了涂鸦者的姓名，尼禄也拒绝采取行动。他更想转移公众的注意力，蒙混过关，用盛大的表演和赛会来纪念阿格里皮娜的死亡。

首先是"大赛会"（Ludi Maximi），该活动将持续数天，且占用多处剧场。[11]其中，诸多新奇的表演将会出现在台上，甚至包括一头大象驮着一名骑手走下倾斜的绳索的节目。一些古老家族的显贵也被迫登上舞台，人们可以看到这些人跳舞、表演，甚至化身为角斗士与野兽搏斗，而这些人扮演的角色，长期以来都被认为是不符合贵族身份的。与此同时，看台上的平民们收获了大量的恩赐与奖品。作为宫廷宠物一般被珍视的活的禽鸟，若雨点般、成百上千地落在人们的身上。皇帝的军队也向人们扔出刻有铭文的球状奖券，这些奖券可以用于兑换马匹、奴隶、贵金属，甚至整栋公寓。为了赢得人民的爱戴，尼禄使出了浑身解数，不惜自掏腰包。

120　　　不久之后，另一场盛大的活动"青年节"（Juvenalia）也随之而来，此时尼禄第一次剃掉了自己的胡须。一场正式的私人聚会将在皇室场地上举行，大批骑士（equites）和平民（plebeians）都获准参与，这些来自社会各阶层的人都是因为赢得了尼禄的宠爱而被遴选进入宫廷的。就像在"大赛会"期间所做的那样，贵族们被要求去扮演一些违背社会传统的角色。一位 80 多岁的贵族妇女安利亚·卡特拉（Aelia Catella）不得不在一场哑剧中翩翩起舞，而哑剧也是当时流行戏剧中最有伤风化的一种。其他来自各个显赫家族的成员也被招募来参加合唱歌舞。当一些人戴着面具上台，以求掩饰自己的身份时，尼禄坚持要那些人把面具给摘掉。他想向所有罗马人表明，即使是位高权重的显贵们也要一起分享他的狂欢节所带来的乐趣。

　　　在青年节的高潮上，一件令尼禄的顾问们一直提心吊胆的事情还是发生了，尽管他们别无选择，只能选择参加。因为他们的元首不想只在私下里练习唱歌了，他已经决定登台献艺。

　　　在戏剧史上发生的诸多令人震惊的"创举"中，也许没有哪个能与罗马皇帝——这个站在社会金字塔顶端的人——身着希腊西塔拉琴手（citharodist）所穿的长斗篷和高筒靴，说道："恳请诸位名家，聆听吾言"相媲美。[12]这并非尼禄一时心血来潮，而是他精心策划并准备的一次登场，他为此还写了一首配乐颂诗《阿提斯还是巴克坎忒斯》（*Attis or the Bacchantes*），这是一个疯狂而热烈的爱情故事。他还保证这部作品一定会受到观众们的欢迎。前任执政官——塞内加的兄弟迦里奥，把皇帝领到台前并加以介绍，而塞内加本人（根据狄奥的说法），则和布路斯一起站在皇帝可以看到自己为他喝彩的位置，在空中挥舞着托加覆盖的双臂。[13]

尼禄带来了自己新近组织的颇为粗野的喝彩者——"奥古斯都男儿"（the Augustiani）。他们高大而强壮，对元首无比忠诚，他们的存在也传递了一个明确的信息，那是对任何异议者展现出的隐隐威胁。他们的人数最终增加到了 5000 人，而尼禄在自己演艺事业发展的过程中也带着他们进行巡回演出。虽然日后尼禄让他们训练使用特殊的拍手节奏，但在这次青年节他们初次登台时，这些人只是如痴如狂地高喊着"哦，阿波罗！"这样的短句。

在那天的人群中，有一个人因为不愿意鼓掌而显得与众不同。在那一年，最不愿意向元首屈服的元老特拉塞亚·帕伊图斯第二次选择了沉默与异议，而非融入喧闹、与之同流合污。而在第二次，他做出的反抗没有被人忽视。

对塞内加来说，持有异见并不是一种选择。他所处的职位要求自己对尼禄的献唱首演表示支持，不论这让他的内心有多么不安。或许塞内加甚至不得不去协助演出顺利进行，因为据狄奥所述，这位圣哲被征召而来给尼禄提词，以防他忘记歌词。[14]这个政权正在利用他，榨取他已被玷污但仍不失光彩的公众形象，而塞内加自己也知道这一点。如果塞内加观察到那天人群中的特拉塞亚·帕伊图斯，那么他肯定会羡慕这么一个人——一位像他一样的斯多葛思想者和作家——可以行使无所作为的简单自由。

尼禄已经彻底长大成人了。他在巴亚的行动，既没有获得他人的指导，也没有得到自己老师的帮助，那次行动仿佛是他的成人仪式，见证了他有悖常理的成长。他犯了那个世纪最为胆大包天的谋杀案，却能够逍遥法外。在他完成自我解放之后，再也没有哪个人可以告诉他应该做什么、不应该做什么了，尤其是那个比他年长近 40 岁的一脸严肃的男子。

在受到自己的献唱首演获得成功的鼓舞后，尼禄试图打破另一重礼仪障碍，他要驾着驷马战车参加竞技。在早年，塞内加和布路斯曾严令禁止这种行为，因为参加竞技无疑是对元首职权的侮辱。[15]而现在他们几乎没有什么力量来阻止这件事情了，不过这帮高级顾问确实争取到了赛会地点的更换。在台伯河对岸、城外的梵蒂冈山（Vatican Hill）上，有一处很少使用的赛马场，这里始建于卡利古拉统治时期。这条赛道——也就是今天的圣彼得广场（St. Peter's Square），那用作转向柱的原始的埃及方尖碑至今仍然矗立于此——此时已经完工。尼禄被说服在这处更为隐蔽的地方进行比赛，而观众基本都是奴隶和贫民。

对塞内加来说，这是一次略显卑微的胜利，但或许也是一次令人欣慰的胜利。他仍然可以为元首的统治做一些好事，虽然如今这个制度不断要求他做很多坏事。如果他曾经试图让自己接受紧握权力不放的原因，正如他在《论幸福生活》中所说的自己积累财富的原因一样，那么他肯定是基于这样的逻辑：倘若他离开这个舞台，尼禄将成为更加糟糕的元首，而罗马也要遭受更为悲惨的凌虐。

122　　就像诸多良善之人在同意对糟糕的政权施以援助时所做的那样，塞内加也做了一笔交易：一方面，他们的存在巩固了现政权，并帮助其维持下去；另一方面，他们的道德影响力也可能改善该政权的行为，或许可以挽救其敌人的性命。对许多人来说，这是一笔值得去做的交易，即使他们将为此付出不朽的灵魂——这可能也是塞内加将要付出的代价。

塞内加留在尼禄身边当然还有另一个原因。他在《论愤怒》中描述了独裁者是如何以伤害家庭成员为威胁来控制他人的。他讲了一个故事：作为卡利古拉暴行的受害者，帕斯多面对自己儿子被弑杀时却不得不报以微笑，因为他要为尚存子嗣的安全着想。到公元 60 年，尼禄也从塞内加那里获得了几个这样的人质，其中就有后者极具天赋的侄子，他也是塞内加心目中最接近自己儿子的人。

塞内加最年幼的弟弟梅拉（Mela）的儿子马库斯·路卡努斯（Marcus Lucanus）来到罗马，进入了尼禄的宫廷。虽然这个男孩才十几岁，但是他已经显示出超凡的文学天赋，在诗歌上的造诣超越了自己伯父写作冗长散文的功力。安奈乌斯家族的成员大多拥有很高的文学遗诣，这是自善于雄辩的家族之长老塞内加传承下来的，而这个男孩对这种才能的运用已然达到了巅峰。他在现在被人称作卢坎。

卢坎只比尼禄小两岁。[16]卢坎第一次引起这位元首的注意，是在他 14 岁的时候，当时他用拉丁文和希腊文进行了一次令人印象深刻的朗诵。尼禄在塞内加的辅佐下登上了皇位，而卢坎可以轻而易举地获得权力。然而，这个年轻人却离开罗马，去了雅典，那是一处宁静的学习与沉思之地。卢坎似乎和他的伯父一样具有文学天赋，并对斯多葛哲学充满了热情，但并没有像自己的伯父那样热衷于政治。

数年后，大约是在阿格里皮娜逝世的时候，卢坎受召返回罗马，为尼禄效力。[17]元首将他召回的具体原因尚不清楚。或

许是塞内加对自己的前途感到担忧，所以打算用这一举动来将
这个男孩拉到自己的身边。因为多年以前，他曾描述过，当他
的目光落在他那迷人的侄子身上时，他感到自己从悲伤中解脱
出来。"他的拥抱能够抚慰心灵，无论心中的苦痛是何等巨
大，又是何等鲜活。"[18]塞内加曾向自己的母亲赫尔维亚如是说
道，罕见地流露出了亲情。塞内加自己并没有孩子，而现在又
与尼禄的关系愈加疏远，他肯定会对卢坎的归来感到高兴和宽
慰——尽管毫无疑问也会怀有一丝焦虑。

仅就尼禄而言，他被这个新加入的成员给迷住了，立即任
命卢坎为财务官，而卢坎本来在数年后才有资格担任这一职
务。在过去，只有皇室成员才能有权免俗；但是尼禄让卢坎走
上了一条急速擢升的政治道路。[19]也许尼禄与这样一位早慧的
天才诗人有一种亲近感，因为他越来越觉得自己就是一位诗
人。尼禄开始在宫廷里招揽似乎能够体现自己心目中理想化的
自我形象之人，后者能将帝国统治与音乐和诗歌的优雅艺术完
美地调和。"阿波罗的里拉琴是用拉弓之手拨动的。"一位同
时代的诗人如是写道，盛赞了尼禄的这一理想。

此时，卢坎已经开始创作一部大胆而又雄心勃勃的史
诗——《内战纪》（De Bello Civili）。[20]这部作品的设计，在诸
多方面都是独一无二的，最重要的是它聚焦于罗马新近发生的
历史，即让奥古斯都得以掌权的内战；而以前所有的史诗都是
关于神话般的往古事迹。卢坎在行文风格和创作方法上做了许
多创新，以适应自己创作的主题。《内战纪》的残卷留存至
今，揭示了作者的胆识：一个年仅十几岁的少年开始重新构建
在古代最受尊崇的一种文体，那是荷马和维吉尔曾经使用过的
媒介。

虽然罗马内战的发生比卢坎所处的时代早了一个世纪，但是卢坎自己心里明白，其中创作的内容是很难在政治上保持中立的。刺杀者布鲁图斯和卡西乌斯、斯多葛学派的自杀者小加图，以及尤利乌斯·恺撒本人——这些在他的故事中赫然出现的人物，在尼禄统治时期已经成为强有力的意识形态象征。顽固守旧的特拉塞亚·帕伊图斯每年都会在庆祝元老院获得自治的仪式上庆祝布鲁图斯和卡西乌斯的诞辰。正如我们所看到的那样，小加图在当时的作品中也广受尊敬。卢坎在为尼禄（尼禄是被布鲁图斯和卡西乌斯杀死之人的后裔）效力的时候，必须要小心谨慎地描写这些人物。

也许是出于自我保护，卢坎选择了以对尼禄热情洋溢的赞美为《内战纪》的开篇，这一段赞美是如此夸张，以至于有些人认为这其实是在讽刺。[21] 卢坎表示，所有在内战中爆发的流血事件都应该得到颂扬，而非追悔，因为正是它们让尼禄的统治成为可能。接着笔锋一转，从过去转向未来，卢坎想象着有一天尼禄会进入天堂，在众神之中占据一席之地。卢坎提醒自己的元首，不要一不小心坐在两极中的任何一端，以免自己沉重的身躯令宇宙失去平衡。元首需要居中正坐，置于黄道带之上。那里的空气更为清新，云雾更是少见，这样人们就可以毫无阻碍地瞻仰他化身为星的姿态了。

卢坎所享受的皇室恩惠，以及自己力求君恩的意愿，在公元 60 年 8 月被生动地展现了出来。就在那个月，尼禄推出了自己极具希腊风格的体育与艺术节庆——"尼禄尼亚"（the Neronia）。他为诗歌朗诵、演说、音乐、歌唱以及体育赛事都设立了奖品——黄金桂冠，这是一种脱胎于希腊月桂花环的罗马奢华花冠。卢坎以一篇题为《尼禄颂》（*Laudes Neronis*）的

124

125

作品登上了诗歌比赛的舞台，并且荣获头奖。尼禄站在自己的御用高台上满怀赞许地看着，但并不愿意亲自参加比赛。然而卢坎，怀着令人感动的敬意，摘下了自己的桂冠，把它献给了自己的元首。[22]而修辞比赛的获胜者紧接着也这样照做了。

卢坎的姿态也凸显了自己与元首之间固有的紧张关系，而包括塞内加在内的其他创作者也感受到了这种紧张关系。尼禄不仅是一位文学艺术的赞助者，而且自身也是一位艺术家。他喜欢融入自己宫廷的诗人团体，成为他们中的一员。卢坎的卓越才智满足了尼禄的虚荣心；然而，这样夺目的才智也会带来威胁，那就是元首必然会在与其竞争中落败，这一切都潜藏在表面之下。而不久之后，危机便浮现了。

对塞内加而言，自己的侄子和元首之间的亲密无间且进展迅速的关系，是一件喜忧参半的事情。这无疑加剧了塞内加自己以及其兄弟迦里奥为帝国效力的困境。三位显赫的安奈乌斯家族成员都将自己的命运与皇帝的恩宠联系在了一起。他们一荣俱荣，这要归功于罗马政治对家族忠诚的依赖；然而，他们也容易一损俱损。

在阿格里皮娜被谋杀之后，塞内加为自己塑造的角色愈加难以维持。但是，偏离这一既定角色所要付出的代价也大大增加了。

在这段日子里，尼禄把其他创作者留在自己的宫廷中，这些人与他同席而坐，一同沉湎于对艺术的勃勃雄心。[23]尼禄喜欢和这群人一起吟诗议曲，按照自己选择的韵律写出一行诗，然后要求参加晚宴的客人们用相同的韵律写完。这个游戏让他能够享受到与诗人共谱的友谊，同时也让他们清楚谁才是真正

伪塞内加	真正的塞内加
创作于公元前 1 世纪，可能是一位哲学家或诗人，这个人物在很长一段时间内被认为是塞内加	创作于公元 3 世纪，1813 年出土，其背面是苏格拉底，两人的后脑彼此相连

少年尼禄的头像

罗马元老院召开会议的场景

公元 1 世纪浮雕中描绘的罗马禁卫军

克劳狄乌斯统治早期的钱币

一面是克劳狄乌斯的形象，另一面是禁卫军军营。背面缩写的铭文意为"被一致认可的大将军"（Imperatore recepto），这不禁让人想起克劳狄乌斯继位的那个时刻

马尔库斯·加图的铜制半身像

他的斯多葛式自杀已成为传奇

麦瑟琳娜抱着她襁褓中的儿子布列塔尼库斯

庆祝布列塔尼库斯出生的钱币

一尊克劳狄乌斯统治时期的雕塑

人们认为雕塑展现的是他的女儿屋大维娅

阿格里皮娜

她是克劳狄乌斯在公元49年之后的妻子

尽显疲态的克劳狄乌斯

这尊铜制肖像的创作有可能取材于日常生活

青年尼禄

公元 54 年发行的钱币中展现的尼禄与阿格里皮娜

值得注意的是，阿格里皮娜的名字与头衔都出现在钱币的
正面，而尼禄的名字与头衔则出现在钱币的背面

波培娅·萨比娜　　塞内加的侄子马库斯·路卡努斯

现在被称为卢坎，这是他唯一为人
所知的肖像

尼禄与塞内加

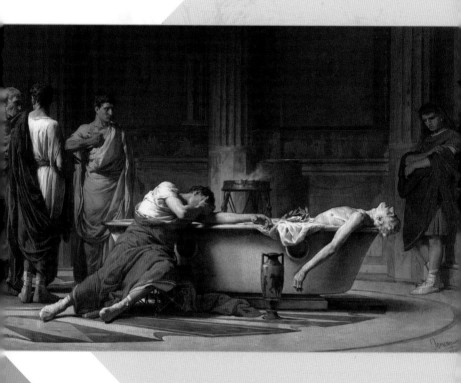

塞内加之死

由西班牙画家曼努埃尔·多明格斯·桑切斯 (Manuel Domínguez Sánchez)

创作于 1871 年

塞内加之死

由意大利画家卢多维科·拉纳（Lodovico Lana）创作于 1976 年

的定调者。

维持一个文学小圈子是一项耗资不菲的事业，而这只是尼禄耗费大量金钱的项目之一。挥霍无度成了他统治时期的一个标志，这很快就引发了最为严重的灾难。

赛事与节庆位居尼禄最大的开销之列。甚至在阿格里皮娜之死迫使他增加自己的娱乐预算之前，尼禄就已经进行了诸多怪异且富有创意的展示。他新建的木制圆形剧场中有个椭圆形的池子，可以装满盐水，从而形成一处人造海洋，他在上面模拟了海战，同时，为了增加视觉效果，他让远海的鱼类在船只之间游弋。[24]其他的野兽则会在剧院里的水排掉之后露面，有时候这些野兽还会通过在地板上的滑轮和活板门呈现在观众面前（后来这项舞台技术的使用范围扩大，并被运用在著名的大斗兽场中）。这座宏伟建筑的开幕式展示了来自遥远国度的奇异生物，包括麋鹿、河马以及海豹，最后的海豹们似乎是被北极熊驱赶着上了舞台。[25]

然而尼禄最昂贵的发明则是"尼禄尼亚"，这个节日初设于公元60年，他打算每五年就举办一次。[26]由于担心保守的罗马人会嘲笑这个带有希腊风格的节庆活动，尼禄安排了颇为慷慨的奖品来吸引他们的参与。他还在毗邻场地的地方建造了一座崭新的融合了体育场馆和浴场的综合性建筑，同时还自掏腰包提供橄榄油[27]，因为希腊人十分喜爱用橄榄油清洁身体。

赛事、演出、举办这些活动的剧院、分发给群众的礼品——所有的这些耗尽了国家的财库，而由于尼禄必须负责充实国库，所以这些开支到最后都需要他自己去承担。从理论上讲，国库与皇帝的内帑应该是分开的，但在实践中，两者的界限很难被厘定。[28]作为顶级的"居家办公者"——理论上整个

126

罗马都是他的办公场所——尼禄可以调用公共资金为私人目的服务，反之亦然。在他的统治之下所通过的一项改革中，负责记账的官员都是由他自己任命的。[29]

同时，尼禄也在自己的私人庆祝活动上挥霍无度，包括奢侈的宫廷宴会和深夜聚会。这些露天盛会在公元60年代又焕发了新的活力，所有的这一切都要感谢一人，正是这个人用高雅的品位和闲适的享乐主义让尼禄眼花缭乱。那位以白天睡觉、夜晚寻欢作乐而闻名的盖乌斯·佩特洛尼乌斯（Gaius Petronius，又译作盖乌斯·裴特洛纽斯）被任命为风雅顾问（arbiter elegantiae，又译作风雅大师），专门负责礼宾与娱乐。作为一个生活无拘无束、说话口无遮拦的贵族，佩特洛尼乌斯从来都是一副玩世不恭的模样，因而给年轻的元首留下了深刻的印象。塔西佗表示，对尼禄来说，除了佩特洛尼乌斯之外，没有什么能令他感受到时尚与新奇了。

127   佩特洛尼乌斯的迅速崛起，为其他廷臣指明了方向。那些追求擢升的人发现，鼓励尼禄放纵无度或者给他提供新的乐趣与奇观是明智之举。在这场争夺帝王恩宠的博弈中，罗马安全与消防的负责人欧弗尼乌斯·提盖里努斯（Ofonius Tigellinus）成了佩特洛尼乌斯的竞争对手，与柔弱不堪、无所顾忌的佩特洛尼乌斯不同，提盖里努斯是一个意志坚强、为人精明且决心坚定的人。他同样也获得了尼禄的尊重，并且成了值得信赖的内部人物——罗马人很快就会知道这一点，虽然是通过遭殃的方式。

尼禄大部分挥霍无度的开支，都用在了馈赠宫廷亲信和宠儿身上。在尼禄十几岁的时候，他的挥霍方式就已经足够古怪了，这也令他的母亲震惊不已。当阿格里皮娜听说尼禄打算给一个被释奴 1000 万赛斯特斯时，她就把这些钱币堆成一堆，好让自己的儿子看到自己的挥霍。[30]尼禄一直以来都非常想挑衅自己的母亲，他看了一眼那堆钱币，就命令要把赏赐加倍，并说道："我真的没想到，我给的实在是太少了。"最终，尼禄给出的馈赠超过了 21 亿赛斯特斯，以至于尼禄的继任者们试图收回其中的大部分（虽然几乎没有成功）。[31]被释奴阿克提、里拉琴师梅涅克拉特斯（Menecrates）、角斗士斯皮库鲁斯（Spiculus）、放债人潘奈罗斯（Paneros），以及其他许多人都卷走了财富。

而尼禄会按照不同的等级送礼物给自己核心集团里的人，例如塞内加。他们允许尼禄构建义务和勾结的纽带。塔西佗在讨论布列塔尼库斯被暗杀后的财产分配时，对这种馈赠做出了评述。[32]这位史家表示，许多观察家认为，在公众看来，尼禄意识到自己犯下的罪行，于是试图用金钱来赎罪。如果看到良善之人收受了他的犯罪所得，那么自己犯下的罪过也就不那么十恶不赦了。

多年来，塞内加收了许多这样的礼物。花园、别墅和庄园地产，其中的一些可能原本属于布列塔尼库斯，这些馈赠使他变得异常富有。而一旦塞内加接受了这些馈赠，那么他就成了用粗暴方法获得这些资产的恶行的帮凶。从塞内加于公元 50 年代末到 60 年代初发表的一篇论著《论恩惠》（*De Beneficiis*，又译作《论益处》）中，就可以看到塞内加一直试图解决这个问题，而这篇论著就是他对于给予和接受的漫长沉思。

拉丁文 "beneficium" 涵盖了 "礼物"、"善行" 和 "恩惠" 的概念。塞内加将这一概念作为一块棱镜，用以审视各种社会关系，包括商业关系、友谊以及政治关系。对他来说，128

给予必须是善意的，要出于慷慨甚至是爱。他一次又一次地援引自然与神作为典范，这些典范让人获取了滋养，却无法弄清自己到底亏欠了什么。塞内加坚持认为，我们为自己的同胞行善的目的应该就是模仿众神。

《论恩惠》是一部长篇大作，也是塞内加对单一主题所进行的最长论述。它交织于诸多主题之中，其中一些主题与作者自身的情况密切相关[33]——尽管有相关性，但塞内加一如既往地采用了含蓄的表达方式。

塞内加需要处理的一个问题便是国王和暴君僭主的礼物，这些礼物既不能被拒绝，也无法期待回馈。塞内加回忆道，苏格拉底曾被邀请列席马其顿国王的宫廷，他却拒绝了，他给出的理由是，倘若他接受了，那他就无法回馈王室的慷慨。塞内加对苏格拉底表达了钦佩之情，因为苏格拉底避免了其所谓的"自愿被人奴役"的生活。人们可以感受到，塞内加在谈论苏格拉底时，就像在《论幸福生活》中一样，其实是在谈论他自己。

在这里，塞内加设想了一种反对意见："如果苏格拉底想要拒绝（国王的礼物），他就可以做到。"然而，他就像是代表自己回答一样：国王无法忍受被这样对待，他会认为这是对方蔑视自己的标志。塞内加表示："不管你是拒绝给国王礼物，还是拒绝接受国王的礼物，这都没有区别，因为他会把这两者都当作拒绝。"这点对他来说似乎十分重要，因为塞内加自己所获的财富——其中大部分都是为尼禄效力而获得的——遭到了他人的猛烈抨击。塞内加明确表示，拒绝这样的奖赏将是危险的行为。

根据塞内加在论著中的定义，尼禄的捐赠并不是一种恩惠或一种慷慨的行为，而是一种维护权力和强加义务的手段。在公元 60 年代初，塞内加前所未有地感受到了这份责任的重量，他开始寻找一种减轻自己负担的方法。诚如我们所见，在公元 62 年，他将试图放弃自己所拥有的一切，并重新获得自主权。如果尼禄的付出，让他成了俘虏，那么或许他可以通过回馈来让自己获得解放。

然而，在此之前，塞内加和其他廷臣还需要处理一场外交 129 政策危机，这是罗马数十年来面临的最严重的危机。对塞内加来说，这也是一场严重的危机，因为许多罗马人，无论他们的看法是对是错，都认为是他造成了这场危机。

在英格兰东部浓雾弥漫的峡谷中，爱西尼（Iceni）的武士女王布狄卡（Boudicca）[34]正在召集一支强大的军队，决定终结罗马人的统治。在她的手下，8 万多名罗马人和他们的盟友很快就会惨遭杀戮，而罗马军队也险些遭遇一场史诗般的灾难。如果不是布狄卡的对手苏埃托尼乌斯·保里努斯（Suetonius Paulinus）钢铁一般的决心，罗马很可能就会把不列颠从其帝国的版图中移除，并且再也不会踏足那里，从而放弃上一代元首克劳狄乌斯取得并大肆庆祝过的、引以为豪的成就。

布狄卡率领的叛军选择了一个恰当的时机来发动袭击。[35]当时保里努斯正率领着驻扎在不列颠的四支罗马军团中的两支，离开大陆进攻莫纳岛（Mona），这座毗邻威尔士的岛屿现在被称为安格尔西岛（Anglesey）。一些年迈的退伍军人及其家属就定居在卡姆罗杜努姆（Camulodunum，又译作卡木洛杜努姆、坎努罗杜努姆，即现今的科尔切斯特）的城镇中，有人发出警告说灾祸即将降临，而这些居民却无能为力：这里没有城墙，也没有防御工事，因为之前从来没有营建的必要。一些居民躲进了卡姆罗杜努姆最为安全的建筑——圣克劳狄乌斯神庙[36]中寻求庇护，他们在那里坚守了两天。然而，已经成神的克劳狄乌斯并不是一位称职的战士，比他当皇帝时逊色不少。卡姆罗杜努姆最终还是被摧毁了，城镇的居民也死在了刀刃之下。一支从北方150英里之外的林杜姆（Lindum，即现今的林肯）开拔、驰援解围的军团，也在途中被叛军击溃了。

这场灾难的消息很快就传到了正在威尔士的保里努斯那里，假如他就此开始建造准备撤退的船只，那么他麾下的许多士兵都会对他无比感激。如今的形势非常严峻，而且即将变得更加糟糕，因为保里努斯最抱有希望的援军——驻扎在罗马不列颠行省西部的第九军团——在他重返南方时拒绝与他会合。贸然进入这片杀戮地带似乎就是自杀，因为在那里，人数远超罗马人的叛军已经表明，他们对生俘完全不感兴趣。

130 　　保里努斯不畏艰险，带着自己的部队穿过敌人控制的土地来到伦丁尼姆（Londinium，即现今的伦敦）。他安全抵达目的地，并没有遭遇布狄卡的军队，但他还是决绝地表示自己无法保卫泰晤士河上庞大而没有围墙拱卫的贸易集市。那些能够骑马或者参与作战的罗马商人随着军团纵队撤离，然而成千上万的人被留在了后面，虽然在保里努斯下令行军的同时，他们曾乞求获得保里努斯的帮助。而不列颠人很快就让这些商人感受到了深深的恐惧，就像卡姆罗杜努姆的老兵们曾经经历的那样。他们认为没有必要扣留人质：假如他们的起义成功了，那么他们就会得到自己想要的一切；而如果起义失败了，那么罗马也就不会费心去和他们谈判了。

当布狄卡逼近保里努斯军队的时候，在她看来，自己已是胜券在握。在经过了一连串的屠杀和一次值得称道的野战胜利之后，她的军队在数量上占据着绝对的优势，与罗马人的人数比例大约是 20∶1。假如狄奥笔下的她所发表的长篇大论[37]的确属实的话，那么在她看来，罗马人就是一个堕落的民族，在战争中根本无法抵御不列颠人。或许她还听闻过尼禄最近举办的歌唱表演，诚如狄奥所述，她将此看作对手勇气的证明。"他们只不过是一位里拉琴演奏者的奴隶，而且那还是一个拙劣的演奏者。"根据传闻，她是这样对自己的士兵们说的，不过她似乎不太可能把对敌手的谩骂和对音乐的批评混为一谈。

然而，过度的自信让布狄卡变得冒失鲁莽。她在保里努斯选定的战场上接受了战斗邀约，那里有树林和高地保护着罗马人的侧翼和后方。她让自己的士兵们带着他们的妻子一起观看预想中的罗马人的溃败，将家眷安置在一排马车当中，环绕着自己部队的后方。不列颠人率先出击，罗马人在投掷完标枪之后也发起了冲锋。

布狄卡派出了自己麾下的战车，那些战车就是他们那个时代的坦克，但是这些战车的驭者并没有铠甲护身，很容易就会被瞄准的箭矢射中。罗马军队的纪律，一直都是罗马最重要的军事资产，并且在不列颠人的战斧下依旧得到了保持。正如狄奥所记载的那样，这场战斗可能持续了一整天；也可能像塔西佗所说的那样，只持续了很短的时间。然而，战斗的最终结果是无比明确的。布狄卡的部队纷纷掉转方向，试图逃跑，而此时他们却发现自己已经被己方观战的马车车队和那些被标枪击毙之人的尸体给困住了。

在这场血腥杀戮结束之前，布狄卡军队便已损失了惊人的 8 万人，这些战死者用生命偿还了罗马人的命债。叛乱很快就被镇压了，罗马人又恢复了对不列颠的控制。布狄卡逃回了自己的家乡，根据塔西佗的描述，她在那里选择服毒自杀，或者按照狄奥的说法，她是死于疾病。

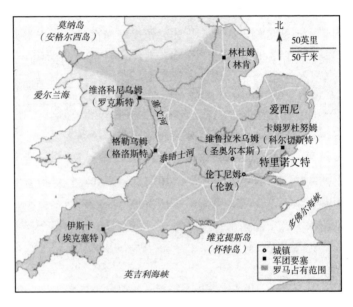

布狄卡叛乱时期的罗马不列颠行省

新征召的罗马军队蜂拥渡过海峡，大肆蹂躏叛军的土地。不列颠人早已因饥荒而精疲力竭，因为行军的战士没有机会播种下一季的作物。爱西尼人将自己的犁头锻造成了剑，并且认为自己很快就能吃上从罗马缴获的粮食。总之，在一年之内，英格兰地区有成千上万人饿毙，这也是自罗马帝国统治以来遭受的最为严重的灾难。

事后，罗马官方开始追究这场灾难的原因，一些人认为塞内加才是罪魁祸首。

根据狄奥的描述，在叛乱开始之前，塞内加突然要求不列颠部落首领们偿还他放出的贷款，事发突然并且给出的条件十分苛刻。这导致许多不列颠人破产，而另外一些人则饱受负责管理该地区的腐败的财务官员德奇亚努斯·卡图斯（Decianus Catus）的压榨。狄奥认为，卡图斯和塞内加一同将不列颠人逼入绝境，使他们在掀起反抗的时候已经没有什么可以再失去了。相比之下，塔西佗并没有提及塞内加在不列颠的放贷之举，尽管他证实了卡图斯在不列颠因为贪得无厌而树敌无数。在塔西佗看来，这场冲突的主要导火索是罗马人对布狄卡的鞭笞惩罚和对她女儿的奸淫恶行，这些罪行之所以被犯下，都是因为傲慢的罗马军队对不列颠部落的轻蔑。

狄奥对塞内加怀有敌意是众所周知的，不过现代一些历史学家也开始相信狄奥对布狄卡叛乱缘起的描述。[38]有人甚至巧妙地把它与苏维托尼乌斯的一份记载联系了起来，该记载宣称尼禄一度考虑从不列颠撤军，缩小帝国的版图。[39]苏维托尼乌斯并没有给出大概的时间范围，不过尼禄只有在叛乱爆发之前才会有这样的想法，因为在叛乱期间或者叛乱之后，贸然放弃不列颠会给罗马带来巨大的危险。[40]假如尼禄在公元50年代后期真的曾经对是否继续维持罗马对不列颠的统治产生过怀疑的话，那么那些知情人士肯定会赶紧收回自己投出的筹码。而根据这一理论，这场叛乱是由一桩精心盘算的内幕交易引发的。

塞内加真的因为自己过度牟取暴利而引发了罗马最为严重的地方叛乱吗？答案取决于人们的选择，一边是狄奥所希望展现的塞内加最为不堪的一面，而另一边则是塔西佗更为复杂的评价——这也是我们在很多时候需要面临的选择。我们知道，塞内加以息放贷，并且操持着一个庞大的金融帝国；我们也知道，反叛的不列颠人饱受债务之苦。两者之间是否存在联系，

132

最终取决于主观的判断。

在塞内加现存的著作中，他没有提到这场发生在不列颠的灾难。但在他的《论恩惠》一文中，他似乎异乎寻常地关注放债的话题，而这部作品可能就是在叛乱开始之后创作的。

塞内加在《论恩惠》中明确指出，有息借贷是一种特殊的给予与接受的关系，有其自身固有的规则。在某些时候，他会强调这些规则的公平性，或者他会坚持债权人所享有的权利。听上去他似乎很满足于成为这些放贷者中的一员，而且如果有必要的话，他也会收回放出的贷款。但在另外一些时候，他也会用一位伪托的人物——苏尼翁的德米特里乌斯（Demetrius of Sunium）的声音，严厉斥责整个有息借贷的项目。

133　　　德米特里乌斯是希腊犬儒派哲学家，在塞内加生活的时代曾来到罗马教书育人。他的风趣机智和强烈的禁欲主义都给塞内加留下了深刻的印象，两人也成了朋友。塞内加也经常用"我们的德米特里乌斯"来称呼他。塞内加似乎把德米特里乌斯看作当代的苏格拉底或者小加图——一个他向往的最佳自我典范，或者是对自己本来可能成为的形象的一种悲哀的提醒。

在《论恩惠》的结尾，塞内加给德米特里乌斯安排了两篇长篇演说，就像他之前安排给苏格拉底的一样，他把德米特里乌斯作为自己发表意见的幌子。而他的第二个演说严厉地抨击了财富之罪恶，尤其是通过放贷而获得的财富。"除了那些用来满足人类超越自然界限的贪欲的名字之外，这些东西是什么？何为'债务'，何为'账本'，何为'利息'？"这位怒不可遏的犬儒派学者问道，"什么是'账目'，什么又是'计算'？还有那些待价而沽的时间，还有那一成资本带来的盘剥率？这些都是我们为自己选择的邪恶……那毫无用处的贪婪之梦。"

塞内加经常通过对掩人耳目的面具和伪托人物的使用，在其散文作品中提出问题，而在这里体现得尤为突出。德米特里乌斯，这样一位因蔑视财富而广受尊敬之人，饱含恶意地攻击了塞内加增加自己财富的做法。然而，也正是塞内加把德米特里乌斯带到了台上，让他发声。塞内加对自己喉舌的选取似乎就是一种自我惩罚，就像另外一位著名的安贫乐道之人苏格拉底被塞内加所选中，在《论幸福生活》中为自己的财富辩护时一样，或者就像塞内加在该文中如同通过扩音器一样放大敌人对自己的指控一般。

不列颠的叛乱，以及高利贷在其中所扮演的角色，究竟在多大程度上决定了《论恩惠》的反常结尾呢？这个问题将我们置于政治学和心理学的十字路口，让我们不确定到底该走哪条路。塞内加逃避责难的方式，是不是装作和那些最为严厉的批评者一样，假装自己也对放贷不屑一顾呢？又或者，他是在当众鞭笞自己，以宽慰自己那已被 20 万条人命压得喘不过气来的良心？

不列颠的叛乱已成往事，帝国又恢复了一段时间的太平。　134
仅仅四年后，一场新的暴动爆发了，而这次是在帝国东部，由受够了罗马监工虐待的犹太人发起。然而，到了那个紧要关头，尼禄麾下的大部分高级幕僚都已经过世。第一个逝世的是禁卫军长官阿弗拉尼乌斯·布路斯，他在公元 62 年病倒并最终病逝。

这八年来，塞内加一直与布路斯密切合作，布路斯是一位尊重塞内加的判断力和价值观的政治盟友。在阅读塞内加的散文作品时，我们很容易忘记这种伙伴关系，因为他只在《论仁慈》中提到过布路斯一次，[41] 而且与主题也并不相关。但是毫无疑问，布路斯是塞内加在宫廷中亲密无间的合作伙伴。通过在与尼禄的密议中相互扶持，塞内加和布路斯已经能够驾驭他们的元首，抑制他那最糟糕的冲动，并且根据一些史家的判断，两人甚至以尼禄的名义管理这个帝国。

布路斯病倒了，他的喉咙肿胀疼痛，可能是罹患了肿瘤，这甚至可能让他窒息。[42] 尼禄派去了一名医生，后者用药膏涂抹布路斯肿胀的部位，尽管一些古代文献认为他涂抹的其实是毒药。他们表示，布路斯使用了这种药物，并且立即发现了其中含有的毒性。当尼禄走进布路斯的病房，询问他的健康状况时，布路斯转过脸去，严肃地回答道："我一切都很好。"这与其君主的堕落之状形成了含蓄的对比。

尼禄最终成了布路斯宅邸的主人，这可能也印证了就是他毒害了布路斯的说法。[43] 尼禄需要金钱来贴补自己的帝国，同时也贴补他自己奢侈的生活，这使他难以静候那些立遗嘱者自然死亡。据狄奥和苏维托尼乌斯所述，三年之前他也曾对自己富有的姑妈多米提娅做过同样的事。[44] 年老、虚弱且蒙受消化道阻塞之苦的多米提娅迟迟没有死去，直到尼禄下令让为她治疗的医生给她服用足以致命的过量药物，她方才逝去。多米提娅的产业很快就会落到尼禄的手里，然而他自己的开支还在迅速增加。

无论是不是由尼禄一手造成的，布路斯的死对塞内加来说都是一场灾难。禁卫军的指挥权像克劳狄乌斯统治时期一样一分为二，被授予给了法伊尼乌斯·路福斯和欧弗尼乌斯·提盖

里努斯。第一位是一个信誉良好的公仆，有着纤尘不染的履 135
历；但第二位是塞内加有理由感到害怕的人。

作为一个生性多疑的曾经的贩马商，提盖里努斯之所以受
到青睐，是因为他具有和尼禄相似的浮华炫耀、自我放纵以及
对战车赛道的热爱。为了迎合皇帝对享乐的迷恋，以及对篡位
者的恐惧，提盖里努斯将塞内加及其他斯多葛派学者妖魔化
了，将他们说成是高尚的训斥者，而他们的傲慢使他们变得危
险。[45]由于提盖里努斯的存在，塞内加便在宫廷中多了一个新
的敌人，这个敌人与皇帝自身的里比多（libido）①结盟，对
抗那些体现其超我（superego）的人。

受到禁卫军长官人事变动的鼓舞，塞内加的敌人们开始肆
无忌惮地发起攻击。[46]四年前，苏伊里乌斯曾对塞内加发起了
一项无效的控诉，指责塞内加如此富有是不合适的，而现在这
项控诉却引发了更多的关注。塞内加拥有的财富被放大为一种
政治与个人野心，即一种与尼禄相抗衡的渴望。塞内加不正是
尼禄现在希望成为的诗人吗？他不是在试图压制尼禄歌唱的时
候，令自己的艺术得以提升吗？他不是美化了自己的花圃和庄
园，让它们比尼禄的花圃与庄园更加光彩夺目吗？

塞内加在宫廷的地位正遭受严重的侵蚀，尼禄治下的首都
亦是如此。而皇帝经常需要金钱的情况，给塞内加指明了一条
逃出皇宫桎梏的道路。

塞内加的资产十分丰厚，而且考虑到他朴素的生活方式，
这就远远超过了他自己的需要。现在与其说那是一种资产，倒

---

① 里比多指的是与性冲动相关的生理或者心理能量。该概念由弗洛伊德所
创设，他认为里比多不仅与性冲动有关，还与人类的建设性活动相关。
他相信精神疾病是里比多导向错误或受到压抑的结果。

不如说那是一种危险，因为它给控告者们提供了绝佳的目标。无论如何，塞内加最后至少会损失其中的一半，因为像他这样地位的人，通常会把那一部分资产奉献给自己的元首，希望元首允许剩余的资产不遭受掠夺，从而顺利地传给自己的继承人。

塞内加没有坐以待毙，而是选择了先发制人。他可以把自己所有的筹码统统变现——将自己的全部财产都献给尼禄——以换取顺利地从皇室中抽身而退。他可以花钱使自己从政治旋涡中脱身，即使这么做会耗费他 5 亿赛斯特斯。

塔西佗记录了塞内加提出这桩交易的谈话。但是塔西佗使用了何种史料，而他又对这些史料进行了多少修饰，我们均无从得知。整个场景甚至可能是凭空捏造的。但是不管怎样，塔西佗为这次君臣交锋留名于史做出了令人难忘的贡献。双方冷淡地谨守礼节，塞内加小心翼翼地阿谀奉承，尼禄则对塞内加假意尊重，双方的每一句话都包藏着不信任——这些因素结合在一起，构成了一出精彩的政治话剧。

根据塔西佗的叙述，塞内加开始援引历史上的先例。奥古斯都允许自己最亲近的两位副手阿格里帕和梅塞纳斯（Maecenas，又译作迈凯纳斯）从自己手下退休。他们已经为皇帝鞠躬尽瘁，因而得到了丰厚的回报；"但为了报答您的慷慨，除了学识这种默默训练出来的东西，我还能给您什么呢？"然后塞内加审视了自己在为尼禄效力的过程中所获得的一切：他只是一名来自科尔多瓦的骑士，却已经荣升到权力与财富的顶层。然而，他表示，自己已经老了，而自己拥有的财产是一份令人厌倦的负担。他那花在花圃与别墅上的时间，还不如花在照料自己的灵魂上。尼禄的统治已然十分稳固，他拥有的力量足以应付任何挑战。因此尼禄可以放塞内加归去。

尼禄在自己回答的开头则毕恭毕敬地表示，他的雄辩之术要归功于自己往日的导师塞内加，但是他并不打算接受塞内加的推论。从奥古斯都宫廷里退休的阿格里帕和梅塞纳斯都已经太过年迈，所以无法再效力了，而塞内加则不同，他仍然有很多东西可以奉献。而且他们也从未归还过奥古斯都给他们的馈赠。尼禄谦虚地表示自己仍然需要导师的协助："如果我在青春之路上遇到下坡或者路滑的情况，为什么你不叫我回头呢？"

接着尼禄转向了一个更为突出的问题："如果你把金钱还给我，别人不会议论你的节制，而是会议论我的贪婪；如果你离开了自己的元首，人们就会议论你对我的残酷感到恐惧。你的自我克制会得到极大的褒扬；但是一位智者仍然不应该从一件会损害他朋友的令名的行动中取得信誉。"

如果尼禄真的是这么说的话，那么他就表达了一开始就暗示的东西：塞内加的尊严与地位是其政权统治的重要资产。而塞内加现在无法撤回这些资产，也无法用现金回购，否则就会对政权造成严重的伤害。塞内加被自己铸造的道德情操的枷锁所束缚，他必须把这出戏给演完。

据塔西佗所述，对话结束的时候与对话开始时一样：双方通过虚情假意努力地维持着表象。尼禄拥抱、亲吻了这个刚刚被他判处了无法安享晚年的人。塔西佗表示，塞内加对廷臣的困境有了令人不寒而栗的洞见："他表达了自己的谢意，就像他每次与自己的主人结束谈话时那样。"于是，两人终于分道扬镳了。他们的友谊，如果在此之前还算完好无损的话，那么现在就已经结束了。

137

提盖里努斯已经取代布路斯成了禁卫军的长官。现在，他还取代了塞内加，成了"元首之友"，这是一个集高级顾问、幕僚长官与贴己挚友于一身的非正式职位。这种转变，不仅对塞内加本人，也对尼禄那饱受摧残、不受宠爱、几被抛弃的妻子——克劳狄乌斯的女儿屋大维娅造成了严重的恶果。

尼禄痛恨自己和这个20岁出头的高尚女子的婚姻。三年来，他一直和波培娅行苟且之事，而波培娅明显比屋大维娅更加适合他的口味。然而，他的高级顾问们都采取了阿格里皮娜曾经采取的方法，一直禁止他更换妻子。每当他和布路斯商量与屋大维娅离婚的事宜时，这位直言不讳的军人都只是报以嘲笑。"哦，当然，你可一定要把她的嫁妆归还给她。"[47]他如是说道，意指元首之位本身。布路斯认为，与屋大维娅的婚姻，给尼禄带来了宝贵的即位合法性。

而这时，屋大维娅在罗马人眼中焕发了新的光彩。这个女孩所遭受的困境和自身具有的气质帮她赢得了旁观者的同情，她的气质也符合人们对于高尚女性的标准。与其他皇室女眷不同的是，屋大维娅既不追求权力，也不寻欢作乐，而是似乎满足于自己担负的任务——诞下一位皇位继承人——而这点到目前为止还没有完成。

如果我们可以从《屋大维娅》这出佚名创作的以那个年轻女孩的悲剧为中心的罗马戏剧中做出判断的话，那么塞内加也曾敦促尼禄维系自己的婚姻。这位创作者也可能基于一手资料，这些资料讲述了公元62年深宫内院中发生的事情，因而提供了令人惊异的洞见。在一个关键的场景中，塞内加与尼禄在台上进行了亲密甚至是温柔的交流。

尼禄此时已经开始憎恨屋大维娅了，但他向塞内加承认，
自己并非一直如此。他以令人惊讶的坦率说出，自己的仇恨来　138
源于所遭受的拒绝，而塞内加则试图让他摆脱过去情感上受到
的伤害。

尼禄：我的妻子从来没有把自己的心和我连在一起。

塞内加：她正处于青春年华，羞涩胜过爱情，它掩盖
了青春热情，使爱情不能充分展示出来。

尼禄：我自己也相信这一点，并且期待良久——然而
事实并非如此。

她那冷漠的、满怀抗拒的心以及她那表情，都传达了
一个明确的信息：她对我嗤之以鼻。

而我所遭受的灼痛，终于促使我决定进行报复。

目睹了两人之间无法弥补的裂痕所带来的危险，塞内加勇
敢地试图捍卫屋大维娅的事业。但是事实证明，波培娅的诱
惑——这位剧作家将其与生育和欲望的原始力量联系在了一
起——让他的据理力争变得举步维艰。这两位女性，就像是著
名的哲学寓言中的两条通往幸福的道路：一条陡峭而艰辛，却
能带来持久的回报；而另一条则平坦、轻松却转瞬即逝。尼禄
从来都不是一个会选择艰辛之路的人。

随着该幕场景的结束，暴躁任性的元首同时拒绝了屋大维　139
娅与塞内加。他早已受够了约束：

请别再要挟我了；你已是严厉过了头。

就让我去享受塞内加竭力反对的那些事情吧。

这段对话是虚构的，但是其中的见解听起来无比真实。塞内加一直在捍卫元首统治的庄严，并且迫使尼禄远离战车和剧场舞台。屋大维娅举止庄重，出身高贵，表现出同样的庄严，尤其是当她与波培娅形成对比之时更是如此。塞内加注定支持屋大维娅，但是这样做的话，会使塞内加与阿格里皮娜逝去的幽魂站在同一条战线上。尼禄已经摆脱了自己的母亲；而他现在也听不进自己"亚父"的话了。这就给他那深陷困境的妻子带来了危险。

在公元 62 年的春天，大约就在布路斯逝世的时候，尼禄得知波培娅怀孕了。这则消息令元首大为震惊，并决定采取行动。[48]他下定决心要摆脱屋大维娅，册封波培娅为皇后。尼禄很清楚罗马人憎恶波培娅，但是一旦她诞下了未来的元首，人们就会接受她，而且重新认可他自己。

不过，在尼禄打算离婚并且再婚之前，他还有一些皇朝事务要去处理。

> 照我说的去做。派人把普劳图斯和苏拉的头颅拿来给我。[49]

这是尼禄在《屋大维娅》中登场时所说的话，这样的亮相在刻画人物的大胆程度上，可以与莎士比亚笔下的理查三世相媲美。假如我们相信塔西佗所言，那么尼禄其实并不像这几行台词所描述的那样是一个决心坚定的领袖。尽管如此，在提盖里努斯的强烈怂恿之下，尼禄还是决定在公元 62 年的春天除掉自己最为显赫的两个表兄弟。尼禄也清楚，因为自己很可能会和备受拥戴的屋大维娅离婚，所以如果他就此失去了民众的支持的话，罗马人就会转而支持他的表兄弟。

路贝里乌斯·普劳图斯是提比略皇帝与奥古斯都姐姐的后 　140
裔，长期以来一直被尼禄视为一个威胁。在公元 55 年，一则
关于阿格里皮娜准备嫁给普劳图斯的谣言使元首陷入了恐慌。
而五年之后，当一颗彗星出现的时候，在很多罗马人看来，这
预示着统治者的更迭，于是所有的目光都投向了普劳图斯。于
是，尼禄写信给普劳图斯，要求他离开意大利，到他自己在安
纳托利亚的家族庄园中去。普劳图斯顺从地答应了。所以他在
公元 62 年的时候就已经离开了罗马，然而尼禄并没有忘记他。

福斯图斯·苏拉也是奥古斯都姐姐的后裔，同时也是伟大
的卢修斯·科尔内利乌斯·苏拉的后代。卢修斯·科尔内利乌
斯·苏拉是一位军事传奇人物，在他死后的一个多世纪，他的
姓氏仍然具有强大的影响力。苏拉也长期令尼禄疑心不已，而
他也像普劳图斯一样因此遭到了驱逐。在过去的四年中，他一
直住在马赛利亚（Massilia，如今的法国马赛），因为一项捏造
的指控而遭到了流放。苏拉流落他乡时，并没有做过任何引发
恐慌的事情。但是他的血统让他十分具有威胁，提盖里努斯对
尼禄如是说。高卢军团也可能会受到这位苏拉的鼓动而掀起
叛乱。

尼禄已经近距离目睹了自己的一个兄弟的死亡，他也曾让
自己的母亲登上了暗藏杀机的船只。遥控下令执行暗杀任务是
相对比较容易的，尤其此时尼禄的麾下已经有了新上任的禁卫
军长官提盖里努斯。一支暗杀部队被派往马赛利亚，乘坐着一
艘航速足以超越任何给苏拉预警讯息的船。士兵们只用了五天
就走完了 400 英里的路程。[50] 当他们抵达时，苏拉正愉悦地斜
倚在宴会桌旁，完全没有料到自己会受到伤害。士兵们把苏拉

击倒，并且砍下了他的头颅以备运往罗马。

但是，尼禄想要杀掉普劳图斯就比较困难了，因为通往亚细亚的道路更为漫长，所以他无法做到出其不意。普劳图斯的岳父不知如何听闻了即将发动突袭的风声，便给普劳图斯捎了个信，让他采取行动。[51]信中表示，东方的军队将集结在普劳图斯的一边，从而推翻尼禄。这个场景实在是令人难以置信，但到最后，普劳图斯只是选择坐以待毙，他只集结了一支60人组成的武装部队。或许他认为这样可以保护自己的妻子和孩子[52]，又或者他的斯多葛学派的导师们——包括伟大的伊特鲁里亚圣哲穆索尼乌斯·鲁弗斯（Musonius Rufus）——让他相信平静的结局好过绝望而危险的抗争。

141 　　随着两次利刃出鞘，尼禄极大地加强了自己对权力的掌控。他向元老院递交了一份报告，称苏拉和普劳图斯都是有害于国家的危险人物，但他并没有说这两位已经被杀死。元老们假装不知道更多的事情，选择投票赞成将这两人逐出自己的队伍。尼禄又一次实施谋杀而被判无罪。

经过四年的等待，尼禄终于准备换掉自己的旧妻。但他没有考虑到屋大维娅是那样备受民众的爱戴。他憎恶的皇后在罗马街头成了一位受到狂热追捧的人物。在民众的心目中，屋大维娅代表着一种可能已经存在或可能再次出现的更为纯洁、更加高贵的元首制度。

尼禄以屋大维娅犯了通奸罪来为自己提出的离婚进行辩护。在波培娅和提盖里努斯的协助下，尼禄强逼一个埃及的长笛演奏者宣誓做证，说他曾与皇后同床共枕。然而，愤怒的屋大维娅的支持者开始聚集在公共广场上。

尼禄动摇了。他甚至似乎改变了主意，或者有传言表示他已经改变了主意，心怀感激的人群变得癫狂起来，在广场上竖立起屋大维娅的雕像，同时摧毁了波培娅的雕像。一些狂欢者甚至一度接近宫殿，但又被禁卫军击退。这让波培娅有理由认为一场革命即将到来。[53] 她坚持认为，如果屋大维娅继续存在，那么将对国家构成威胁。

尼禄似乎注定要犯下两次罪行，这样的话所有的人都会注意到他犯罪的事实。掌管米塞努姆海军基地的希腊被释奴阿尼凯图斯两度袭击阿格里皮娜，最终才将她杀死。现在尼禄需要再次控诉屋大维娅，于是他再次求助于自己最为忠诚的暴徒阿尼凯图斯。尼禄只需要阿尼凯图斯承认自己曾与屋大维娅同床共枕，而阿尼凯图斯必须受到惩罚，但是尼禄发誓自己只会进行温和的斥责，然后把他流放到一个舒适的地方，并且用一笔巨大的秘密犒赏来减轻惩罚。[54]

因为阿尼凯图斯所处的位置，屋大维娅所谓的不忠被描绘成一种对权力的渴求，即她企图收买米塞努姆的舰队。尼禄不顾这一切是否属实，把自己的妻子塑造成了一个篡权者，如同第二个阿格里皮娜。这足以从元老院那里获得强制驱逐的判决。

屋大维娅被遣往潘达特里亚（Pandateria，又译作潘达特瑞亚），那是庞廷群岛中一座只有一英里见方、饱受海浪洗礼的小岛。她最大的希望就是在那里度过自己的一生，被软禁在一座豪华的别墅中。[55] 然而，其他登上那块可怕岩岛的皇室女性，在这远离自己支持者耳目的地方，已经惨遭杀害。这是一个可以悄悄处置难以控制的女性的地方。

《屋大维娅》的作者以女主人公遭受驱逐的剧情结束了他的剧作。这是一个扣人心弦的场景，仿照欧里庇得斯

142

（Euripides）笔下著名的伊菲革涅亚（Iphigenia）——那是一位不畏死亡的年轻女子——的形象加以塑造。当船只前来带走屋大维娅时，她欣然接受了自己的命运：

> 我为什么要踌躇耽搁？带我步入毁灭吧。
> 装上桅杆，扬帆启航，迎风破浪，方向笔直，
> 驶向那潘达特里亚的彼岸。

屋大维娅离开时既没有诅咒尼禄，也没有诅咒抓捕她的人，然而奇怪的是，她却诅咒了自己的父亲克劳狄乌斯。即将迈向死亡的时候，她仿佛看到正是迎娶阿格里皮娜的克劳狄乌斯，亲手开启了这一切，最终导致她走到了这一步。[56]

塔西佗的《编年史》为这出戏剧提供了一个更为残酷的结局。在屋大维娅抵达潘达特里亚的数天之后，刽子手们便尾随而至。当看到军队出现之时，这个女孩陷入了绝望。当士兵们要把她绑起来时，她哀求着，坚称自己现在已无丈夫，只是尼禄的一个姊妹。她呼告着自己拥有日耳曼尼库斯家族的血统。最后，她又以已经逝去三年的阿格里皮娜的名义向士兵们发出恳求。

然而，所有的恳求都是徒劳的。士兵们切开了屋大维娅的血管，希望保留其自杀的假象，不过她的血液流失得并不够快。最后，士兵们把她密封在一间充满蒸汽的房间里，直至她窒息死去。

在罗马新皇后波培娅的要求之下，屋大维娅的头颅被用剑砍了下来，像普劳图斯和苏拉的头颅一样，被送到了尼禄的宫殿里。

第六章　屠杀
（公元 62～64 年）

那些在公元 49 年元旦，为了参加克劳狄乌斯和阿格里皮 143
娜的婚礼而欢聚一堂的家族成员，如今几乎无人幸存。克劳狄
乌斯本人逝去了，他的儿子布列塔尼库斯和女儿屋大维娅也丢
了性命。阿格里皮娜也魂归冥府，将永世遭受被自己杀死的丈
夫的折磨（至少她的鬼魂在剧作《屋大维娅》中是被这样安
排的）。尼禄杀掉了自己的直系亲属，又将魔爪伸向自己的表
兄弟，他杀掉了普劳图斯和苏拉，尽管他的两位远亲——戴奇
姆斯·西拉努斯·托尔克瓦图斯（Decimus Silanus Torquatus）
及其小外甥卢修斯（Lucius）尚且健在，他们也是奥古斯都除
了尼禄之外的最后一批直系后裔。

14 年前管理皇宫的被释奴们也不见了踪影。纳尔奇苏斯
和帕拉斯都被杀掉了。前者是被阿格里皮娜杀死的，而后者则
是被贪图其地产的尼禄给毒死的。[1]就连元首最喜欢与其一起玩
粗野性爱游戏的宠臣多律弗路斯（Doryphorus），也因为自己
对屋大维娅表现出太多好感而被处死。[2]新的宫廷宠儿出现了，
填补了尼禄身边的空缺：那就是角斗士斯皮库鲁斯、里拉琴师
梅涅克拉特斯，以及宦官佩拉冈（Pelagon）。

而不久之前赤胆忠心的禁卫军长官布路斯的逝世，造成了 144
重大的影响。这位脾气火暴的老兵是少数敢于反抗尼禄的人之

一，他总是会直言不讳，而当元首要求他重新考虑的时候，他就会对元首说："我已经告诉过你了，不要再问我第二次。"[3]然而，布路斯的替代者提盖里努斯却采取了相反的策略，纵容尼禄的所有虚荣心和幻想。提盖里努斯为取悦皇帝而耗费了大量的金钱，并用自己的残忍来为皇帝的权力效力。最重要的是，他支持波培娅，而这个新娘曾经遭到布路斯的反对，也为民众所憎恨，但她给尼禄带来了愉悦，并且即将为他诞下一个孩子。

那些辅佐尼禄开创黄金时代的股肱之臣中，现在唯有塞内加一人尚存。塞内加已然落伍、孤立无援，他徘徊不前，在改组后的政权中并没有明确的角色可以扮演，然而也没有希望抽身离开。阿格里皮娜在很久之前让他担任的职责，即皇帝青年时期的"掌舵人"（rector），现在已经结束了。他之后扮演的诸如高级顾问、演说稿捉刀者、政府看护人、尼禄的良心之声等角色也都是如此。他现在生活在暮色之下，就像一个囚徒，被当初将自己领入皇宫的道德情操给束缚住了。

在塞内加经常游历的历史典范画廊当中，他所遭遇的这种困境是没有先例的。在希腊世界里，哲学家曾被自己试图教导的统治者驱逐、剥夺权利，甚至杀害；没有人违背自己的意愿而强留在宫廷中。唯有屋大维娅，在她倒台之前，提供了一种类似塞内加的情况：身为一个局外人，不能得到元首的喜欢和信任，但也无法获得自由。然而屋大维娅的悲惨结局对塞内加来说可不是好兆头。屋大维娅的逝去使他更难置身事外，因为尼禄无法承受自己同时失去两个最为明显的象征着道德权威的徽章。

逃跑是不可能的，塞内加根本无处可藏。此外，他还要考虑到自己的兄弟迦里奥以及他的侄子——备受推崇的马库斯·路卡努斯（也就是卢坎），他是一位前途远大却又极为脆弱的年轻诗人。此时，他已经出版了史诗《内战纪》的前三卷，而这部辉煌的处女作却对尼禄产生了奇怪的负面影响。[4]既然元首现在也把自己想象成了一位吟游诗人，那么受其庇护的文人们所展现的才华可能不再令其感到骄傲，而是会惹来他的嫉妒与不信任。卢坎需要伯父的保护——如果塞内加还能提供保护的话。

潜藏在安奈乌斯家族以及所有政治精英身上的危险，其实早在公元62年就已经非常清楚了。尼禄放弃了自己面对元老院时所表现的克制，差点因为一点轻微的冒犯而处死罗马副执政官安提司提乌斯·索西亚努斯（Antistius Sosianus）。塞内加和他的侄子一定注意到了，安提司提乌斯·索西亚努斯所犯下的冒犯只是一种文学上的冒犯：他写错了诗。

这起"罪行"发生在一个叫作欧司托里乌斯·司卡普拉（Ostorius Scapula）的人举办的晚宴之上。[5]安提司提乌斯当时肯定是喝醉了酒，然后吟诵出了一些下流的诗句来取笑皇帝。他没有理由害怕遭到惩罚，因为到目前为止，尼禄只会摧残自己的家族。然而，现在尼禄有了提盖里努斯作为副手，而这个人信奉"让他们恨吧，只要他们感到害怕"的原则。在晚宴结束后，提盖里努斯的女婿科苏提亚努斯·卡皮托（Cossutianus Capito）对安提司提乌斯提出了叛国罪的指控。负责审查此类指控的当权者允许此案继续审理。

在克劳狄乌斯统治的艰难岁月结束后，罗马就没有再进行过对所谓叛国罪的审判。这个词让人们想起了那个政权的暴行，以及在此之前卡利古拉时期更为严重的掠夺之举。包罗万

145

象的叛国罪名曾被那些皇帝用来消灭自己的敌人，或者让自己的追随者消灭他们的敌人。如果元首愿意接受的话，那么几乎任何手势或者言语都可以被描绘为叛国罪行。在提比略的统治时期，有一次，一位元老被指控犯有叛国罪，因为他曾经在拿起一只夜壶的时候，手上戴着一枚刻有皇帝肖像的戒指。[6]

"叛国"晚宴的举办者欧司托里乌斯勇敢地保护了安提司提乌斯，发誓他没有听到任何不合时宜的话语。然而，这种努力是徒劳的。令罗马官员大为惊骇的是，安提司提乌斯被判要用一种古老而残忍的方式处死：他的脖子被固定在树杈上，赤裸着身体接受棍棒的殴打。

在元首制度的等级结构之下，倘若没有皇帝的批准，这样的判决是不可能通过的。塔西佗表示，尼禄之所以同意死刑，是因为他打算介入并阻止死刑的实施，从而赢得宽恕的美名。这个故事似乎有一定的道理，但这也正是皇帝在被人发现做得太过火时才会说的话。[7]事实证明，并不是元首，而是一位元老出手救了安提司提乌斯的命，这一举动意义重大。

特拉塞亚·帕伊图斯终于打破了自己迄今为止对尼禄的放纵所保持的沉默。他在元老院上辩称安提司提乌斯应该被流放或者罚没财产，而不是判处死刑。整个元老院都被他的勇气所感动，纷纷表示支持特拉塞亚，投票撤销了死刑判决，转而将安提司提乌斯流放。没有得到尼禄的同意，执政官们不敢批准这个决定，所以他们问皇帝该怎么办。尼禄发了一封赌气任性的信件，告诉元老院按照其意愿行事，他不会干涉其中。尼禄的自尊心遭到了打击，可能是他自己彰显仁慈的计划泡汤了，也可能是——或许更有可能是——他宣示武力的打算落空了。

然而，这并不完全是一个英雄的时刻，因为特拉塞亚在其元老院的演说中小心翼翼地加入了对元首的赞扬。尽管如此，一个历史阶段还是过去了。到目前为止尼禄统治在政治上的平静，元老院和统治者在就职演说中达成的协议被打破了。叛国罪作为一种镇压手段再次被祭出。然而这一击被抵挡住了，尼禄的意志遭到了挫败。这位元首开始更加不信任元老院，而元老院也同样无法再信任元首了。

当塞内加看到这一幕时，他究竟会站在哪一边？特拉塞亚是一位与塞内加志趣相投的人，和他一样都是坚定的斯多葛学者，两人却站在根本原则的对立面。塞内加信奉元首制度下的专制主义，基本上宣称尼禄为国王；而特拉塞亚则是元老院的核心元老。特拉塞亚就像是庆祝独立日一般，庆祝诛杀暴君者布鲁图斯与卡西乌斯的诞辰。[8]塞内加和特拉塞亚都崇敬小加图这位在一个世纪之前选择自杀而非投降的铁骨铮铮的斯多葛哲学践行者。然而，特拉塞亚似乎更倾向于把小加图作为自己的行动指南。

塞内加和特拉塞亚这两位有德之士，在政治或哲学上本可能成为亲密的盟友，却被束缚在各自的道路上，各自走向不同的艰险。倘若他们知道这两条道路最终会汇聚于一处，而某一天一场灭顶之灾将他们俩一同毁灭的话，那么他们一定会惊讶不已。

在尼禄看来，特拉塞亚·帕伊图斯已经开始走向他的对立面了，在公元63年年初，他让整个罗马世界都注意到自己对他的看法。当年1月，他欢庆了自己第一个孩子的出生，他给自己的女儿取名为克劳狄娅（Claudia）。尼禄满怀热情地把整个元老院的元老都请到了安提乌姆（Antium），这里位于罗马以南约20英里，当时波培娅正在那里照顾刚出生的女儿。一

147

如尼禄那挥霍无度的作风，他举办了体育竞技赛事，并为所有列席之人都精心安排了宴会。然而，他却只把一位元老——特拉塞亚·帕伊图斯——排除在了庆祝活动之外。

获得继承者的希望——虽然波培娅还没有诞下儿子，但是这对夫妇已经证明了他们的生育能力——极大地巩固了尼禄的地位，针对特拉塞亚叛国罪的指控可能很快就会到来。毫无疑问，新任禁卫军长官提盖里努斯迫切地想要这么做，因为自己的家族对特拉塞亚积怨已久。五年前，提盖里努斯的女婿科苏提亚努斯·卡皮托——现在作为一名对敌人发起法律控诉的告密者而为现政权效力——因为对一个东部行省的管理不当而遭到元老院训斥，而特拉塞亚就曾协助提出了该项控诉。[9]

科苏提亚努斯本要报复，但还没来得及付诸行动。而尼禄的爱女克劳狄娅却在四个月不到的时候就夭折了。特拉塞亚的命运就此发生了转变。尼禄悲痛欲绝，在痛失一张王牌之后，自己也变得谦卑起来。他突然认识到有必要加强自己与元老院的关系。他毕恭毕敬地与特拉塞亚·帕伊图斯接触。两人同意和解，当然那只是暂时的和解。

这引发了尼禄与塞内加之间的激烈交锋，塔西佗在其对于这段饱受煎熬的关系的点滴记载中，记录下了其中的这一段。[10]尼禄在宫廷中吹嘘自己与特拉塞亚达成了全新的谅解，并且确保塞内加肯定能够听到。这是一种残忍的讥讽，暗示着元首现在会把他的恩惠施予别处，甚至施予另外一位斯多葛的圣哲。然而，塞内加并没有坦然接受这样的侮辱。他回答说，尼禄自己应该为获得这一崭新的友谊而受到祝贺——仿佛获得友谊的是元首，而非特拉塞亚。

"这无疑增加了这些杰出人物身上的荣耀，也增加了他们

面临的危险。"塔西佗观察并预见到了即将终结塞内加与特拉   148
塞亚彼此交织的生命的相同厄运。

塞内加即使以巨额财产为代价也无法辞去职务，尽管如
此，他还是选择用一种安全的方式从宫廷隐退。他不再按照一
位有权有势的政治家的日常作息来生活，每天早上他的房间里
再也看不到成群结队的渴望获得青睐的受庇护人（clientelae）
以及朋友。[11]他鲜有外出，即使外出，也不再有一大群随从跟
随了。塞内加试图在尼禄设定的范围内降低自己的曝光度。

塞内加的写作速度也加快了。现在他有更多的时间去进行
道德反思，也更需要将这些思想发表出来，因为随着尼禄不断
堕落，塞内加的声名也遭到了严重的影响。从公元 62 年开始，
他创作出了数量惊人的作品，其中一些现在已经佚失，而很多
作品仍然得以留存。他那些篇幅最长、最为雄心勃勃的散文作
品都是在这个时期创作的，几乎可以肯定，这些作品也包括那
最令人肝肠寸断的悲剧《梯厄斯忒斯》。[12]此时的塞内加正处于
自己文学创作的巅峰期，仿佛一位快要耗尽自己时间的人一样
在写作——虽然他确实即将面临死亡。

塞内加已经 60 多岁了，他也认识到自己垂垂老矣。他时
常感到寒冷，伴随其一生的呼吸系统疾病耗尽了他的精力，他
声称自己"已经置身老朽之列，即将走到人生的尽头"。[13]塞内
加目所能及之处，都在提醒着他已经进入了生命的最后阶
段——他的暮年（senectus）。他在自己的庄园里转了一圈，
发现一片梧桐树已经长满树瘤、枯萎不堪，他责备一个管理者
没有及时灌溉它们。那个人则抗议说，这些树都太老了，已然
回天乏术。[14]塞内加没有向那个管理者透露，但是向他的读者

们透露，这些树木是他在年轻的时候种下的。

塞内加时常四处奔波，无论是检查自己的财产，还是跟随皇帝和朝廷一起巡视意大利。[15]他大部分时间都待在坎帕尼亚，有的时候也会去富裕的度假城镇巴亚和普提欧里。他还至少去过一次庞贝，当时他正热切地写信给老友路奇里乌斯——后者是庞贝本地人。随着岁月的流逝，或许是因为其他很多朋友已经逝去，塞内加觉得自己与路奇里乌斯愈加亲近了。[16]路奇里乌斯比塞内加略微年轻一些，他受雇于尼禄，帮助皇帝料理其在西西里的土地，而路奇里乌斯则和塞内加有着相同的文学品位与哲学思想。他也是另外一位幸存者，历经麦瑟琳娜和纳尔奇苏斯的折磨，而这两者也是当年迫害塞内加的人。[17]

这些年来，无论塞内加走到哪里，他都在持续创作着他的鸿篇巨制——一套以书信为框架的卓越的道德论说文。这些信表面上是写给路奇里乌斯的，实际上是写给广大读者的。而伪托私密信件给了塞内加在行文结构上的自由，也给了他别致的自由以变换不同的语态、语气与技巧。伦理探究与书信体的融合，为塞内加带来了突破。他把《致路奇里乌斯的信》（*Letters to Lucilius*）写得比他以前写过的任何一篇作品都要长，他对自己的生活与思想的吐露也更为坦率，或者至少看上去是坦率的。

塞内加的一封典型书信往往是从日常生活的某一瞬息开始，然后继续探索自己从那一刻起所产生的见解。例如，在其中的一封信中，塞内加描述了一次去朋友的度假宅邸的旅行，那里是位于普提欧里的一个富庶庄园。[18]

为了从自己的出发地巴亚到达这个宅邸，塞内加需要穿过一个 3 英里长的海湾。尽管远处阴云密布，他还是搭乘了一条租来的小船出发了。塞内加希望自己能够战胜风暴，他告诉舵手要节省时间，不要紧贴海岸，而是选择走直路。然而，那只会让他在风开始刮起来的时候，涉入更深更为开阔的水域。船行半途，已然没有回头的余地了，塞内加发现自己陷入了起伏的波涛之中。一种令他无法忍受的状况，也就是晕船，开始折磨他，而且他发现自己并不能通过呕吐来减轻痛苦。

塞内加惊慌失措，催促舵手改变航向，向最近的海岸驶去，然而那是一处没有锚地的崎岖海岸线。舵手表示，船只不能靠近那些礁石，但塞内加现在已是苦不堪言。他强迫船员们尽可能地把船驶近陆地，接着他纵身跃入海中。

塞内加认识到他一直都是一个游泳好手，他向路奇里乌斯描述了他是如何游到岸边，然后又是如何痛苦地挪到布满岩石的海滩之上的。他不知怎么地就找到了一条通往他要找寻的别墅的小路。他想入非非地写道，他现在明白了，《奥德赛》中描述的奥德修斯泛舟漂泊了十年，而奥德修斯本人经历的痛苦更多的可能是来自晕船，而非海怪。

150

之后，塞内加洗了澡，换了衣服，别墅里的奴隶们还给他按摩了身体，让他的身体恢复温暖，然后塞内加便回想起晕船导致的反胃是如何把自己逼入绝境的。"我经受住了难以置信的考验，而我却过不了自己的那一关。"他用十分典型的尖锐措辞如是写道。然后，他让自己的思绪沿着寻常的道路徜徉，朝着寻找一种有高尚道德和道德意识的生活而去。塞内加若有所思地说，不适充溢着身体，就像邪恶与无知淹没了灵魂一般。受难者可能甚至并不知道自己正在受苦，就像一个熟睡的人不知道自己已经睡着了一样。只有哲学才能把灵魂从这种昏迷中唤醒。"路奇里乌斯，哲学是你必须用自己全部的生命去追求的东西。除了哲学，抛却一切，就像你在病重时会忽略所有的事务一样。"

这封信把读者置于一个与其本来的目的地截然不同的地方。一个呕吐不止、深陷绝望、纵身跃入大海的人，突然变成了一位严肃的思想家。塞内加对自己抄近路的愚蠢行为的描述，以及他对令人尴尬的身体苦痛的描述，都以其坦率与细致的细节吸引了我们。一旦我们被身为普通人的塞内加所吸引，那么就尽入化身为圣哲的塞内加的彀中了。

但塞内加不仅仅是一个普通人或者圣哲，他同样也是一位政治家。塞内加在尼禄身边的十年间对形象塑造的精通，他操纵公众舆论所做的诸多努力，使得阅读他写给路奇里乌斯的书信成了一项复杂的任务。我们当面所见的塞内加，是真正的塞内加吗？这是一位有着极高道德情操的人，他每三段思索中就必然会有一段涉及哲学。又或者，我们见到的只是一个意象（imago），一个由语言大师的艺术技巧创造出来的形象？这十五年来，塞内加笔端落下的每一个字都与政治息息相关，而他本人知道其中的区别吗？

塞内加在自己所写的一封信中，探讨了一个作家的风格是如何反映其性格的。[19] 他似乎并没有考虑到风格也有可能塑造性格：持续的、长时间的"高速旋转"可能会让一个作家难以止步。在《致路奇里乌斯的信》中，塞内加时常这般自我旋转，将自己塑造成哲学家。[20] 塞内加在写给路奇里乌斯的信中写道："哲学是如此神圣，以至于即使是与之相似的事物也可以通过蒙蔽的方式赢得认可。"[21] 塞内加在书信中也有蒙蔽欺骗的时候，不过这究竟有多频繁却很难说。[22]

塞内加在致路奇里乌斯的一封信中描述了自己典型的一

天，然而这描述只涉及部分、未及全景。[23]他的整个早晨都被阅读与思考所占据，他还停下来做了一点运动：和一位年轻的奴隶男孩法留斯（Pharius）赛跑，塞内加在那天和他打了个平手。然后，塞内加只用阳光加热升温的温水泡了个温水浴；他曾经近乎一生都在坚持用冷水洗澡的习惯，不过现在他已经失去了自己曾经拥有的那份坚韧。然后就是一顿节俭的午餐：干面包以及其他简单的食物，既不需要用上餐桌，也不需要餐后洗手。接着是简短的小憩，因为塞内加表示自己并不需要太多的睡眠。

这是一位隐居圣哲的理想化肖像，宁静、禁欲而安详。但这一描述只把我们带到了塞内加从早晨到中午的生活。随即这封信的内容便转到了其他的话题上，给下午和晚上的时间留了白。就像塞内加所写的很多东西一样，他想方设法做到了两全其美。他愿意曝光自己，从而赢取我们的信任。但是，随后他又在记录中留下了空白，隐瞒了真正重要的时刻。

《致路奇里乌斯的信》中也没有提到塞内加的政治生涯。他参与的行动、处理的危机、亲眼看见或帮助过的人，以及尼禄的杀戮——如果我们判断《致路奇里乌斯的信》是这些事情的记录的话，那么它们甚至都没能进入塞内加的思绪。或许，一旦塞内加提起这些事，就肯定会惹来元首的怒气；或许保持缄默才是他为出版自由付出的代价。不管原因是什么，《致路奇里乌斯的信》形成了一种奇怪的局部自我探索。塞内加从各个角度审视自己，在每一个转折中寻找真理，似乎愿意吐露一切，但他对自己生命中最重要的部分只字未提，而这部分经历在他写作的时候仍在继续。

《致路奇里乌斯的信》中一些模糊的陈述，似乎暗示着对

152 过往的追悔或者对失败的承认。"我为他人指明了正确的道路；但我自己也是在很晚的时候才发现，而当时的我已经被迷途困顿弄得筋疲力尽了。"他把自己的道德状况比作一个皮肤损伤的病人，损伤尽管没有愈合，但终究停止了扩散。他声称自己已经找到了一种治疗这些创面的药膏，他将把这种药记录下来并传之后世：这种药就是《致路奇里乌斯的信》本身。

塞内加已经不是第一次把自己的道德真我描绘成一位罹患不治之症的人了——这一比喻让他既承认了自己的缺点，又放弃了自己的责任。而这个比喻出自一个参与谋杀阿格里皮娜的人之口，暗示着一种特殊的吁请，甚至是一种道歉。然而，并不是所有《致路奇里乌斯的信》的读者都愿意接受他的道歉。

塞内加的文学生涯始于对死亡无处不在的思考。"我们每天都离死亡更近一步。"[24]他在《致玛西娅的告慰书》中如是写道，用以安慰失去儿子的玛西娅。而现在，当塞内加的职业生涯接近终点的时候，死亡的主题——尤其是自杀——比以往任何时候都更多地占据了他的脑海。他目睹死亡步步逼近，因而用自己的行动来加速死亡的想法变得非常现实。

在《致路奇里乌斯的信》中，塞内加预见到死亡是一项伟大的哲学挑战，是对品格与原则的终极考验。塞内加笔下的道德英雄苏格拉底和小加图，在遇到这种考验时，经历过最为美好的时刻。苏格拉底平静地喝下了一杯致命的毒芹汁，然后发誓要向诸神献祭，因为他获得了治愈。小加图则决绝地撕开自己的胃肠，而没有选择缝合伤口。塞内加选择了向宫廷妥协，而不是对美德的绝对追求，然而他瞥见了自己加入这些圣哲的最后机会。他的死亡最终可能会救赎他那复杂而并不完美的一生。

塞内加在自己的周遭，已经接收到即将迫近的危机的征兆，同时也有所预感。他的呼吸系统疾病导致他无法呼吸，并使其徘徊在近乎窒息的状态。塞内加用医学术语"死亡预演"（meditatio mortis）来描述这些时刻，接着他向路奇里乌斯描述自己是怎样不太害怕这些时刻的。"即使在陷入窒息的时候，我也没有停止在勇敢与愉悦的思想中平静地休息，"他表示，"请接受我立下的保证：即使我到了悬崖边缘也决不颤抖，我已经准备好了。"[25]

153

塞内加的周围也有自杀的例子，这提醒着他，"自由"（他在《论愤怒》中如是称呼）之路始终都是敞开的。有两个例子给塞内加留下了深刻的印象，它们都是关于被奴役的角斗士要被迫在竞技场上战斗的事情。[26]这两个人都无法忍受自己身处的困境，于是决定寻死，尽管他们一直被人看守着。其中一名男子设法去了一趟厕所，然后把厕所中的海绵强行塞进自己的喉咙里，将自己噎死了。而另外一名男子在被装在马车上送往竞技场时，就像睡着了似的耷拉着脑袋向地面靠过去，然后把自己的头插到轮辐中间，而转动的轮辐绞断了他的脖子。尽管自身几乎陷入无力之境，但这些人还是觅得了解脱。

在思考这些例子的时候，塞内加提出了一个令人沮丧的问题：一个人是否应该抢在必然到来的死亡之前进行自杀呢？[27]他总结道，忍受折磨或与病魔抗争是勇敢的，不过对自己施加暴力来了结这一切也是勇敢的。他引用了正反双方的论点，然后一反常态地承认，他自己也无法做出决定。

塞内加有理由对这些话题进行深入探讨。他与尼禄的关系变成了一种监禁，或者变成了一种消耗性的疾病，很可能最终让他丧命。和其他受苦受难的人一样，毫无疑问他每天都离死亡更进一步，或许他经历的过程会更加漫长。但是，他的处境还没有——至少现在还没有——悲惨到需要终极解决的地步。的确，在《致路奇里乌斯的信》以及塞内加另一部晚期散文作品《自然问题》（Natural Questions，又译作《天问》）中，有一些段落表明，他竭尽全力地想活下去。

在一封致路奇里乌斯的信中，塞内加似乎向尼禄提出了互不侵犯条约。[28]他选择与路奇里乌斯讨论的话题是哲学家会不会是君主的敌人。塞内加认为，两者当然不是敌人。统治者维护和平，让圣哲得以思考伟大的思想；圣哲敬畏统治者，就像孩童敬畏父母，学生敬畏老师一样。塞内加引用了两行谄媚的诗句，而这最初是诗人维吉尔写给奥古斯都皇帝的：

154
　　　　他是为我们创造这世间宁静的神，

　　　　　对我来说，他将永远都是这样的神。

这句话表明塞内加一直试图与他的元首达成一项协议，而这项协议曾被尼禄拒绝。塞内加将会悄然隐退，不会诽谤政权；而作为交换，他也将不受侵扰。如果尼禄能够成为奥古斯都，为塞内加提供庇护，那么塞内加将成为维吉尔，报以赞扬。

一位父亲，一位师长，一个神——在塞内加年逾60的时候，他可能并不是很乐意把这些角色冠在20多岁、曾经是自己学生的尼禄头上。他把这种讨论尽可能地变得概括笼统，而并非含蓄类比。但在另一部同时期创作的作品《自然问题》中，他则会更加直接。[29]在这篇论述气象学和地球科学的论著中，塞内加又一次鼓起勇气提到了尼禄，而这个名字他已经有将近十年没有写在作品中了。

塞内加深知《自然问题》将会迎来位高权重的读者，很可能包括尼禄本人。为了表现出友善以赢取好感，塞内加在作品中多次提到了元首。在作品的一节中，他赞颂了尼禄的诗歌——据塔西佗所述，塞内加在这方面的才华曾对尼禄构成威胁——甚至还引用了一句他声称自己特别欣赏的诗句。[30]而在另一节中，他还讨论了尼禄派人前往尼罗河上游进行的一次鲜为人知的远征。在那部分中，他说了一句言不由衷的话，将他的元首描述为"一个热爱真理的人，就像他热爱其他美德一样"。[31]

在《自然问题》的另外一节中，塞内加采用历史类比的方式，来面对他眼中的尼禄问题。塞内加的读者们都知道，马其顿国王亚历山大大帝曾将一位哲学家带到他的宫廷，以提升宫廷的道德水准——就像塞内加被带进尼禄的宫廷一样。多年以来，这位圣哲——卡利斯提尼（Callisthenes）——尽职尽责地扮演着自己的角色，直到有一天，不知出于什么原因，他摆脱了对帝王的卑躬屈膝。卡利斯提尼在一场宴会上站了起来，当着汇聚一堂的最高指挥官的面，谴责亚历山大自命为神。而几个月后，在亚历山大的命令下，他迎来了自己的死亡。

对于这桩臭名昭著的谋杀，塞内加如是回忆道：这是对亚历山大大帝的永恒指控，他丧失了美德，没有一项他在战争中的功绩可以帮他获得救赎。[32]每当有人说，"他杀掉了成千上万的波斯人"，那么就会有人回复："……他还杀了卡利斯提尼。"每当有人说，"他杀死了统治当日最伟大之帝国的大流士"时，总会有人回答说："……他还杀了卡利斯提尼。"亚

155

历山大留存于世的污点提醒着尼禄：如果他也杀了一位哲学家，那么这一罪行将永远令他的声名有亏。

然而，即使在鼓吹这一事件给尼禄带来的教训时，塞内加也忽略了这一事件可能给他自己带来的教训。也许亚历山大会受到永无止境的责备，但是与此同时，卡利斯提尼也赢得了永恒的荣耀。某个内心的声音促使这位圣哲站出来谴责暴君，而这一努力使他付出了生命的代价，但是如果卡利斯提尼与苏格拉底和小加图持有相同的观点——也就是所有斯多葛学者所推崇的观点——那么他一定会觉得这种牺牲是值得的。

塞内加是否曾经试图效仿卡利斯提尼？又或者现在塞内加想去效法吗？以他的口才和内心的学识，他本可以给尼禄的政权带来更多的伤害。不过没有迹象表明，他想使用那些武器。正相反，他试图继续执笔写作，对自己看到的罪行都保持缄默，并且努力活下去。他会选择一条与卡利斯提尼截然不同的道路，他会让自己成为一位连尼禄都无法杀掉的受人尊崇的圣哲。

在公元 62 年或公元 63 年，[33] 也就是塞内加撰写《自然问题》的时候，坎帕尼亚在数日中遭受了强震的侵袭。尽管罗马人可能并不知道，他们的豪华度假胜地就横跨在一条活跃的断裂带上，于是就有了维苏威火山的火山活动（vulcanism）并一直持续到今日。作为那不勒斯湾富庶的度假胜地，庞贝和赫库兰尼姆（Herculaneum）在这次地震中受灾最为严重。从庞贝古城发掘出的一段石质饰带，提供了一位艺术创作者关于这一事件的记录，饰带上描绘了公共广场上断裂和倒塌的建筑。

塞内加在《自然问题》一书中反思了这场灾难，而其中一部分是关于地震的。一些不同寻常的细节引起了他的兴趣：数百只羊莫名其妙地死去；一尊铜像从中间裂开；一名男子在泡澡的时候，眼看着自己的洗澡水消失在瓷砖之间的裂缝中，而后当裂缝重新闭合时水又涌了上来。居民们纷纷离开现场，有些人如癫似狂地胡言乱语，而有些人则因紧张而精神恍惚。塞内加表示，许多人发誓要离开坎帕尼亚，再也不会回到受灾的地区。[34]

156

由于原本坚实的地面突然变得不稳定而造成的破坏，给塞内加留下了深刻的印象。在他的哲学思想中，地震提供了一种更大的不稳定状态的范例，那就是生命自身的消逝。死亡无处不在，他沉思着，奏起他最喜爱的主题。惧怕死亡是多么徒劳无功，而逃避死亡就更无用处了！我们不仅对自然灾害感到恐慌，就算是最细微的事情——坏疽的伤口、痰液的积聚——也能轻易地让我们陷入恐慌。我们为即将到来的洪水而烦恼，而喝了一杯不可饮用的水也可能同样致命。

这种拒绝为坎帕尼亚的命运而哀叹的态度，体现了斯多葛学派对待不幸的态度。幸福并非来自一个人所处的环境，而是来自理性的培养和遵循斯多葛学派的教导；一位真正的圣哲，一位真正的智者，不会因为折磨或失去甚至丧失生命而受到伤害。但是，这种接受很容易转化为被动，尤其是在这样一个死亡往往是由皇帝敕命决定的专制国家中。通过坚持死亡无处不在且无法逃脱的想法，塞内加似乎减轻了自己行动的负担。事实上，塞内加在这些年里几乎没有采取什么行动来帮助自己或者帮助他人。

历史为塞内加关于坎帕尼亚地震的讨论提供了一个极具讽

157　刺意味的注脚。他所嘲笑的那些远离坎帕尼亚的难民，实际上正如时间会证明的那样，拯救了自己的生命。17 年后，在那次埋葬了庞贝和赫库兰尼姆的火山爆发中，该地区被火山灰和高温气体所包围。这次地震与其说是一场灾难，倒不如说是一次警告。塞内加目不转睛地盯着无处不在的死亡，却没有看到自然提供了逃生的可能。

　　在公元 64 年 8 月，罗马人再次面临一场突如其来的毁灭，这一次灾祸发生在高卢行省的首府卢格杜努姆（Lugdunum，又译作路格杜努姆，即现今的法国里昂）。一场大火席卷了这座城镇，几乎在一夜之间就把城镇焚毁。塞内加再次鼓吹要学会接受并且保持冷静，他在《致路奇里乌斯的信》里收录的一封信中表达了自己的这种观点。塞内加的出发点是他的朋友埃布提乌斯·利贝拉里斯（Aebutius Liberalis）的悲伤，这个人是里昂当地人，他很可能在这场大火中失去了一切。[35] 塞内加提醒利贝拉里斯，当灾难是人类的共同命运时，悲伤就是毫无意义。更好的做法就是践行预知灾厄（praemeditatio malorum），在厄运到来之前想象它的到来，在精神上悦纳它，直到它不再令人感到恐惧。

　　"流放、折磨、疾病、战争、海难——想想这些吧，"塞内加建议道，"如果我们不想被其控制，那么就让我们接受可能发生的最坏的情况吧。"[36] 因为灾厄终将发生。城市的崛起只是预示着它们的衰落，我们应该以平和的心态迎接它们的衰落。此外，他还表示——他似乎改变了策略，想要提供多种慰藉——新的建筑将在废墟中拔地而起，一座比被大火摧毁的更美好的城市将会崛起。

　　最后一个观点与天启（apocalypse）的基调颇为一致，这也是始终萦绕在塞内加最早期作品中的主题。他那斯多葛派的训导告诉我们，整个人类都终将消亡，而后在原始状态中获得重生，在一个旨在不断更新衰竭世界而设计的无尽循环中周而复始。但是塞内加对这一场景的想象，比他之前的任何一位斯多葛派学者都要生动。他更加确信那最后的日子即将到来。

他在《自然问题》中写道："离毁灭已然不远。协和（concordia，宇宙的和谐与平衡）已经在经受考验，并且被撕裂。"[37] 崩溃的必然性和迫切性似乎给了塞内加一种安慰。所有人都会遭受同样的命运。所有的行为——企图逃跑、寻找补救、帮助他人——都是徒劳的。

早期斯多葛学派的理论认为，火焰会导致世界的终结，他们把炽热宇宙的蒸发称为"宇宙燃烧"（ekpyroseis）。而在《自然问题》中，塞内加就像自己以前在《致玛西娅的告慰书》中所做的那样，想象了一场波及寰宇的洪水。带着不祥的预感，塞内加注意到地球上到处都是水的事实：水在每一处洼地聚集，在每一座山上流淌，在每一亩土地下汇集。他在《自然问题》中写道："大自然无处不在地滋育着我们，因此，只要她愿意，她就可以从四面八方向我们发起袭击。"在一场特效般的壮观场景中，他想象着每一处水源都冲破了自己的界限，每一处土壤的含水层都从地壳下面将水喷涌而出，直到地球变成一片汪洋。

"所有的界限都将被打破，"他如是预言道，就像他在安慰玛西娅时那般热情洋溢，"无论大自然将之分裂成什么样的独立部分，它们最后都会融合在一起……水会从东方和西方汇聚在一起。只要一天就可以将全体人类都给埋葬。所有因幸运而长久保存下来的事物，所有超越他者的事物——那些高贵而

158

光荣的，由伟大人民建立起的王国——都将一同坠入深渊。"[38]

在塞内加看来，世界的黄昏与他自己生命的黄昏是一致的。很快，他预见到，善与恶将不再重要，因为这种差别将被大灾变吞噬。或许塞内加在告诉自己，专制与自由、被动与反抗、作为与不作为亦是如此。

塞内加并不是唯一试图退出政坛的领导者。特拉塞亚·帕伊图斯——这位在斯多葛信仰的诸多方面与塞内加如出一辙的元老——在公元 63 年的某个时候，也突然开始停止参加元老院的会议。

这种缺席颇为引人注目，对不少人来说，也无疑是令人沮丧的。到目前为止，特拉塞亚是诸位卑躬屈膝的元老中唯一表现出无畏的人。正是他推动了元老院对安提司提乌斯进行减刑，而安提司提乌斯犯下的唯一罪行就是在一场晚宴上吟诵了危险的诗句。最近，他再次率领元老院坚持自己的主张。他提出了一项禁止政府嘉奖的动议，正如他所指出的，政府嘉奖只会被用来帮助那些腐败官员升官发财。[39]他在公开演说中恳请坚守正直的请求，得到了热烈的欢迎——虽然主持会议的官员们担心尼禄反对，起初并不同意这项动议进入投票环节。

到目前为止，特拉塞亚表达异议经常是采取不参与的方式。在公元 59 年的那一天，当人们面露赞许地听着那封为尼禄弑杀阿格里皮娜正名的书信时，特拉塞亚一言不发地走出了元老院。之后不久，当大家都为尼禄的第一次登台献唱而喝彩时，特拉塞亚却并没有鼓掌。在逢迎顺从会被视作忠诚的尼禄统治时期，仅是缺席和缄默也可以成为表达抗议的形式。现在特拉塞亚决定在更大范围内表达自己的抗议。

然而，特拉塞亚离开元老院究竟是一种勇气，还是一种懦弱呢？由于他的缺席，他究竟是推进了争取自主权的事业，还是剥夺了争取自主权事业的话语主导权呢？这种进退两难的困境一定让他深感不安，就像其他许多人也为此感到不安一样——那些正义的人，他们对政治的参与无疑帮助了昏庸的统治者。急流勇退是一种良知之举，还是单纯的自我保护？

不论怎样，特拉塞亚还是对这些问题做出了回答，而他很快就向罗马官方表明，自己将完全退出政治舞台。在公元64年的元旦，当元老院的元老们聚集起来代表罗马国家向众神祈祷时，特拉塞亚也没有出席。两天之后，他又缺席了另外一场一年一度的仪式，在那个仪式上，元老们要向元首宣誓效忠，并为元首的平安而祈祷。这些打破常规的行为具有显而易见的意义：特拉塞亚已经远离政坛，一去不复返了。

和塞内加一样，特拉塞亚越来越多地转向自己的写作和对斯多葛哲学准则的研究。可能正是在这几年中，他出版了一本小加图的传记，小加图是他和塞内加都十分崇敬的斯多葛勇毅的典范。或许他也是受到了塞内加的侄子卢坎的启发，卢坎此时已经开始发表和传播自己所写的《内战纪》，这是一部有关小加图为之丧生的那场冲突的史诗。对于塞内加、特拉塞亚和卢坎这三个人而言，小加图是专制时代正直精神的有力象征——幸亏那场内战已经过去了一个多世纪，所以这个象征才仍然可以被安全地高举起来。

特拉塞亚已经开始向苏尼翁的德米特里乌斯学习，后者也是塞内加时常拜访的犬儒学派宗师，塞内加在《论恩惠》中对他推崇备至。据说这个人时常"半裸着"走来走去，只穿一件破旧的斗篷，露出一只肩膀，甚至赤裸着躺在地上，表现

160

出自己对社会习俗的蔑视以及对他人不适的漠然。在德米特里乌斯身上，伟大的小加图所具有的美德——将自我暴露作为一种禁欲主义的准则并且付诸实践——仿佛获得了新生。这位吃苦耐劳的犬儒派学者为特拉塞亚和塞内加提供了精神上的避难所——对塞内加而言，他逃避了来自宫廷的忧虑；而对于特拉塞亚，他逃避了元老院中的忧虑。

与此同时，在西西里，塞内加的挚友路奇里乌斯也想赋闲（otium）——从政治中隐退。在公元 60 年代早期，这点能从塞内加在《致路奇里乌斯的信》的建议中被清楚地看到。从这个建议的紧迫语气，以及其采取的诸多不同形式来看，要离开公共领域，成为一位有思想的斯多葛派学者，是一个复杂的决定。路奇里乌斯应该远离庙堂多远呢？塞内加在《致路奇里乌斯的信》的不同地方都展现了自己的疑惑。他应该如何保护自己免受政治和商业的侵袭呢？他应该如何掩饰自己的隐退——因为如果使之公开的话，那么塞内加很确定，那将招致恶意或切实的危险。有一次，他建议路奇里乌斯佯装生病，而非公开隐退。塞内加写道："有些动物会掩盖自己巢穴周围的脚印，以免巢穴被发现。"他妙用隐喻，把追求赋闲者描绘成一只遭受猎杀的野兽，"你也必须这么做，否则就会有很多人来追逐你"。[40]

塞内加一生都在努力解决赋闲或者说不涉俗务的问题，也在不同的作品中表达了不同的观点，甚至同一个作品的不同部分也会出现不同的见解。为此他写了一整篇《论休闲》，虽然该作只有一部分得以流传。在一项现代学术研究中，有一篇对塞内加有关赋闲观点的长达五十余页的分析作品，然而该作并没有得出明确的结论。该文的作者米里亚姆·格里芬承认：

"想要对塞内加的观点做出诠释——这种论述既要务求忠实，还要构建一个连贯一致且富有条理的体系——纵使不是天方夜谭，也至少是十分困难的。"[41]

元首制度对斯多葛派道德学者提出的问题，确实是无法解决的。斯多葛学派的信条强调为公共利益服务，要求学者参与政治生活，除非那个政权已经邪恶到无可救药的地步，又或者斯多葛派学者自己的生命处于危险当中。但是，假如这位斯多葛派学者离开政坛比留在政坛更加危险呢？如果他的离去，让一个邪恶的政权变得更加邪恶呢？逃避条款本身就会带来风险，而何时使用这些条款也是一个棘手的问题：在什么情况下一国政权的痼疾才算是无药可医，或者在什么情况下个人面临的风险已经无法接受？

塞内加自己的职业生涯就是这种困境的典型例证，而他也无法基于经验安然落笔。所有关于隐退的讨论，他都必须用笼统的甚至假想的术语来进行框定。这就赋予了塞内加的许多作品一种奇怪的超然之感。他告诉岳父保里努斯、自己的兄弟迦里奥、朋友路奇里乌斯放弃政治职位，并且投身哲学。然而，当塞内加向这些人讲话时，他自己却仍然坚守着政治职务。他的言语总是让人觉得他似乎即将隐退，或者正在隐退，但他从来没有告知到底是何种牵绊让他留在宫廷中。

尼禄时期的那些领导者竭尽所能地穿越那片有关政治参与问题的道德丛林。特拉塞亚选择离开角逐场，而正如我们将要看到的，卢坎仍在积极参与其中。塞内加却没有这两个人那么自由，他不能随心所欲，因而他选择了一条中间的道路，这是所有道路中最为困难的一条。他只是将自己的一部分隐退到哲学沉思的宁静世界中去；而另一部分，选择政治作为开局的那部分，则仍然把他束缚在尼禄的身上，尽管这位皇帝正迅速成为塞内加最可怕的噩梦。

现在的尼禄已经二十五六岁了，身材变得越发肥胖。他已经失去了青年时期肖像所展现出的优美线条和棱角。他的下巴很厚，额头松软。很快，他就会蓄起下巴上的胡须，成为迄今为止第一位留胡子的元首，这或许也是他为了掩饰粗壮脖子上的肥肉。

尼禄有很多机会让自己变胖，因为无论走到哪里，他都能看到廷臣和攀龙附凤者热情地给他提供最令人享受的东西：从正午持续到午夜的宴饮，在宴会中途他可能还会在用雪水镇凉的水池里泡一泡，从而让自己神清气爽。[42] 通过给元首提供这样的款待，一个有抱负的暴发户可以比元老或者贵族更能得到尼禄的青睐。因而尼禄所依靠的是骑士阶层甚至更低的社会群体。而其中一人就是来自贝内文托（Beneventum）的制杯师瓦提尼乌斯（Vatinius），他时常重复一句玩笑话来取悦自己的元首："我恨你，尼禄，因为你是元老院中的一员！"[43] 这两个人都很享受这句俏皮话所带来的伙伴情谊，一种他们同属一个阶层、可以一起嘲笑比他们更胜一筹之人的幻觉。

公元 64 年 5 月，尼禄已经全身心地投入了音乐。尼禄决心为自己的歌唱和里拉琴演奏募集观众，因为他为这些付出了巨大的努力。到目前为止，他遵守自己的高级顾问——主要是塞内加——给出的限制，只在自己宫殿的私人场地中登台表演过一次。现在他想要公开演出。他选择从那不勒斯开始，这是一座位于坎帕尼亚的希腊氛围浓厚的城市。之所以选在该处，是因为尼禄认为希腊精神更容易接受音乐与统治的交混。

即使是在那不勒斯，尼禄也采取了谨慎的措施以确保有大量的观众前来观看演出。他麾下的奥古斯都男儿陪伴着他，这些人拿着丰厚的薪水，用节奏分明的方式为元首鼓掌；与此同时，还有数千名从底层阶级招募来的人员。而尼禄想要的是座无虚席，这在那不勒斯就意味着要有超过 8000 人参与其中。他的军队和先遣队从周围村庄召集了农牧民来填补观众长凳的空缺。最后，禁卫军自己坐满了所有还空着的座位。观看演出成了他们的一项新的军事任务，这也是这位与众不同的皇帝强加给他们的任务。

尼禄在位期间一直都在训练他的歌喉，总是小心翼翼地避免声带损伤。在他的希腊里拉琴老师特尔普努斯的建议下，他坚持严格的饮食，摄入大量韭葱，还经常用催吐剂和灌肠剂来净化自己的身体。[44]当尼禄必须对军队训话时，他总是避免大喊大叫，而是小声言语。下属们很快就心领神会，只要他们提醒尼禄少费口舌，那么就可以避免挨骂。特尔普努斯在尼禄统治期间一直尽心为他服务，将他那据说是尖细而沙哑的声音训练成了一种适合登台表演的声音。

尼禄在那不勒斯为民众们演唱了好几天。这些历史性的表演并没有留下任何的记载，除了一份记载中提到演出的看台一度因地震而倒塌。幸运的是，在这发生之前，人群都已经返回家中。在附近的庞贝城，人们还举行角斗竞技，以感激"尼禄在地震中安然无恙"，一个当地居民在墙上如是题道。[45]在 15 年之后，当城镇被火山灰掩埋时，这些文字被保存了下来。

塞内加很可能也是尼禄的听众之一，因为他所写的《致路奇里乌斯的信》表示自己当时就在那不勒斯。然而，倘若塞内加确实出席观看了演出，他也会尽力掩盖这个事实。在一

163

封信中，他向路奇里乌斯抱怨道，他发现那不勒斯的剧场都座无虚席，而哲学家的演说厅堂——他自己的目的地——却门可罗雀。[46]这是塞内加在其作品中说过的最冒险的话之一，因为这可以被看作对尼禄艺术抱负的一次抨击。然而，这也很尖锐地表明，塞内加并没有参与其中。

尼禄开始了自己的公开演唱生涯，这让塞内加深感失望。他一直试图阻止这种场面发生，因为他认为这与元首统治身份的庄严肃穆格格不入，然而他再也不能控制尼禄的意志了。或许，在推动尼禄选择在那不勒斯而非罗马做首次公演时，塞内加也做了一些工作，就像早些时候他说服尼禄将自己的战车赛事转移到城市之外一样。但现在是提盖里努斯——而非塞内加——在为尼禄出谋划策，并且提盖里努斯敦促自己的元首放手去追求自己任何异想天开的爱好。

关于哲学与诗歌这场由来已久的斗争，柏拉图早在四个世纪以前就已经划好了分界线，而尼禄和塞内加最终还是站在了对立面。当塞内加在《致路奇里乌斯的信》中专注于道德的自我反省时，尼禄却越来越远离塞内加的这种追求，反而向着希腊音乐的激情、幻想与狂喜突飞猛进。塞内加和尼禄通过不同的媒介接触不同的受众，两者在激烈地争夺着罗马人的感情与思想，一位崇尚理性的力量，另一位则传递强烈的情感。

那些聚集在尼禄身边的人，特别是提盖里努斯，看到了这种气质分歧中蕴含的良机。这些人在尼禄耳边窃窃私语，表示斯多葛学派的道德庄严性（moral gravity）会对尼禄的政权产生某种威胁。在接下来的数个月里，这些人会公开宣称，仅仅是那愁眉苦脸的样子或者禁欲主义的生活方式就是一种背叛，因为他们分明暗示着对尼禄的蓬勃朝气的反对。如果某人表现得如同一位教书匠（schoolteacherly）那样带着优越或挑剔的态度来回晃荡，那么他就构成了一种有害国家的犯罪。尼禄会利用这种偏见，将斯多葛学派打上敌人的烙印，来摧毁他那个时代最优秀的一批人。

尼禄打算从那不勒斯出发，横穿到希腊，开始一场完整的巡回演唱会，但是他的行动又变得踌躇不定。他只走到了贝内文托，然后就取消了自己的希腊之行，回到了罗马。在那里，他宣布打算乘船去埃及，但是随即也放弃了这趟旅程，声称崇拜他的罗马人不希望他离开得太久。

这一态度的转变，促使提盖里努斯使出了浑身解数，他本就想争着把狂欢大师的头衔加到自己的个人简报上。他安排了一场盛大的晚会以庆祝尼禄决定驻留在罗马附近。提盖里努斯让一艘巨大的驳船漂浮在万神殿（Pantheon）附近的阿格里帕湖（Lake of Agrippa）之上，同时还让四周饰有黄金和象牙的船只上的桨手拖拽着这艘驳船。湖里满是从远方带来的珍奇鱼类，沿着湖岸则有珍禽异兽。在驳船的中央，尼禄、提盖里努斯以及其他高级官员纷纷躺在紫色的枕头上用餐。与此同时，泛舟者还带着他们进行了一场性爱享受之旅：每一个湖岸的停泊处都站着女子——无论贵贱——她们向尼禄招手，让他到专门修建的湖畔妓馆里享受她们的疼爱。

在这次盛大的庆典之后，尼禄离开了罗马，前往南部约20英里外的安提乌姆。此时尼禄的意图尚不明显，从他迅疾的行动节奏来看，他似乎已经变得焦躁不安。那个夏天充满了不祥的征兆。在当年的 5 月初，一颗彗星出现在夜空中，持续而缓慢地划过天穹，持续了一周又一周。

然而别有意味的是，尼禄并没有向塞内加寻求有关彗星寓意的意见，尽管这位圣哲曾在《自然问题》中讨论过彗星，并用"我们在尼禄风调雨顺的统治时期（公元60年）的六个月中看到的彗星"来证明这些彗星并没有预示着统治者的倒台。[47]取而代之的是，尼禄选择求助于巴尔比路斯（Balbillus），这位前任埃及行政长官（prefect）现在已经成了占星行家。巴尔比路斯并没有质疑这颗新彗星所具有的可怕寓意，不过提出了一个规避危险的计策。如果尼禄设法杀掉一些高级贵族，那么上天的旨意就会实现，元首也就可以幸免于难了。

或许巴尔比路斯是想找一个借口来谋杀卢修斯·尤尼乌斯·西拉努斯（Lucius Junius Silanus）①，他是除了尼禄外，奥古斯都的神圣家族中的最后一位男性成员。然而在7月17日，似乎已经用不着这样的观测了，因为这颗彗星已经消失不见。这颗邪恶的星星已经闪耀了两个多月，却并没有任何事故发生。罗马和尼禄终于都可以松一口气了。

然而就在第二天的夜晚，一场可怕的灾难开始了，就仿佛彗星猛地坠落到地球上，恰好击中了城市的死角。

在公元64年7月中旬，尼禄正在安提乌姆，这里是他早夭女儿的出生地，同样也是他自己的出生地。罗马的信使告诉尼禄，罗马城中发生了一场火灾。大火是从大竞技场（Circus Maximus）附近开始燃起的，那里有一座用石块修建的赛马场，而这座赛马场的周围都是摆满易燃物品的木制商铺。[48]狂风将大火吹到邻近的几个街区，数千居民被迫逃离家园。尼禄

166

---

① 这里的卢修斯是指戴奇姆斯·西拉努斯·托尔克瓦图斯的侄子，见本书页边码第143页，此时戴奇姆斯已经被尼禄逼迫自杀了。

却选择待在原地，他相信夜巡队能够解决这个问题，这支部队专门负责监督消防与公民安全。但是后来，当他得知自己的宏伟建筑尼禄宫（Domus Transitoria）正在被大火吞噬时，他急忙返回罗马。

当尼禄抵达罗马的时候，整个城市已然变成了一口煮沸的汤锅。大火以极快的速度蔓延着，袭击了罗马七丘中的四座山。夜巡队的主要武器（一桶桶的水）此刻已经完全不起作用了。一种应急策略（摧毁建筑物以止住火势）也宣告失败：当撞锤（battering rams）部署就位时，大火已经冲过了防线，或者那滚烫的热气（估计有 1100 华氏度①）已经越过了任何的屏障。难民们逃出他们如同打火匣一样的家园，他们被烧焦灼伤、伤痕累累、惊慌失措。他们堵住了狭窄的街道，阻塞了彼此通行的道路，而那些从烈焰中抢救或者抢劫出来的成堆货物堵塞了逃生的通道。

尼禄无力拯救罗马，但是他已经为罗马人竭尽所能。他将自己的庄园——位于梵蒂冈山等尚未被波及之地的皇家花园——开放给幸存者，并下令营造庇护所。远离大火的战神广场（The Field of Mars）被改造成一座难民营。粮食被从奥斯蒂亚（Ostia）紧急调运过来，并以补贴后的价格出售。那些仍然有能力并且愿意活下去的人，将有办法继续存活。

六天之后，火势显然被遏制住了，但大火又突然燃烧了起来，接着燃烧了三天。最后，这场大火终于被扑灭了，主要是因为已经没有可供继续燃烧的燃料了，也许三分之二的罗马城已经被大火摧毁。唯一幸免于难的地区，是那些有屏障隔开的

_____

① 约合 593 摄氏度。

地区：台伯河庇护了梵蒂冈，而战神广场、奎里纳尔山（Quirinal）以及埃斯奎里山（Esquiline）则是被一段被称为塞尔维乌斯城墙（Servian Walls）的古老城墙所保护，这段城墙最初是为了保护一座面积小得多的罗马城而修建的，为的是防范高卢的入侵者。

在这些散布于各处的难民营里，有一些故事开始流传，许多人将尼禄妖魔化。一些人说，有人看到是火炬手引燃了大火，而当有人与这些火炬手搭讪时，他们声称自己是在遵照至高指令行事。其他人则说，那些试图扑灭大火的夜巡队被人给阻止了。最令人发指的谣言是，当这座城市被焚毁时，他们的元首居然站在自己宫殿的城垛上弹奏着里拉琴，吟诵着自己有关特洛伊毁灭的诗句。这种巧妙的讽刺，使公众既对大火感到愤怒，又对尼禄的艺术幻想感到厌恶，认为这是一种具有毁灭性的混合物。如此塑造的形象，在民间流行的传说中继续不断地定义着尼禄，直至今日。

尼禄的思想难道已经极端到要去焚毁自己的城市？[49]还是说尼禄只是把罗马城的毁灭当作自己放声歌唱的机会？他为何要纵火烧城呢？还是说，按照苏维托尼乌斯的说法，尼禄想要按照自己的想法建立一座崭新的罗马城——尼禄波利斯（Neronopolis）？是不是对他新形象的抨击和斯多葛派学者的怒容令他受到了深深的伤害呢？罗马是尼禄的良知所在，是他在杀死自己母亲之后不敢进入的城市。这座城市一度让他因自己抗拒屋大维娅而感到羞愧。如果正如心理学家告诉我们的那样，纵火往往是源于埋藏心底的愤怒和对复仇的追求，那么尼禄确实有这个动机。而对于塔西佗来说，尼禄是否真的纵火是一个无法解决的问题，这个问题至今仍然悬而未决。

167

168

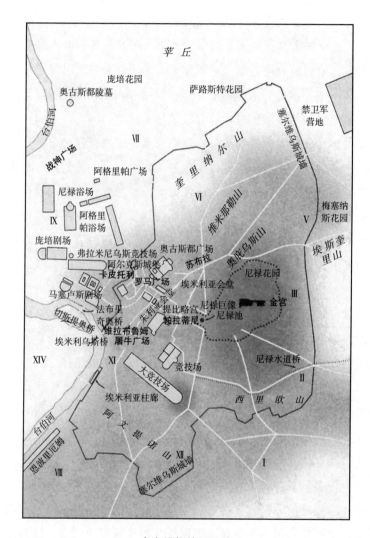

大火毁坏的罗马城

对尼禄来说，重要的是，人们相信他是有罪的。他全身心地投入城市的重建和自己名誉的恢复。他从国库和内帑划拨了大量资金——虽然这两者很难区分——用于救灾和重建。他开始行动，准备把责任转嫁到别人身上去。

一个被罗马人称为基督教的教派，因其教派创始人基督而得名，他们因为塔西佗关于罗马大火的记载而首次出现在拉丁文学当中。[50]根据这段著名的文字所述，基督徒们被以虚假的罪名逮捕，并被带到尼禄的宫殿里接受可怕的折磨。他们穿上兽皮，然后遭受野兽的袭击；他们被裹在浸过沥青的布里，然后被点燃；又或者怀着尼禄所意想不到的意义，他们被钉在十字架上窒息而死。也许彼得或者保罗，也可能这两个人都在这场野蛮的大清洗中死去；尽管奇怪的是，无论是在罗马的史料中，还是在基督教的资料中，都缺乏关于这两位使徒最终命运的确凿证据。

大火引发的愤怒及其所引发的暴力，随着阴燃的废墟中的热量一起慢慢地消失了。尼禄开始重建。他确信新罗马城将会比旧罗马城更能抵御火焰的侵袭：他拓宽了街道，并引进了水平的门廊屋顶，以便夜巡队能够顺利完成他们的工作。因为大多数房主都已经破产，所以尼禄自己支付了大部分的建设费用。元首以及政府以前所未有的规模投入资金，对罗马进行重建，同时还要援助大约 20 万流离失所、受苦受难的罗马人。

在这样的危机当中，任何理智的元首都会节制自己的需求。许多皇室财产在大火中幸免于难，尼禄仍然有良屋足以安寝。然而，他那座在大火前尚未竣工的珍贵的尼禄宫却已被烧毁。尼禄打算用一座罗马人难以想象的建筑来取代它，这差点令罗马破产。他开始建造金宫（Domus Aurea），这是一座占地超过 100 英亩的超大享乐之所。在主建筑——一座主要为了享乐而设计的拥有 300 个房间的惊人建筑——的入口处，他将竖立起一座尼禄巨像（Colossus Neronis），这尊铜制雕塑高逾 100

英尺，以尼禄自己的形象塑成。[51]

尼禄必须获得大量资金。于是皇帝的代理人开始搜刮各省，压榨纳税人，洗劫希腊和近东的府库。就连神殿也未能幸免，因为许多神庙里都供奉着珍贵的雕像，这些雕像上都覆盖着黄金与象牙。在两三个世纪之前的罗马东扩期间，许多从希腊人那里偷来的艺术品基本上毁于这次火灾。那些损失的宝物的替代品都被阿克拉图斯（Acratus）和卡尔里那斯·谢孔都斯[52]（Carrinas Secundus）从神龛上劫走了，阿克拉图斯是深受尼禄信任的被释奴，而卡尔里那斯·谢孔都斯则是一个受过希腊哲学教导的谄媚走狗，他通过花言巧语打通了前往东部的道路。

这是自亚历山大大帝征服以来最为庞大的财富转移。这让所有欣赏希腊世界之美或者不希望罗马帝国沦为寰宇敲诈者的人感到痛苦。其中有一个人，尽管付出了极大的努力，满怀着最诚挚的愿望，最终还是被卷入了这场压榨。

当塞内加看着尼禄的金宫在堆积如山的战利品上拔地而起之时，他觉得自己必须立即摆脱政治的束缚。尼禄违背了斯多葛学派的所有原则，成了奢侈和无度的化身。神祇的圣像也被熔铸，变成了皇帝的餐具。塞内加生活的暮色国度比以往任何时候都更加阴森可怖。

罗马的大火焚毁了塞内加的部分资产，但是他仍然十分富有。两年前，当塞内加试图通过金钱换取自己从政治中抽身而退时，尼禄拒绝了他。现在，随着皇室的资金空前枯竭，塞内加又看到了第二次机会。他再次试图把自己的财产交给元首。而这一次，他的提议被接受了，然而是用尼禄的方式。[53]元首

170

占有了塞内加的财产和土地，却不允许这位圣哲离开朝廷。政权已经遭到了严重的削弱，根本无法承受高层人士的背叛。

塞内加的最后一个策略，就是他在指导自己身处西西里的朋友路奇里乌斯如何争取赋闲时所推荐的招数。他假装生病，待在自己的房间里。如果他还想活下去，他就必须活在谎言中。

塔西佗表示，此时塞内加从他忠诚的被释奴克里欧尼库斯（Cleonicus）那里得知，尼禄想要毒死他。虽然塔西佗指出，这个消息的出处不一定可靠，但是人们完全没有理由去怀疑这条信息的真实性。[54]多亏了洛库丝塔，尼禄才有能力犯下这样的罪行，而且还有大量的机会去实施犯罪。单纯的厌恶之情可能是尼禄行凶的动机，又或者是提盖里努斯反复灌输给他的恐惧，即那些严肃而清醒的"教书匠"对他是有害的。

塞内加已经目睹了克劳狄乌斯和布列塔尼库斯是怎样被洛库丝塔给毒死的。他开始吃简单的、未经烹调的食物，他从自家庄园的树上摘取水果，从流淌的溪流中舀水。大地本身会用连尼禄都无法污染的食物来喂养他。

死亡萦绕在他的周围。塞内加无法在《致路奇里乌斯的信》中回答每天萦绕在自己心头的问题：是等待注定将要到来的厄运，还是通过自杀来掌控自己的命运？他用自己的行动给出了答案。当果树苗壮成长，溪水清澈流淌之时，他会尽最大努力活在这个世上。

第七章　自杀（二）

（公元 64 ～ 66 年）

罗马正在为第二届"尼禄尼亚"做准备，这是尼禄每五年举办一次的艺术节庆，而这次欢庆的氛围也和第一届截然不同。公元 60 年，这座城市刚刚经历了后世皇帝图拉真（Trajan）所称的"尼禄的五年期"（quinquennium Neronis）；图拉真还表示，这是罗马历史上的一个巅峰。到了公元 65 年，这座城市却变成了一副被焚毁的空壳和一片建筑工地，而在这之上则耸立着一座巨大的宫殿，入口处便是尼禄巨像。在第二个五年期当中，诚如文献中尼禄的意图，罗马城已经成了尼禄波利斯，然而那只是徒有虚名罢了。

在图拉真的评述的推动下，历史学家看到尼禄统治时期善政与恶政的交替出现，于是他们纷纷努力地寻找这条分界线。对一些人来说，公元 59 年阿格里皮娜遭到弑杀标志着帝国开始走向衰退；而对另外一些人来说，那应该是布路斯的死亡；而对于其他人，包括塔西佗，他们则认为应该是塞内加在公元 62 年初次半隐退的时候。但尼禄的衰颓之路与其说是一个 V 字形的转折，倒不如说是一条弧线，这条弧线与尼禄自己的成熟之路是一致的。在尼禄十几岁的时候，他听从长辈们的意见；但是随着成长，他开始把缰绳掌握在自己的手中——有的时候也可以从字面上去理解，因为尼禄沉溺于驾驶战车的激情。他最终将罗马这架战车以及自己的生命都驶进了深渊。

任何一个仍在公元 65 年——也就是这部作品完成的十年之后——翻阅塞内加所写的《论仁慈》的罗马人，脸上都会浮现一抹苦笑。"那些以真理为基础，并从坚实的土壤中生长出来的东西，随着时间的推移，会变得越来越好。"[1] 塞内加曾经如是宣称道，他向读者们保证，他们的新元首天生善良、不会堕落。事实证明，在尼禄 17 岁的时候就下这样的决定，确实有点早了。塞内加一定不会相信他自己所说的话，但是或许他认为自己的影响可以让这些话成真。随着时间的推移，他失去了这种影响力。现在，他所施加的约束中，只有一条仍然有效：尼禄还没在罗马城内的公共剧场中歌唱。

尼禄对元老院发表的就职演说，是由塞内加撰写的，而后被人们骄傲地镌刻在银板之上，十年后这段演说可能已然会引起笑声或者眼泪。按照尼禄的两位前任——卡利古拉和克劳狄乌斯螺旋式发展的模式，这位罗马皇帝最初对元老院的尊敬，现在已经逐步演变成偏执与轻蔑。皇帝的焦虑引发了自己对于元老院的恐惧，而这种恐惧也滋生了反对的念头，而这种反对也催生了残忍。塞内加曾经试图阻止这一往复的开始，事实上，他的确成功地推迟了它的开始。而没有塞内加的缓和影响，尼禄五年期的跨度可能会变成三年、两年，或者只有一年。

然而，他赢得的时间值得他付出的代价吗？在塞内加的散文作品里，除了在《致路奇里乌斯的信》中偶有一些含糊的抱怨，表明遭受的失败正沉重地压在自己的身上之外，[2] 他并没有在其他任何地方反映自己在政治上的成功或者失败。他无处诉说，正如《屋大维娅》的作者让塞内加说道，他应该待在科西嘉岛上，置身于开阔苍穹那美好的群星之下，而不是在尼禄的宫中目睹这样的胜景——宫廷里安装了一块描绘天空景致的天花板，这是一个可以被孜孜不倦的奴隶们推来转去的机械奇迹。当塞内加意识到这座宫廷已经变成了自己的监狱的时候，他至少曾有两次试图离开这里。然而，最初他其实是自愿进入宫廷的。与他那伟大的榜样苏格拉底不同，塞内加感受到了壮志雄心的诱惑，直到生命走到尽头，他仍觉得壮志未酬，如果我们相信他在《致路奇里乌斯的信》中给自己的道德状态所做的分析的话。[3]

到底是什么促使一位坚定的斯多葛派学者，一个认为幸福来自自然和理性的人，去追求财富和统治呢？塞内加从来没有对自己提过这个问题，但是他在自己最伟大的诗体悲剧《梯厄斯忒斯》中，用一个神话中的类比来思考了这个问题。

173

几乎可以肯定的是，塞内加是在尼禄的宫廷中，或者是在其隐退后创作了这部戏剧。[4]这是他的戏剧中最具自我参照性的一部，以至于有人怀疑，在他有生之年这部作品是否还能出版。在这部作品中，塞内加用一对王族兄弟之间的冲突——阿特柔斯（Atreus），一个仿佛被恶灵附身的血腥独裁者；梯厄斯忒斯，一位试图远离政治的温和圣哲——来解决他自己的奇怪旅程中出现的问题。

在剧作开始时，阿特柔斯坐在阿尔戈斯的王座上，独享着至高权力，尽管他和自己的兄弟梯厄斯忒斯本来应该轮流统治。梯厄斯忒斯遭到流放，而塞内加把这种流放描述为一种哲学的隐退、一种与自然的交流，就像塞内加声称自己曾在科西嘉岛所享受的那样。然而阿特柔斯，被祖父坦塔罗斯（Tantalus）的恶魔般的灵魂所影响，决心杀掉自己的兄弟，因为他认为梯厄斯忒斯是一个威胁。他开始诱使梯厄斯忒斯回到阿尔戈斯，然后实施了一项邪恶的计划：将梯厄斯忒斯被杀害的孩子们的肉端上招待自己兄弟的盛宴。

这场冲突既不是塞内加与尼禄关系的加密版本，也不是将政治的野心与哲学的超脱相对立的寓言，但它包含了两者的元素。阿特柔斯的一个心腹向他质疑，要他说出该如何从这么遥远的地方把梯厄斯忒斯给诱捕回来。阿特柔斯回答道：

> 他不可能被我们抓住——除非他想让我们把他抓住。
> 因为他还觊觎着我的王国。

凭借自己身为一个犯罪的精神错乱者所具有的无所不知的洞察力，阿特柔斯似乎看穿了自己兄弟与塞内加的内心。阿特柔斯暗示，即使是最超然自得的圣哲，内心也潜藏着对权力的向往。

梯厄斯忒斯此时出场，向着我们所知道的、正在等待他的陷阱而去。塞内加将他描述成一位正直的禁欲主义者，厌恶他早已抛却的世界：

174

> 不妨碍任何一个人，
> 自己在这开阔的土地上吃着安全的食物，
> 是多么美好啊。
> 茅屋无法让罪犯藏身；
> 窄桌上摆着有益健康的饭菜；
> 而那个金杯却已经被下了毒——我已经见过，我
> 知道。

　　这就好像是塞内加把自己的生活时光倒转了，让梯厄斯忒斯在科西嘉岛上面临同样的选择，但也让他知道等待他的将是什么。梯厄斯忒斯痛苦地徘徊在悬崖上，不愿往前走，他感受到前方会有危险，却无法下定决心——但是随后又迈出了致命的一步。

　　为什么梯厄斯忒斯在声称讨厌阿尔戈斯的一切的时候，却还是选择回到了那里？⁵他被动地做出了选择，仿佛宿命使然。当他的孩子们催促他前进时，他似乎选择了投降："是我在跟随你们，而非我在领导你们。"他如是对他们说道。他已经抵抗了很长时间，已经足以宽慰自己的良心。当阿特柔斯递给他权杖时，他会进一步地表达抗拒，但还是选择了接受。这是阿特柔斯所预言的，也正如塞内加最终所表明的，那正是梯厄斯忒斯想要获得的东西。

　　接受被玷污的权力，而不是坚守高洁的流放——这既是梯厄斯忒斯所犯下的罪，也是塞内加感到熟悉的罪过。其背后的冲动，深深植根于梯厄斯忒斯的本性之中，这或许也是所有人都具有的本性。"我们都做过错事，"塞内加在《论仁慈》中写道，"有些人没有坚定地支持我们美好的愿景，在不情愿中失去了我们的无辜，然而在这一过程中还试图保持无罪。"塞内加笔下的梯厄斯忒斯做出了这样的尝试，但是仍旧不够努力。

　　塞内加的散文作品提供了宽恕，然而在悲剧的冷酷世界里，软弱的罪过会变本加厉地在罪人的头上卷土重来。在一篇报信者所做的可怖演说中，我们听到了阿特柔斯是如何屠杀、切割和煨炖梯厄斯忒斯的孩子们的。然后，我们眼睁睁地看着梯厄斯忒斯在不知不觉中吃掉了这些可怕的炖菜。

在该剧的最后一幕中，醉醺醺的梯厄斯忒斯满心欢喜地吃着饭，意味深长地诅咒着自己过去遭受的贫穷：他已经进入了自己曾经放弃的充满享乐与权力的世界。阿特柔斯就此上场，给了他致命一击。他展示了被梯厄斯忒斯朵颐过的孩子们的头颅。没有任何神祇介入阻止这场暴行，也没有人关心暴行的发生，正如塞内加在他那噩梦般的结语中所暗示的：

> 梯厄斯忒斯：诸神会来为我报仇的；
> 我把对你的惩罚托付给他们。
> 阿特柔斯：我把对你的惩罚托付给——你的孩子们。

只要梯厄斯忒斯愿意，他可以一直这样为正义祈祷下去，然而他内心中那令人厌恶的东西，却是这出戏剧真正所要展现的一切。

对于一个经历过如此可怖可厌的事物的宇宙而言，除了走向衰落和终结，已经别无他途了。在《梯厄斯忒斯》中，塞内加再次设想了天启的降临，这一主题从一开始就萦绕在他的作品中。在这种情况下，一个新的灾难就近在眼前：太阳消失了，给尚在白昼的阿尔戈斯带来了黑暗。[6]在剧中，没有人能够理解这一现象，但是大家都知道这预示着灾难即将来临。

在梯厄斯忒斯的食人盛宴之后，不仅是太阳，连星星似乎都要消失了。剧中歌队的成员们、阿尔戈斯的居民们，想象着黄道带坠入大海，只留下上面一片黑色的虚空：

> 难道我们世世代代，
> 就该承受这苍穹崩裂，

天轴从穹顶之下重击而来的后果吗？

最后的时代是不是在我们的身上降临了？

残酷的命运把我们带到了这个境地：

不幸的人们啊，要么是我们失去了太阳，

要么是我们把太阳给赶走了。[7]

在这些话中，我们似乎听到了塞内加自己的声音，谈论着他自己身处的时代。《梯厄斯忒斯》是他那凄凉的内心呐喊，是塞内加曾吐露过的最绝望的真言。对他来说，科西嘉岛上那美好的星星已然熄灭了。他的天空已经变得暗淡无光、一片漆黑、别无他物。

死亡是离开他所栖身的这个病态世界的唯一途径，然而他依然选择活着。剧作中的末日大合唱的最后几句话道出了他生命中最后几年里一直萦绕在心头的主题——自杀： 176

对生命的贪婪是他拒绝

赴死，和那垂死的世界一起消亡的原因。

这也许是塞内加对他自己的规劝——抑或自责。

当塞内加在写作《梯厄斯忒斯》的时候，卢坎也在创作他自己的杰作——史诗《内战纪》，然而他的写作心境与自己的伯父截然不同。卢坎不准备抛却希望或是退缩到宿命论之中。很显然，他并没有准备好赴死。这头安奈乌斯家族的年轻雄狮方才二十来岁，正处于自己非凡文学才华的顶峰。当第二届"尼禄尼亚"即将举办时，他开始使用自己的诗歌作为有力的武器，朝着一个大多数人都认为遥不可及的目标前进：反抗尼禄。

卢坎第一次来到罗马，已经是五年之前的事了。他在第一届"尼禄尼亚"上吟诵过《尼禄颂》，而在《内战纪》的前言中——显然这是没有讽刺意味的——还曾告诫尼禄，当他在星群之中占据一席之地时，他要谨慎行事。他迫切地采用了合乎宫廷的方式，在宫廷中，诗人对元首的推崇越高，那么他们所处的地位就越高。

天赋异禀的卢坎，深受尼禄和塞内加的喜爱，他似乎注定要在政治或文学领域获得荣耀，或者他会同时获得这两份荣耀。然而在尼禄的宫廷里，卓越之才并不总是一件幸事。随着自己的艺术野心愈发膨胀，元首愈发嫉妒那些受他庇护的人。两人的关系也每况愈下，塞内加的失宠加速了这种关系的恶化。卢坎继续出版并诵读《内战纪》的章节，然而不再得到尼禄的认可。事实上，元首曾经打断了卢坎的诵读，突然召集元老院开会，这迫使很多听众乃至卢坎本人都不得不径直赶往元老院。[8]

卢坎憎恶皇帝的心胸狭窄，而这种怨恨也开始渗入他创作的诗歌。其史诗的主题——罗马历史上让尤利乌斯·恺撒得以掌权的这场内战——其实在政治上是敏感的，尽管卢坎最初试图避免挑衅或刺激。但是，随着诗歌的推进，其对恺撒家族的看法愈加负面。当卢坎写到第七卷的时候——他一共完成了十卷，并打算至少再写两卷——他的诗歌已经开始近乎煽动言论了。[9]

尼禄出于愤怒或嫉妒，禁止卢坎的作品被诵读或者被出版。而卢坎只会让他的《内战纪》的内容变得比其他任何时候都富有争议。在第十卷——他即将完成的最后一卷——中，刺杀尤利乌斯·恺撒的举动，被公然盛赞为后人的楷模。在私密的圈子中，卢坎开始用严厉的诗句讽刺元首——他肯定也清楚，两年前安提司提乌斯差点就是因为同样的罪过而被判处死刑。

最有可能就是在这一时期，卢坎说出了一句后来成为传世经典的妙语名言。[10] 在使用公厕时，他听到自己肠胃胀气发出的声音在身下空荡的茅坑中回响，他那敏锐的文学之脑立刻从尼禄创作的诗歌中找到了一句应景的话。"你可能以为它在大地之下轰鸣。"卢坎吟诵着，兴高采烈地模仿皇帝吟诵关于埃特纳火山爆发的诗句。听到他话语的人们赶忙离开了茅坑，唯恐此时在现场会让自己身处危险之中。

卢坎最终选择了一条直接进攻的路线。他发表了他创作的《论烈火焚城》（*De Incendio Urbis*），这部作品涉及依然十分敏感危险的主题——那场大火。这部作品现在已经完全佚失，而它的内容也近乎无人知晓，我们甚至不知道那是一首诗歌还是一篇散文，不过少量的参考资料表明，这篇作品把罪责都推给了尼禄。无论如何，仅仅是公开报道那场深深损害了尼禄声名的大火，就肯定会让元首感到冒犯。而塞内加在公元64～65年所写的大量散文之中也从未提及罗马大火。

卢坎——或者任何作家——在行使了这样的权利之后，还能指望逃出生天吗？这位年轻的天才是想让自己被逮捕吗？卢坎似乎希望现在的政权很快就走向终结，而他将作为反抗的英雄迈入下一个时代。因为在公元 64 年年底或公元 65 年年初，他已经成了暗杀尼禄阴谋的主要成员。

在尼禄统治期间，他一直都认为只有尤利乌斯或者克劳狄 178

乌斯家族的成员才能够君临罗马。从他的继弟布列塔尼库斯开始，接着是阿格里皮娜、普劳图斯、苏拉、屋大维娅，而最近是戴奇姆斯·西拉努斯，尼禄有组织地杀掉了所有与奥古斯都或奥古斯都妻子莉薇娅有血缘关系的人。现在就只剩下一个潜在的对手了，那就是卢修斯·尤尼乌斯·西拉努斯，他是奥古斯都的来孙，也是西拉努斯家族的最后一个后裔。他暂时还没有遭到戕害，但尼禄已经心怀不安地注意到了他。

尼禄试图消灭罗马所有可能替代他的候选者，以此维护自己的统治。他自己，以及他将来与波培娅诞下的儿子，将会是这个曾经人丁兴旺的皇室中唯一有资格继承皇位的人。然而，这种帝王策略的效力却从未经受考验。元首制度终究不是君主制，并非每一个元首都必须来自同一个家族。获得禁卫军的拥戴才意味着新统治者能拥有至高无上的权力，而任何人都有可能获得拥戴。

卢坎和他的同谋们决定测试这种可能性。他们选择了一位和蔼可亲、雍容华贵的贵族盖乌斯·卡尔普尔尼乌斯·披索（Gaius Calpurnius Piso），假如他们能够成功杀死元首的话，就让他来接替尼禄的位置。奇怪的是，他们绕过了卢修斯·尤尼乌斯·西拉努斯，这个尤尼乌斯家族唯一的男性。或许他们认为这个人太过年轻，并不适合统治；[11]而其他登上皇位的年轻人，先是卡利古拉，现在是尼禄，都已陷入自我沉湎、谬误错觉和全能妄想。人们认为，这种模式不能再被重复了。

只要为披索安排一场皇室联姻，那么尤利乌斯－克劳狄乌斯王朝就不会完全消亡。按照计划，披索将会与自己的发妻离婚，后者只是一个并不适合染指皇位的平民罢了，然后他会迎娶克劳狄乌斯早年婚姻诞下的女儿安东尼娅。安东尼娅在自己

30 多岁的时候，就因为尼禄处决了自己的丈夫苏拉而成了寡妇。安东尼娅已经证明自己是有生育能力的，尽管她给苏拉生的儿子最终并没有活下来。

在这帮密谋者中，没有一个人想过要恢复共和国。[12] 卢坎在他的《内战纪》中美化了许久之前的世界，然而史诗所传达的价值，并没有时常延续到政治现实当中。大多数罗马精英接受了塞内加在《论仁慈》中所表达的观点：专制获得了胜利；否则就可能引发新的内战和社会混乱。正如披索背后的人们所判断的那样，罗马所能期望的最好结果，就是迎来一位更加温和、更加理智的专制者，以及让元老院恢复失去的尊严。

这个阴谋得到了强有力的军事支持。法伊尼乌斯·路福斯是一个至关重要的归附者，他和提盖里努斯一样都是禁卫军长官。随着提盖里努斯的崛起，路福斯也失宠了，因为他拒绝像提盖里努斯那样满足尼禄的胃口，迎合尼禄的虚荣心。尼禄开始不再信任路福斯，甚至还指控他曾与那可恶的阿格里皮娜同床共枕。除非路福斯先发制人，否则他很可能会就此失势，甚至会被判处死刑。

其他禁卫军也加入了这项密谋，因为尼禄冒犯了他们身为士兵的荣誉。有些人则对迷恋舞台的元首或像车手一样疾驰的家伙感到厌恶，而其他人则怀疑就是尼禄纵火烧毁了罗马。还有一些人则是因为他谋杀了伟大的日耳曼尼库斯的女儿阿格里皮娜或者因为罗马政府行将破产而怨恨他——这个政府是他们丰厚薪水的来源。

在公民中，密谋的追随者们跨越了社会的各个阶层。而位列社会顶层的是那些元老，包括获命为执政官的普劳提乌斯·拉提拉努斯（Plautius Lateranus），他是一位参与征服不列颠的

179

英雄的儿子。而在骑士阶层中，身为尼禄一直以来最为亲密的朋友之一的克劳狄乌斯·塞内奇奥也宣誓支持密谋。在阶梯的最底层则是埃皮卡里丝（Epicharis），她是一个聪慧的希腊被释奴、交际花，很显然她此时是卢坎的父亲（同时也是塞内加的弟弟）梅拉·安奈乌斯的情妇。尽管埃皮卡里丝的地位卑微，但她是最狂热的同谋者之一，而其他人很快也会知道这一点，虽然是通过一种令人悲伤的方式。

密谋者们希望塞内加也加入他们的事业。[13]披索曾在三年之前与塞内加关系密切，以至于尼禄对他们两人都产生了怀疑，披索多次写信给这位伟大的圣哲，要求会谈商议。但是，塞内加拒绝了他，说自己身体不佳，不想被打扰。披索最后派了一个中间人——安东尼乌斯·纳塔里斯（Antonius Natalis），让他去说服塞内加亲自与他会面。

180　　这个信使的到来给塞内加提出了难题。[14]那个人的生活已经和塞内加自己的生活交织了近20年，然而密谋的成败关系到那个人的命运。他从尼禄13岁起就开始辅佐他、伴他长大，他是最接近元首父亲角色的那个人。很显然，他没有把自己的道德准则灌输给尼禄。哪怕现在尼禄已经变成了一头怪物，但塞内加真的想要尼禄去死吗？或者他真的想协助他人去杀掉尼禄吗？

如果这个密谋成功了，那么罗马政府又会变成什么样子？塞内加很了解披索，他知道披索并不是奥古斯都。披索也可能会失去支持，然后因遭到厌恶而滥权，继而因滥权而遭到暗杀，这样的模式又会再度上演。在《论仁慈》中，塞内加将罗马人民描述为一群需要受到控制的暴民，这些暴民一旦挣脱"枷锁"，就会对自身造成巨大的伤害。也许，即便是尼禄可能造成的伤害，也不会比其他选择的后果更为严重。

　　然后，塞内加也面临着围绕弑君的伦理道德问题。他在《论恩惠》中写道：一个统治者如果完全变成了疯子，那么他是可以被革除掉的；暗杀实际上倒是一种仁慈的了结。然而塞内加接着说，这种情况是大自然的反常现象，就像水下洞穴中神秘喷涌而出的火焰一样罕见。他在其他地方暗示，即使是卡利古拉也没有达到这个门槛，尼禄就更不用说了。难道元首在他 20 多岁的时候，就已经被人认为是该当诛杀的吗？

　　最后，塞内加不得不考虑他自己的命运，以及他对自己生命微不足道的掌握。如果他加入密谋，他是否会比置身事外拥有更高的生存概率呢？如果我们相信塔西佗的叙述的话，那么尼禄已经试图毒死自己先前的导师了。如果密谋者们成功地杀死了尼禄，那么塞内加就没有什么好担心的了，但他们也很可能会失败。如果是这样的话，尼禄会抓住任何证据作为逮捕塞内加的理由——这是尼禄迄今为止一直不愿意去做的事。随之而来的死亡，可能会比任何毒药带来的痛苦都要多。

　　作为一位经验丰富的外交家，塞内加在其整个政治生涯中一直在对冲押注并在极端之间游走。现在，在他人生最重要的十字路口，他再次选择了拖延时间。他既不参加也不反对这个密谋。他对披索的回答是：与他见面，或者进一步沟通，既不符合他自己的利益，也不符合披索的利益。但是，他补充道，他自己的福祉将取决于披索的安危。这是一段精心设计的客套话，但带有赞赏的语气。[15] 他似乎在暗示自己不会阻拦那些密谋者，而他也将后悔曾说过这样的话。

　　或许还有另一层考虑导致塞内加保持淡漠。塔西佗记载了一则谣言，说一些由苏布里乌斯·弗拉乌斯（Subrius Flavus）

181

率领的禁卫军打算把披索扶上帝位之后杀掉他，让塞内加接替披索的位置。他们认为塞内加是一个品德高尚的人，会赢得公众的尊敬，而披索在他们看来，只是一个德行不足的人、一个因表演悲剧而自贬身份的人。他们问道，如果一个里拉琴演奏者被罢黜，而由一位演员代替，这将如何减轻罗马的耻辱呢？塔西佗表示，但这只是一则谣言，而尼禄在潜意识里也知道这一点。

在所有关于塞内加思虑的诸多诱人却又含糊的线索中，这肯定是最吸引人却又最模棱两可的。这只不过是一则数十年后被一个不确定自己是否相信消息来源的人听到并记录下来的故事而已。[16]然而，塔西佗却不愿意否定这则消息，许多现代历史学者也是如此。[17]这就提出了一种令人咋舌的可能性，那就是塞内加虽然没有采取行动，但希望以成为新元首的方式了结这一切——自己成为西方世界的第一位哲人王。

但这只是一种可能性，并不需要得到证明或接受反驳。这个例子最能说明我们最终对塞内加到底有多少了解，他的一生都在努力揭示自己的灵魂，然而留下了如此多的晦涩之事。在塞内加讨论了如何以及为什么退出政治生活之后，我们不能断言塔西佗所述的谣言就是毫无根据的。我们无从知晓，当罗马对他盛情邀请、虚席以待之时，塞内加是否会选择君临。

虽然密谋者中有诸多著名的成员，但这个反对尼禄的密谋终究还是缺乏领导。披索以其个人魅力与和蔼可亲深受大家的爱戴，但是事实证明他无法引导大家采取行动。[18]密谋者们争论着何时何地实施他们的行动，拖了很长时间。他们扬扬自得，因为尼禄没有理由怀疑有人会去袭击他，但是密谋被发现的概率与日俱增。最后，塞内加弟弟家的希腊被释奴埃皮卡里丝，由于过分的狂热而忘记密谋要保持出其不意了。

埃皮卡里丝厌倦了同谋者们无休止的争论和拖延，决定自己亲自推进计划。在坎帕尼亚处理其他事务时，她拜访了位于米塞努姆的海军中队，这里的水兵们曾经忠实地为尼禄服务，并为他杀死了他的母亲。而其中一个刺杀者是一位名叫普洛库路斯（Proculus）的中层军官，而他觉得自己并没有得到应有的奖赏。他向所有愿意倾听的人大声抱怨尼禄，其中就有埃皮卡里丝。她抓住机会，想把他招募进来。她表示，如果普洛库路斯让他的水兵们参与密谋的话，那么他会得到应得的奖赏甚至更多。

然而，埃皮卡里丝误解了普洛库路斯心中所怀有的不满。他只是想发泄一下自己心中的怨气，而不是要为此报复。他被埃皮卡里丝的建议给吓坏了，他把这次会面的消息直接告诉了尼禄。

埃皮卡里丝被抓去接受审问，她却矢口否认。她没有给普洛库路斯提供任何关于这个密谋的证据，也没有透露任何一个人的名字，所以调查并没有进一步进行。然而，尼禄已然处于戒备状态，也一直拘禁着埃皮卡里丝。

原本进展缓慢的密谋现在进入了高潮，因为策划者们都觉得自己可能会被出卖。[19]他们决定在 4 月中旬行动；而那时一年一度祭祀刻瑞斯（Ceres，又译作克瑞斯、凯列司）的谷物种植节①即将开始。虽然尼禄在其他时间都没有现身，但他还

---

① 也就是刻瑞斯利亚节（Cerealia），古罗马人祭祀谷物女神刻瑞斯的节日，庆祝活动一般开始于 4 月中上旬，为期 7 天。

是会参加在大竞技场举办的闭幕式，这座建筑在九个月前的大火之后已经被重建。按照计划，可以接近尼禄的指派执政官①拉提拉努斯会屈膝跪在皇帝面前，就像是在恳求什么私事一样，随即控制住尼禄，让他动弹不得。早在一个多世纪之前，密谋者针对尤利乌斯·恺撒也曾使用类似的策略，并取得了令人震惊的效果。[20]

一位名叫弗拉维乌斯·司凯维努斯（Flavius Scaevinus）的元老请求让自己第一个动手，但他显然不是一个很好的人选，因为那时的他在生活中一直追求着自我满足并且贪图安逸。但司凯维努斯觉得自己的机会就近在眼前，他甚至弄到了一把神圣的匕首用来刺杀尼禄，那是一把供奉在附近神庙里的古代遗物，他对这把匕首爱护有加。在 4 月 18 日的晚上，就在谷物种植节结束的前夜，司凯维努斯要求他的被释奴米利库斯（Milichus）为自己磨快并且擦亮匕首，同时也要帮他设法弄到一些止血用的绷带和止血带。

在过去的数十年里，帝国的被释奴们扮演了许多重要的角色，但还从来没有一个元老的被释奴乃至其妻子会青史留名。米利库斯的妻子，一个名字未被记录下来的女人，对司凯维努斯的准备工作倍觉警惕。她说服自己的丈夫，让他相信有什么事情正在发生，而且家中其他人都知道。她说，如果米利库斯不是第一个把消息传进皇宫的人的话，那么他就会与一大笔奖赏失之交臂。事实上，仅仅只是帮司凯维努斯磨刀，米利库斯就已经把自己的生命置于危险之中。

---

① 罗马的执政官原则上一年选一次，但当执政官中途辞职或死亡时，就会有一名被指派的继任者接替他完成任期。

在 4 月 19 日的黎明时分，米利库斯和他的妻子，带着那把磨好的匕首作为证据，前往皇帝的寓所，并与尼禄见了面。司凯维努斯立即就被抓了起来，并被带进宫中来解释自己的行为。司凯维努斯为自己激烈辩护，以至于米利库斯几乎就要收回自己的指控，但他的妻子不会让命运女神丢下的战利品白白溜走，她又提供了新的消息：她经常看到司凯维努斯与安东尼乌斯·纳塔里斯会谈，而后者正是形迹可疑的披索的同伙。

现在纳塔里斯也被带到皇宫中接受审问，他和司凯维努斯被分别带到了不同的房间。两人都被问及最近谈话的细节，然而双方在细节上的交代并没有达成一致。于是两人都被戴上了镣铐，并被带到准备好的刑具前。这些刑具通常用于奴隶和非公民，只有在危机时刻才会被非法地用于元老一级的人士身上。按照在各个时代都适用于暴君的情境，这两个人很快就承认了，他们都担心对方在被打得皮开肉绽或被用烙铁炙烫时会坦白一切。

审讯的最紧迫任务是查出共犯的姓名。被告者有选择地供出了名单，只希望出卖足够多的共谋者以确保自己的安全。司凯维努斯把卢坎和塞内加给牵扯了进去，他们都是尼禄核心集团的成员，当然他们还供出了其他几个人。纳塔里斯是第一个指认这场密谋的表面上的头目就是盖乌斯·披索的人。然后，为了赢得尼禄的好感——因为他知道元首为此会多么高兴——他也供出了塞内加的名字。纳塔里斯曾亲自把塞内加那条用语奇特、过分修饰的信息带给了披索，现在他又对尼禄重复了相同的话语："我的福祉将取决于你的安危。"

与此同时，也有消息被透露给披索和其他的密谋头目，说他们的计划已经被泄露了。披索的同僚们敦促他立即前往禁卫

184

军的营地，或者登上广场讲坛，召集全城的民众来支持自己的事业。对尼禄的仇恨已经广泛传播，披索也许能够成功引发一场起义。不管怎样，他又有什么能损失呢？他已经失去了生的希望，但他至少可以以殉道者的身份挺身而出，公开表示反抗。

披索漫步在罗马的街道上，而在那里，对大多数市民而言，这一天只不过是和往常一样开始了。披索在街道上感受到了宁静和冷漠，这残忍的无动于衷一定令他备受打击。自己要想唤醒这群死气沉沉的群氓就要付出巨大的努力，而自己和爱妻也会有遭受折磨的风险，所有的这些都让他难以思量。于是，披索回到家中，等待士兵们的到来，接着他切开了自己的血管。就像他所在阶层的其他人一样，元老们的斗争意志已经被一个世纪的专制统治给耗尽了，披索发现选择放弃是十分容易的。大量失血所带来的缓慢昏迷将他淹没，最终一切都归于平静。

为了拯救自己的妻子和家庭，披索在遗嘱中对尼禄进行了颇为夸张、露骨且过分的颂扬。

当尼禄监督审讯，看着被告的名单不断增加的时候，他最深层的疑虑终于得到了证实。罗马的政治精英们，那些高尚的元老与贵族，正如他一直感觉到的那样痛恨他，恨不得将他杀掉。多年来，他们的道德说教一直让尼禄备受压抑。他们似乎有一个共同的反对他的想法，那是一个由严厉的斯多葛学派滋养出来的想法，这个学派教会人们故作怒容与严厉责骂，而这个学派中也有自己的前任高级顾问——塞内加。

尼禄决心全力反击。他会把那些批评他的人一网打尽，无

论他们是否有罪。因为随着嫌疑人员范围的扩大，有罪与无罪 185
之间的界限已经变得模糊了。据了解，大量上层社会人士要么
是被告的朋友，要么最近曾与他们交谈过。即使是塞内加，
尽管他小心翼翼地避免与之直接接触，也向披索传递了一条信
息，至少在尼禄看来，这似乎就暗示了勾结。尼禄派遣了一位
禁卫军将领伽维乌斯·西尔瓦努斯（Gavius Silvanus）去找塞
内加，把这个消息告诉他并和他当面对质。

尼禄当时并没有意识到，包括伽维乌斯·西尔瓦努斯在内
的很多军官也参与了这场密谋。尼禄仍然信任禁卫军，甚至是
他们的长官法伊尼乌斯·路福斯，他指派实际上是个同谋者的
路福斯负责重要的审讯。路福斯为了不被发现，装出一副忠心
耿耿的样子，残忍地虐待了他的同伙们。那些被他折磨的人拒
绝将他供出，他们认为，如果路福斯继续做卧底的话，那么他
还可以策划释放他们，甚至可以实施计划中的政变。

第二个目标差点就要实现。在一次严刑拷打中，路福斯得
到了另一个密谋者苏布里乌斯·弗拉乌斯的协助，而尼禄本人
则在一旁观看。在某个时刻，弗拉乌斯突然意识到正在发生的
事情是如此荒谬、如此毫无意义：审讯的房间中有三个人都想
取尼禄的性命，而其中两个人正在拷打第三个人，而此时在他
们身旁旁观的尼禄却手无寸铁，很容易陷入寡不敌众的境地。
弗拉乌斯用隐秘的手势向路福斯建议他们俩立即杀掉尼禄，此
时他甚至已经拔出剑来。然而路福斯放弃了这个在密谋中完全
没有料想到的第二次机会。他对弗拉乌斯摇了摇头，继续执行
讯问工作。镇压已经做得过了头，连他也没有胆量突然改变
方向。

与此同时，卫兵们四散而出、大肆搜索全城，想要扼住民

众的咽喉。巡逻的士兵站在古老的塞尔维乌斯城墙上，每个人都能看到他们的存在，人们也可以在台伯河沿岸船只进出的地方看到这些人的身影。一队又一队的禁卫军士兵，加上那些魁梧的日耳曼人，推搡着穿过罗马广场，闯入私宅，拖走了那些需要接受审问的人。镣铐和铁链不再仅作备用，而是立即加诸所有嫌疑人的身上。大批戴着手铐的人涌向尼禄的寓所，抓来的人数量实在太多，以至于这些嫌疑人不得不被羁押在宫外靠近大门的地方，因为暂时没有房间来折磨拷打他们了。

那些交代出其他同伙的人将被允诺享有豁免的权利，许多人都抱着一丝希望，希望这一交易能够得到履行。诗人卢坎就位列其中。尽管他是最为凶狠的密谋者之一，甚至打算把尼禄的头颅作为礼物送给他的几位朋友，[21] 但是年轻有为的他，在看到有机会保住自己的性命之后，便选择了顺从。他承认了自己的罪行，并且说出了几名同伙的名字，甚至还加上了他母亲阿奇里娅（Acilia）的名字。假如我们相信苏维托尼乌斯所做出的残酷分析的话，那么卢坎其实希望像尼禄杀死阿格里皮娜那样弑杀自己的母亲，以此来取悦尼禄。幸运的是，诚如塔西佗所言，阿奇里娅在混乱中被人遗忘，最终唯独她幸免于难。

而一个勇敢的抵抗者，却选择拒绝牵连任何人。

被释奴埃皮卡里丝是卢坎家内的一员，同时也是一个煽动者，在拒绝承认自己曾经在米塞努姆试图招募普洛库路斯的罪行之后，仍然被羁押着。现在，尼禄下令对她施以折磨：用烧红的铁盘对她进行灼烧，将她放在刑架上拉伸四肢。他相信女人的决心很容易就会被动摇。然而，埃皮卡里丝在一天的大部分时间里都默默地忍受着折磨。第二天，她的躯体已经严重受损，不得不被放在椅子上抬进拷问室。尽管如此，当她一个人被滞留在紧锁的房间里时，她还是解开了自己的胸带，将它系成套索，半裸着吊死在支撑椅子华盖的杆子上。

这段插曲或许可以让塞内加珍藏在《致路奇里乌斯的信》中，丝毫不比那些英雄般的自杀之举逊色。一个情妇、被释奴，一个或许在命运女神眼中最为卑微的人，找到了终极的自由与权力——选择让自己死亡的权力。也许埃皮卡里丝的事业彻底失败了。但是，在塞内加的道德体系中，自我毁灭可以让人摆脱压迫，而这位骄傲的女子赢得了胜利，她击败了罗马政府聚合的力量。

然而，塞内加从未听说埃皮卡里丝的结局。就在他弟弟的情人被绑在刑架上的时候，伽维乌斯·西尔瓦努斯率领的禁卫军已经包围了塞内加在罗马郊外的别墅，而此时他正和妻子宝琳娜共进晚餐。

当天早些时候，塞内加从坎帕尼亚回到罗马市郊的这座别墅中。由于塔西佗的详尽记叙，他的一举一动非常明了，然而他的动机一如既往地令人费解。[22]毫无疑问，他知道杀死尼禄的阴谋将在那一天开始。他是否希望为新政府效力，甚至被推举为元首呢？他是否会像他在神话里的化身梯厄斯忒斯那样，回到他的阿尔戈斯，再次饮下那杯下了毒的权力之酒呢？塔西佗无从知晓，也未做推测。我们也只能流于猜想。

那天晚上，塞内加和宝琳娜一起吃了一顿简餐，因为塞内加一直避免吃到疑似下毒的食物。然而矛盾的是，塞内加即使在试图避免被尼禄下毒的时候，也还是给自己收集了一些毒物，那是一杯毒芹汁，就好像是雅典政府为苏格拉底的死刑准备的毒汁一样。或许其他毒液的效果和它相差无几，但是，死

187

亡的方式与心境对于塞内加来说尤为重要。从《致路奇里乌斯的信》收录的信中，我们可以看到塞内加多年来一直都在思索和期待着的自己鲜活人生剧作的最后一幕。现在，他终于有机会在自己的朋友和家内雇员面前表演这一幕了。

对塞内加来说，幸运的是，一位伟大的剧作创作者，在使用了一个崇拜塞内加的目击者所留下的记录之后，将会让这一幕永垂不朽。一直对塞内加本人和那些伟大人物遭受厄运方式着迷的塔西佗，让这部分成了《编年史》中篇幅最长、记录最为详细、情节最为激烈的篇章之一。他把这部分塑造成绝妙的一幕，但是直到结尾时，他的语气依然模棱两可，对塞内加持有保留态度。目前还不清楚，他把这名男子的最后一出戏定义为悲剧还是讽刺剧，抑或二者的现代主义式的融合。

颇具讽刺意味的是，被派去对塞内加质询的警卫小队的队长西尔瓦努斯和法伊尼乌斯·路福斯一样，都是尚未被发现的共谋者。也许就在那天早上，他就料到自己要到这座别墅来拥立塞内加为元首。然而现在，为了避免被人发现，他不得不演好自己饰演的角色——此时他是一名坚定的尼禄拥护者。根据元首的命令，他询问了塞内加关于他最近与安东尼乌斯·纳塔里斯的交流。纳塔里斯真的想让塞内加与盖乌斯·披索见面吗？塞内加有没有让纳塔里斯捎带那则奇怪而带有预兆性的信息"我的福祉将取决于你的安危"给披索呢？

塞内加如何回答都已经无关紧要了，因为仅仅凭借指控，尼禄就已经可以为所欲为了。尽管如此，塞内加还是勇敢地进行了申辩。他仍有可能获得当局的宽恕，或者至少获得与他共进晚餐的两位朋友的尊重，他们将把塞内加最后的举动传递给全世界。塞内加告诉西尔瓦努斯，披索的确曾经试图与他会面，然而他拒绝了这些请求。至于那句致命的结束语，塞内加则是无意为之，因为他没有理由如此高度重视一个人的健康——除了元首的健康，他意味深长地加了这么一句。他没有理由奉承披索，因为奉承不是他的作风，尼禄自己就可以证明这一点。事实上，他庄严地宣称，尼禄在塞内加身上看到的更多是坦率与自由，而不是奴颜婢膝。

西尔瓦努斯回到宫殿中，把塞内加的话汇报给了元首。尼禄和自己最亲密的两位顾问——波培娅和提盖里努斯密谈了一番。尼禄询问塞内加是否准备自杀。毫无疑问，他希望得到一个肯定的答复，虽然这证据是微不足道的，但到最后还是需要证据的。然而，西尔瓦努斯却说，塞内加丝毫没有意识到危险。尼禄让他返回别墅，宣读皇帝的判决：死刑。

西尔瓦努斯没有立即服从。尽管他知道密谋已然失败，但是尼禄为了继续统治而需要采取的行动使他无法忍受。西尔瓦努斯前往他的指挥官兼同谋者的法伊尼乌斯·路福斯那里，问路福斯他是否应该执行他的任务。路福斯命令他照办，然而，西尔瓦努斯仍然心有不忍。他没有办法拯救塞内加，但是他至少可以让自己免于沾染与尼禄勾结的污点。他叫另外一个士兵捎去这一致命信息，然后继续赶路。

法伊尼乌斯·路福斯所扮演的双重角色，对密谋者并没有任何帮助。他们已经厌倦了掩饰。司凯维努斯是第一个供出他的密谋者，当他的耐心被耗尽时，他正在被路福斯审问。在有目击者在场的情况下，司凯维努斯故意回答了路福斯的一个问题："没有人比你自己更清楚，你为什么不站出来帮助你伟大的元首呢？"路福斯闻言大惊，他脸色发白、语无伦次地说个

189

不停。游戏结束了，他很快就被逮捕。

在那之后，禁卫军在这起密谋中起到的巨大作用被揭露出来。这导致了一些令人瞩目的交锋：尼禄向自己的禁卫军发出质问，而他们也毫无畏惧，直言不讳地作答。苏布里乌斯·弗拉乌斯向皇帝解释了他不满的根源。"军队里面没有人比我更忠诚于你——如果你值得我们爱戴，"弗拉乌斯说道，"但是，当你杀死你的母亲和妻子的时候，当你变成一个驾着马车的家伙、一个优伶、一个纵火犯的时候，我就开始憎恶你了。"塔西佗曾表示，在这场危机中，尼禄听到的最令他伤心的话语莫过于这一系列罪行的简短列举了。

一个名叫苏尔皮奇乌斯·阿司佩尔（Sulpicius Asper）的百夫长对尼禄同样直言不讳。阿司佩尔用哲学的术语为自己辩护。当被问及为什么要加入这个密谋时，他回答说（用塔西佗的话来说）："因为对你的暴行已经别无他法了。"（而根据狄奥的说法，则是"这是我能帮助你的唯一办法"。）塞内加并非唯一为暗杀寻求道德必要性的人。

士兵中的共谋者一个接着一个地遭到出卖、逮捕以及枭首，心甘情愿地伸长脖子等待袍泽们的利刃。据说，弗拉乌斯引颈就戮时曾面无表情地看着自己的坟墓，觉得它挖得太浅了。他冷笑道："这太不符合标准了。"他曾受训为之服务的罗马，奥古斯都和日耳曼尼库斯的罗马，已经不复存在了。取而代之的是一座由一个狂妄自大的小鬼统治的尼禄波利斯。

受到指控的平民人数也在不断增加。尼禄还在名单中添加了和他长期作对的人，不管这些人是否有罪，从而让名单越来越长。现任执政官、元首的密友阿提库斯·维司提努斯也出现在名单上，尽管他并没有受到任何人的牵连。他曾讲过一些粗

俗的笑话，表明自己对尼禄太过了解，并不畏惧他。一队士兵
被派去传唤维司提努斯接受讯问。当他们到达的时候，维司提
努斯正在和朋友们一同用餐，装出一副无所畏惧的样子。然
而，一个传唤的词语就足以揭开这种伪装。他立即切开自己的
血管，躺在浴缸中死去。他的客人们被扣留在餐桌前，滞留了
好几个小时，而他们的恐惧则为尼禄提供了残忍的娱乐。

　　士兵们引颈待戮，元老们割开手腕，所有人被动地、平静
地、顺从地走向死亡。有些人甚至在脱离了危险之后依然选择
了自杀。拒绝执行塞内加死刑的伽维乌斯·西尔瓦努斯被尼禄
的裁判所宣判为无罪，但他还是选择了自戕。或许在一次可怕
的大清洗中幸存下来的罪恶感让人难以忍受，又或者他害怕不
幸者的亲属前来报复。

　　在现存的塔西佗《编年史》的结尾部分那漫长的死亡名
单——这是一份长长的名单，它的长度足以让塔西佗担心这会
让自己的读者感到无聊和厌恶——中只有一个人是在战斗中倒
下的。卢修斯·尤尼乌斯·西拉努斯是奥古斯都除了尼禄之外
的最后一个男性后代，而当一名士兵来弑杀他的时候，他被拘
禁在巴里乌姆（Barium）。尽管手无寸铁，但他还是使出了浑
身解数进行反击，他对刺客打趣道，他们可没法轻易完成自己
的任务。他独身一人死在战斗当中，他的伤口都在身体的正
面，他没有选择在温暖而令人慵倦的浴池水中慢慢结束自己的
生命。

　　在塞内加的多篇议论散文和《致路奇里乌斯的信》中，
他从各个角度审视了自杀，特别是何时需要自杀的问题。消耗
性的疾病、残酷暴君的凌虐，或者无论如何死亡都会降临的必

190

然性，都可能成为赴死的正当理由。而在等待尼禄宫中传来的消息时，塞内加可能已经料想到了，尽管他在这三个领域都接近了临界点，但他还没有越过任何一点。他仍然希望尼禄的判决是放逐，而非死亡。他的哲学地位可能给予他庇护，就像后来保护了和他同为斯多葛派圣哲的穆索尼乌斯·鲁弗斯一样。

塞内加还想到了自己的妻子彭佩娅·宝琳娜，如果没有他的话，她的流放生活将会更加艰难——假如这真的是她的命运。"她的精气（spiritus）依赖于我的精气，"他在一封致路奇里乌斯的信里如是写道，用到了拉丁文表示生命气息的"精气"一词，"精气由于我们对挚爱之人的崇敬而艰难地逃离了，因而必须被召回，并且我们应衔其在唇尖。一个好人的寿命长度并不是随心所欲的，而是应该顺应天时。"当塞内加和宝琳娜坐在一起时，他可能会想到这句话。宝琳娜从来没有得罪过尼禄，但是如果那似曾相识的模式持续存在的话，那么她还是会因为与自己的亲密关系而被判有罪。

接着，一位百夫长自罗马而来，所有的希望都就此破灭。

塞内加询问士兵，是否可以写下自己的遗嘱。显然，他想把自己的一部分财产——他的大部分财产已经被掌握在尼禄手中——转让给与他共进晚餐的那两个朋友，他们分享了自己生命的最后时刻。塞内加现在写的任何东西都不能阻止尼禄夺取整个庄园，如果他想的话，但这位百夫长还是拒绝了塞内加的请求。用塔西佗的话来说，塞内加向他的朋友们解释道，他只能留给他们自己生命的"意象"（imago），这也是他唯一能控制的遗产。

"意象"是一个多层次的词语。就像其在英语中的衍生词"image"一样，它可以简单地表示"形状"或"形式"，但同时也可以表示"幻觉""魅影"，或者"假象""想象"。塔西佗是一位杰出的反讽者与语言艺术家，他小心翼翼地选择了这么一个词。诚如塔西佗所知，塞内加也是一位完美的反讽者：他用 50 万字描绘了自画像，但是他所有的论著、剧本和书信从来没有谈及他掌权生活的真相。从他开始写作的那一天起，他就在塑造自己的意象。而在他生命的最后时刻，塞内加还在塑造着自己的意象，仓促地修改着一份未完成的作品，并且采取措施确保它能够留存。

不过，或许就算现在吐露真言也时犹未晚。为了安慰已经开始悲痛啜泣的朋友们，塞内加指出，如今的危机其实早就在预料之中。他说道："在尼禄杀掉自己的母亲和兄弟之后，除了再把自己的导师给杀掉，他还能再杀谁呢？"塞内加本人曾经帮助尼禄掩盖了这两起谋杀，并且至少参与了其中一起谋杀。（通过塔西佗的作品）他那直言不讳的话语仿佛是对整个罗马的诉说，似乎想把真相都揭露出来，把它们摆在尼禄的脚下。192

塞内加为这一刻准备了一杯毒芹汁，这样他就能像五个世纪之前的苏格拉底那样死去。然而出于某种原因，他并没有饮用它，而是选择了一种更加罗马式的死亡方式，即在缓慢失血中死去。193 一直与塞内加同甘共苦的妻子宝琳娜，现在表示她也想和塞内加一起共赴黄泉，塞内加同意了。他和宝琳娜将双臂并排搁在一起，这样刀锋一划就能同时割到两人的血管。在一位观察者看来，这是一个令人感动的琴瑟和鸣的时刻；然而在另一位观察者看来，这似乎是塞内加在强迫自己的妻子赴死。塔西佗和狄奥的著作，对这最后同时也是最极端的境遇，给出了存在分歧的描述。

由于自己手臂上的血流淌得不够迅速，塞内加在膝盖后面和脚踝周围也划了口子。此时的他相当痛苦，与宝琳娜拖着身子走入各自的房间，免得看到彼此的痛苦。在奴隶、被释奴以及他的两位挚友的陪伴下，塞内加等待着死亡的降临。

然而死亡没有即刻降临。塞内加衰朽的静脉由于饮食不足而萎缩，并没有流出足够多的血。塞内加的缓慢逝去，给了他时间向自己的书记员口述最后一部作品，那大概是一篇道德散文，虽然塔西佗没有详细说明是哪一篇。[23]然后，他就请自己的朋友斯塔提乌斯（Statius）给自己端来了那杯保存已久的毒芹汁，一口饮尽。这种有毒的饮品曾在数分钟内就使苏格拉底瘫倒麻痹，然而不知怎么的，它却对塞内加没有任何作用。

最后，塞内加痛苦地走到别墅的浴池中，将自己浸泡在热水里。塞内加仍然有意识地寻求与苏格拉底的亲切关联：根据柏拉图的说法，苏格拉底在死亡的时候，曾宣誓要献祭给治愈之神阿斯克勒庇俄斯（Asclepius）。塞内加往地上洒了一些洗澡水，说他这样做是为了向解放者朱庇特神（Jupiter the Liberator）行灌奠之礼。他不是在祈求，就是在感谢神祇的解救。随后，由于失血过多与毒芹中毒而变得赢弱不堪的塞内加，最后因蒸汽窒息而死，终于咽下了最后一口气。

尼禄时期最难以捉摸的生命，以最为复杂的死亡方式恰如其分地结束了。塞内加那拖延已久的三阶段自杀并没有完全按照计划进行，虽然这个计划他其实已经考虑多年。不过，这也是他在不受士兵侵扰的情况下进行的独特建构。最后，塞内加肯定对自己在退场时仍然掌握自主权且心无旁骛而感到满意。这也是尼禄唯一无法染指的东西。

194　　塞内加的遗体被火化，正如他在遗嘱中所要求的那样，其骨灰未经葬礼或其他仪式就被埋葬了。

而宝琳娜却奇迹般地活过了 4 月 19 日的夜晚。她的手臂被自己的奴隶们给扎住，从而止住了血。有人说这是尼禄的命令，用以减轻塞内加之死所带来的恶名；也有人说，这是她自己的意愿，因为她意识到尼禄并不憎恨她，而且她寡居的生活也不见得会太过艰难。于是，她又多活了几年，在痛苦的折磨下变得苍白憔悴。

事实证明，她的经历十分罕见。因为塞内加其他所有的亲属及伙伴最终都被尼禄的怒火吞噬。

卢坎的死亡也紧随他的伯父之后。尽管这个年轻人曾经获得许诺，可以通过交代信息而获得特赦，然而尼禄已经彻底憎恶了这位比他更加出色的诗人，因而勒令他自杀。卢坎割开自己的血管，最终因失血过多而死，尽管在这过程中他四肢发冷，但是他仍保留着自己的文学天赋。他突然想起，自己在《内战纪》中曾写过一个士兵因失血过多而死亡的故事，因而在临终前，他凭借记忆背诵了这段诗句，大概是这样：

> 他倒了下去，全身的血管都迸裂开来；
> 从来没有一个生命可以从如此宽阔的道路上逃离……
> 他躯干的最末端将四肢交给了死亡的彼方，
> 然而在那肺部伸展的地方，在那些器官尚且温暖的地方，
> 死亡还是在那儿驻足良久……

卢坎的父亲梅拉现在已经失去了儿子和兄弟，然而他很快

就发现自己也被卷入了烈焰的逆流。安奈乌斯家族最年轻的这位成员总是远离政治，他偏爱财富而非权势，然而这种偏好恰恰导致了他的垮台。在继承了卢坎的遗产之后，他试图（也许做得太过分了）追讨那些赊欠儿子的债务。这种举动激怒了某个罗马人，他很可能是其中一个债务人，而梅拉也发现自己遭人告发。一封伪造成卢坎所写的书信暗示了梅拉是儿子密谋的一分子。于是，在将他精心搜罗的大部分财产转让给尼禄

195 那个令人生畏的亲信提盖里努斯之后，梅拉和卢坎一样，选择割开血管自杀了。

安奈乌斯家族最年长的成员迦里奥，由于当局者突然逆转的情绪，几乎逃出生天。当迦里奥被自己在元老院的仇敌撒利耶努斯·克利门斯（Salienus Clemens）当作国家公敌而遭受攻击时，大清洗即将步入尾声。出席元老院会议的元老们都感到事情已经做得太过分了：公共安全正被用作处理私人恩怨的借口。克利门斯的行为也被喝止了。迦里奥获得了缓期执行的机会，然而他无法摆脱这一指控所带来的恶名。最终，他还是成了尼禄暴行的受害者。

就像之前的焚城大火一样，尼禄的杀戮之火似乎熄灭了，但又以新的力量再次燃起。第二轮处决比第一轮处决延长了好几个月，处决的对象是那些风闻与披索密谋相关的人。根据塔西佗的说法，盖乌斯·佩特洛尼乌斯之所以会下台，仅仅是因为提盖里努斯嫉妒这位朝堂上的对手，便收买一个奴隶获取证词。这个锦衣玉食之人，就像对待自己的生活一般，将死亡变成了与哲学家与众不同的模样，他愉快地畅聊着，与朋友交流那些轻松的诗歌与笑话，最终流血而亡。他的最后一篇文章是在自己临死前口述的，那并不是一篇道德论著，而是由内幕知

情者所述的有关尼禄怪诞风流韵事的指南。

烈火肆虐着，吞噬了散文作家与诗人、元老和士兵、卫道士和享乐主义者。那些尼禄或者提盖里努斯认为有威胁的人都在罗马被烧得一干二净。仿佛是斯多葛哲学里终结世界的大火"宇宙燃烧"已然降临一般，但它以异于预期的形式降临于世。这场大火没有清除掉这世间腐朽的那批人，只带走了那些最优秀、最耀眼的人，那些罗马文学精英和罗马军队的中流砥柱。

特拉塞亚·帕伊图斯是最后一批步入冥界的人。[24]

高贵的特拉塞亚因为自己努力维护尊严且避免奴颜婢膝而备受尊敬，同塞内加一样，他对反对尼禄的密谋敬而远之。事实上，在之前的三年中，特拉塞亚已经完全远离了公共生活。然而，这种归隐也有可能成为他遭受攻击的把柄。提盖里努斯的女婿科苏提亚努斯·卡皮托在一场冷酷的元老院演说中讽刺了特拉塞亚引以为傲的遗世独立。他声称，这名男子是一个新的小加图，他是一个整天故作怒容的分离主义者，想利用斯多葛哲学来凝聚异见。道德庄严性——正是这一品质曾让塞内加跌入低谷——在尼禄波利斯的狂欢世界中，很容易被人描绘成一种犯罪。

特拉塞亚在尼禄的武装部队的面前遭受元老院的谴责。于是在其庄园的一间私人房间中，在自己的女婿赫尔维狄乌斯和他的犬儒派宗师德米特里乌斯——他也是塞内加在《论恩惠》中倍加推崇的人——的陪伴下，特拉塞亚割开了自己的血管。当他的血流到地上时，特拉塞亚应和了当时已经广为人知的塞内加曾说过的话语，宣布为解放者朱庇特神行灌奠之礼。

塔西佗用完全相同的言语引述了这两个人的最后祷词。他是否有意将这两位伟大的斯多葛派学者——一位与绝对权力相勾结,一位则反对绝对权力——联系在一起,建立一个永恒的和睦纽带?又或者其实塔西佗是在进行对比,将直接用鲜血进行的有意义的献祭和用洗澡水来进行的更容易的献祭进行对比?

据塔西佗所述,只有一个人试图在特拉塞亚被夺去生命之前阻止这场大清洗。一位名叫阿路列努斯·路斯提库斯[25](Arulenus Rusticus)的年轻而热心的保民官提出要用自己的否决权去推翻对特拉塞亚的判决。然而,特拉塞亚制止了这个年轻人,并指出,路斯提库斯的否决依然会被推翻,他很可能还会为此丧命。"你的职业生涯才刚刚开始,"他忠告这个年轻人,"好好考虑一下,在这样一个时代,你应当采取怎样的政治立场。"

在目睹了如此之多的死亡后,特拉塞亚在即将死亡之时,只能给出不要反抗的建议。他觉得,如果像路斯提库斯这样的良善之人适时妥协,那么罗马的境况就有望好转。他们最好能够留在公共生活之中,赋予它一点道德的尊严,而不是匆忙地投身于火焰之中。

第二届"尼禄尼亚"即将举办。4月——按照元老院法令现在被称为"尼禄尼乌斯"——的噩梦已经过去,整个罗马也慢慢稳定下来。尼禄已经消灭了自己的贵族敌手,无论这些人有罪还是无辜。但是,尼禄仍然渴望获得一场胜利,由于塞内加一直以来的阻拦,他从没有得到过这样的奖赏。

尼禄已经在那不勒斯和其他地方的舞台上登台献唱过,但是他渴望得到只有罗马才能授予的赞誉。他打算在"尼禄尼亚"期间上演他的罗马首秀，而这个计划让元老院倍感震惊，即使元老院里的异见者都已经被清除掉了。元老们试图通过投票提前授予元首第一名的荣耀，借此来先发制人。然而尼禄对其策略不予理会，他发誓要在一场真正的、公正的音乐竞技中击败所有的参赛者。

尼禄在庞培剧场的舞台上，吟诵了一首他自己创作的诗歌，那是一首关于特洛伊战争的短篇史诗。[26]随后他试图离场，然而人群中有一小部分人事先接受了训练，他们大声要求听到"神圣之音"。尼禄提出他会在自己的花园里为他们举办一场私人表演，但观众们一直不停地欢呼呐喊，最后就连禁卫军也走到尼禄近前，代表人们向尼禄发出恳求。

最后奥鲁斯·维提里乌斯（Aulus Vitellius）——克劳狄乌斯统治时期最会溜须拍马的廷臣之子，现在子承父业——化身为群众的发言人，按照事先精心安排的程序，大声请求尼禄能够参加西塔拉颂歌（citharode）比赛。

尼禄假装不情愿，但还是把自己的信物投进一个瓮中，表示自己将会参加比赛。当轮到他表演的时候，人们看到了尼禄亮相的众多表演中最为奇特的一幕。这位元首穿着飘逸的长袍和高筒靴，而两位禁卫军长官则拿着他的里拉琴，后面跟着一队士兵和元老。前执政官克路维乌斯·路福斯走上舞台，宣布了皇帝的咏叹调。他表示，元首将演唱《尼俄伯》（Niobe），这是神话中最为悲惨的女子的挽歌，描述了一位失去孩子的母亲的故事。

尼禄以歌后般的专注与诚挚开始献唱。遵照比赛规则，尼禄拒绝清嗓、用布擦额头上的汗，或者坐下，虽然这首歌持续了好几个小时。当天下午晚些时候，当尼禄终于结束演唱时，

198　他毕恭毕敬地单膝下跪，以表敬意。人群中爆发了热烈的欢呼声，而观众们鼓掌的节奏，就是当初尼禄雇佣的捧场者奥古斯都男儿引入的节奏，现在也是这群捧场者带着大家一起鼓掌。

那些刚刚宣誓效忠尼禄的士兵则行走在人群中。在最近的大清洗中，有些人帮助处决了他们的袍泽甚至指挥官。这些人全部领到了 2000 赛斯特斯的奖金，外加终身免费的粮食津贴。帝国的国库已经耗尽，假如尼禄还想继续掌权的话，他就必须负担起愈加沉重的债务。

禁卫军会仔细观察人群中谁没有鼓掌，或者谁在尼禄演唱时睡着了。他们教训那些掌声不够响亮的平民，以及那些鼓掌不合拍而破坏了奥古斯都男儿们击出的优美节奏的人。[27] 而社会阶层更高的人则会被记下姓名，以便日后实施惩罚。在剧场入口处，惊慌失措的人们试图挤进来——现在他们意识到，缺席演出可能会构成犯罪。

尼禄深受那狂热的欢呼声的鼓舞，凝视着看台，品尝着胜利的果实。他现在永远摆脱了塞内加和那些卫道者施加的令人厌恶的束缚。他杀死了自己的仇敌和对手，也杀死了自己的母亲、妻子以及继弟；他恐吓着那些罗马人，让他们崇拜自己。现在他终于可以在这座世界上最伟大的城市里占据舞台中央了。属于他的崭新的黄金时代已经来临。

后记　安乐死
（公元 68 年及以后）

虽然出处不详，但据说塞内加曾经告诉尼禄："你无论杀 199
死多少人，都杀不了自己的继任者。"[1]然而在这件事情上，就
像在其他许多事件中一样，尼禄证明了自己的老师是错误的。
到公元 65 年年底，他确实已经排除了所有可能的继承者——
尤利乌斯家族的成员们。

即使是非尤利乌斯家族出身却幻想着自己可以成为尼禄对
手的人也被消灭掉了。尼禄的继子路福里乌斯·克利司披努斯
（Rufrius Crispinus）——波培娅在之前的婚姻中所生的孩
子——因为曾在儿时游戏中冒失鲁莽地假扮了元首而遭到杀
害。[2]尼禄让他乘着一条敞篷小船去钓鱼，然后指使奴隶将其扔
出舷外，任由其活活淹死。

尼禄在除掉了自己敬畏害怕的继承者们的同时，也害死了
自己的挚爱。波培娅在公元 65 年的夏天又怀上了孩子，这也
许是日后能够巩固尼禄统治的儿子。然而，就在第二届"尼
禄尼亚"结束之后，元首因为自己的歌声所赢得的一片欢呼
声而变得扬扬自得、不能自已，他对波培娅大发脾气。据苏维
托尼乌斯所述，波培娅因为尼禄参加战车比赛后晚归而抱怨了
几句，这本是一件引人羡慕的家庭小插曲。然而，不知道是什
么原因让尼禄怒火中烧，他狠狠地踹向自己心爱的妻子，这一 200

端导致波培娅内出血，最终母子双亡。

尼禄再也没有育出子女。他试图迎娶克劳狄乌斯的女儿安东尼娅为妻，但是安东尼娅并不愿嫁给尼禄，于是尼禄就以安东尼娅不肯妥协为由将她杀死。他随即娶了一位30岁出头的贵族女子司塔提里娅·麦瑟琳娜（Statilia Messalina），两人已经有过一段婚外情。但是司塔提里娅并没有怀孕。或许尼禄因太过想念波培娅而没有在这方面努力：据称，他曾让自己的阉伶男宠斯波鲁斯（Sporus）化装成他曾经钟爱的那个女子的模样。

尼禄试图用举世名望来取代家庭之爱。他以西塔拉颂歌者的身份周游希腊世界，并且角逐那些古老的音乐奖项，每次他都能有所斩获。尼禄在罗马举行了一场盛大的仪式，以迎接前来宣誓臣服的亚美尼亚国王提里达特斯（Tiridates）。尼禄是在庞培剧场接受这一誓约的，那是他早年歌唱大获成功的地方，那里的舞台上覆盖着金箔。

尼禄在这些奇观上挥霍无度，使国家近乎破产，却赢得了民众们的心。然而，贵族们却不那么容易被打动，因为正是他们的财富为尼禄的声色犬马提供了资金。军队也不为所动，因为他们捍卫着一种更加坚定、不那么颓废的精神气质。

在公元68年的春天，也就是在平息了意图铲除尼禄的密谋的三年之后，尼禄又面临一场叛乱。这次叛乱并不是发生在罗马城里，而发生是在行省军团的军营里。到了当年夏天，尼禄已经完全失去了对于事态的控制，以至于面临着自己老师塞内加曾经思考过的问题：是耐心而被动地等待必然将至的死亡，还是通过自杀来预先完成死亡？

在危机发生的时候，尼禄随身带着毒药，那是他手下的毒师洛库丝塔为他准备的一种特殊药剂。[3] 在公元 68 年 6 月初，当叛乱之势已然发展到让尼禄打算退位的地步时，他把这种毒液放进一个金盒中并随身携带，但那只是最后的手段。尼禄对自己的未来有着计划，那是几个相互冲突的计划，而他在惊慌失措中又打算四面撒网、全都尝试一遍：他会让禁卫军陪着他乘船逃跑；他会向帕提亚人（Parthians）寻求庇护；他要前往亚历山大港，投身于演艺事业；他会在罗马广场上发表公开演说，向罗马呼吁，恳求获得成为元首的第二次机会。尼禄思索着这些选择，在自己的宫殿里时睡时醒，而此时尼禄的卫士们却把那金盒从他的房间里给取了出来，逃之夭夭。 201

令人惊异的是，长期支持尼禄的禁卫军现在转而与之对立，他们既没有杀掉尼禄，也没有让尼禄接触到洛库丝塔提供的毒药。据说，当元首拼命地寻找逃命的办法时，一名士兵却询问尼禄："死亡，有那么可怕吗？"这句话出自维吉尔的《埃涅阿斯纪》，是伟大的战士图尔努斯（Turnus）说过的话。士兵向尼禄发出质问，要他践行这位史诗英雄的军事准则：死于自己或者他人的剑下，而不是在毒药带来的舒缓的沉睡中死去。

如果塞内加还活着的话，他一定明白其中的讽刺意味：他那个任性的学生，最终要去上那最为艰难的一课。在塞内加生命的最后几年里，他一直都在思考何时死亡、如何死亡的问题。塞内加也储存了毒药，这是一种干净而平静的自杀手段，但到真正自杀的时候，塞内加却更喜欢用利刃与流血的方式。而即使是这样，他也没能立即死亡，不过塞内加曾在死亡的过程中体会到了痛苦，而他认为这一点至关重要。这就是塞内加眼中伟大的道德英雄——小加图与普通人的区别。

尼禄半夜醒来，发现宫殿的岗哨都已空无一人。他想叫来自己最喜爱的角斗士之一斯皮库鲁斯，或是其他的剑术专家（percussor）来协助自己。尼禄现在觉得必须终结自己的生命，但是他需要一个能干的刽子手。然而，取而代之来的却是两个希腊被释奴——帕昂（Phaon）和埃帕普洛狄图斯（Epaphroditus），以及曾被尼禄装扮得像波培娅的年轻人斯波鲁斯。他们和另外一两个人一起，成了尼禄最后的拥护者和仪仗队。他们把元首伪装起来，帮助他偷偷溜出罗马，这个城市在当时已经宣布效忠于一位叛变的军团指挥官伽尔巴（Galba）。

尼禄蜷缩在罗马郊外一栋别墅里的一张薄床垫上，意识到元老院已经宣布自己为国家公敌，于是考虑着自己的选择。他随身带了两把匕首，虽然不像为谋杀他而磨过的那把匕首那样神圣，但是足以胜任它们的任务。当他的同伴们为埋葬他的尸首而挖了一条浅沟时，尼禄用匕首的刀尖抵着他的皮肤进行了测试，这种感觉让他无法忍受。尼禄把匕首重新收进鞘中，并告诉自己的随从："命中注定的时刻还没有到来。"

但是，倘若尼禄被人抓获，那么他所承受的痛苦要比利刃刺痛多得多。他的同伴们向他描述了他必然遭受的惩罚：尼禄将被绑在树杈上动弹不得，然后被用粗壮的棍子给活活打死。他饱受蹂躏的尸体也将从塔尔培亚岩（Tarpeian Rock）上投下去，就像罗马最糟糕的罪犯所遭受的死刑那样。这些都是令人痛苦的细节，因为此时的尼禄已经开始病态地担心自己的身体是否会被肢解。在尼禄生命的最后时光，他几度请求亲信不要让逮捕他的人砍下自己的脑袋。

当骑着马的士兵接近这栋别墅时，尼禄可怜巴巴地哀求着，希望自己的哪个同伴可以"以身作则，示范一下如何赴死"。其他帝王的手下会出于忠诚或绝望，追随着他们的主人奔赴黄泉。然而，尼禄的要求却是前无古人的：他居然要求有人先他而死。没有人回应他的请求。紧接着，外面传来了马蹄声，尼禄再也不能犹豫不决、拖延选择了。

当尼禄拿起一把匕首的时候，假如他曾读过塞内加的著作，那么他可能会有所回想。塞内加承诺过，死亡的力量每时每刻都存在，它超越了一切的压迫。他在《论愤怒》中写道，人身上的任何一条血管都是通往自由的康庄大道。即使是一个被迫在竞技场上战斗的日耳曼奴隶这样身处罗马社会最底层的人，尽管日夜皆有看守，他也能觅得途径：在一个僻静的厕所中，那个奴隶用厕所里的一块海绵就把自己给噎死了。

尼禄紧紧地抓住一把匕首，刺进了自己的喉咙。这是一个无比绝望的举动，因为以这种方式自杀，想要割断颈动脉，是十分困难的。或许他害怕刺到自己重要的器官；或许他不确定自己的匕首能否刺到层层衣服和脂肪下面的器官；或许他想要惩罚自己的"神圣之音"，因为正是他的歌唱事业给罗马和他自己带来了毁灭。不管原因为何，他只割开了一条痛苦而血腥但不致命的伤口。看来那些士兵终究还是会将他活捉。

被释奴埃帕普洛狄图斯走上前去，为自己的主人做了最后一件事：他抓住匕首，扩大伤口，终于切开了重要的动脉。在近 30 年之后，当另一位身陷囹圄的元首图密善（Domitian）想阐明对刺杀的看法时表示，他愿意为这一仁慈的行为付出生命的代价。尼禄仍然清醒地意识到，他正在被实施安乐死。他很感激，用已经受伤的喉咙大声说道："这才是忠诚。"

一位百夫长冲进了房间，发现尼禄正躺在地板上奄奄一息，鲜血从他的脖子里汩汩流出。这个士兵不顾一切地想要用披风的边缘堵住尼禄的伤口——想要保住尼禄的性命，这样尼禄就能在罗马的中心以更痛苦的方式被当众处死，届时会有成千上万的人观礼。然而，元首知道自己终于获得了自由。"太迟了。"[4]他说道，好似得意扬扬，然后就一命呜呼了。

尼禄在自己 17 岁生日之前就君临罗马，终年 32 岁。在公元 65～66 年的镇压期间，他通过大清洗，野蛮地夺去了卢坎、特拉塞亚·帕伊图斯、塞内加和他的兄弟们以及其他更多人的生命；而所有的这一切，只是帮他在皇位上多争取了三年不到的时光，而这段时间的大部分都被他挥霍在帝国东部巡回演唱的旅途中。在历朝历代中，很少有人能以如此高昂的代价，获得如此微小的收益。

和尼禄在世时的挥霍一样，尼禄的葬礼耗资巨大。尼禄的初恋——被释奴阿克提在他那令人咋舌的日薄西山中依然保持着忠诚。在她的见证之下，尼禄的骨灰被安放在一个精致的石棺里，葬在尼禄从未见过的生父的坟墓中。

尤利乌斯一脉已经彻底断绝。尼禄在位的时间足够长，以至于消灭了所有潜在的继承者。元首之位待价而沽，而四方皆群起而逐之。罗马注定要陷入一场内战。不过，幸运的是，这场内战只持续了一年。由韦斯巴芗与其子提图斯领导的新皇室接管了皇宫，一个新的王朝开始了。

随着罗马恢复稳定，人们不禁回望尼禄统治时期，同时回想起了那个在罗马举足轻重的求知者——哲学家塞内加。关于这个人是谁、人们应该钦佩还是憎恨他的长期争论已然开始，而且从未结束。

塞内加的散文作品在罗马青年中可谓风靡一时。文学评论家昆体良（Quintilian）写道，在他年轻的时候（可能是公元60~70年代），塞内加的作品"人手一本"。[5]而这种趋势令他感到担忧，因为他不赞成塞内加的警句式的风格，并且担心读者会被其所诱惑。幸运的是，昆体良在他的《雄辩术原理》（*Institutio Oratoria*，写于公元90年代）中说，罗马的年轻人喜欢读塞内加的书，但是不想如他那般写作。昆体良说，他们那些更有学问的师长，从来都不上塞内加的当。

塞内加创作的悲剧在他死后的数年里依然吸引了众多粉丝，不管这些剧作在他有生之年是如何传播的。一个生活在庞贝的人在墙上潦草地写下他的剧作《阿伽门农》（*Agamemnon*）里的半行话："我看到了艾达山的树林（Idai cernu nemora）。"[6]这段引文似乎并没有什么特别所指，不过是涂鸦者欣赏的一句话，或者是他无法从脑海中抹去的一句话。当庞贝城在公元79年被火山灰覆盖时，这些铭文和城墙上的许多其他的涂鸦都被保存了下来。庞贝城中的另一个人则写下了塞内加的名字，不过单词拼错了一点点，或许就像是现代的粉丝潦草地写下名人的名字一样，这也被记录了下来。

另一个欣赏塞内加所创作的悲剧的人，则留下了一部模仿这些悲剧的剧作。作为罗马人致以塞内加的最崇高的敬意，《屋大维娅》这部模仿之作，是塞内加文学地位的明证，同时也是对塞内加努力维护的道德政治的一种激动人心的描述。无论是谁创作了这部剧作，他都遵循了塞内加的诗体风格，因而很长一段时间以来，诚如一些抄本所述，这部作品都被认为是塞内加本人所作。时至今日，尽管大多数人都同意将它从塞内加的作品中除名，但仍然有一些学者认为这就是塞内加的作品。[7]

《屋大维娅》的作者让他崇拜的偶像在剧中很长一段场景中都扮演着举足轻重的角色。他展示了"塞内加"全心全意地试图纠正尼禄的恶行，引导他走上更好的道路，然而最终徒劳无功。他描绘了这位圣哲为自己离开科西嘉岛而悲叹，并且渴望自己回到美好的夜空之下。这篇演说暗示，究竟是什么把塞内加带入尼禄的殿堂——是他自己的野心，还是某种他无法控制的力量——这个问题对于目睹他命运沉浮的那一代人来说尤为重要。作者认为，这一切都是因为那不可抗拒的命运（impotens Fortuna）。

其他在尼禄统治时期幸存下来的文学创作者，也对塞内加表达了自己的敬意，虽然其中一些实在是难以解读。在那场埋葬了庞贝城的火山爆发中逝世的老普林尼，授予塞内加令人羡慕的头衔——"智者元首"（princeps eruditorum）。[8] 从字面上来看，这个短语只是表明塞内加比他的同辈更有智慧；但在习惯用法中，"元首"这个词当然会有更大的共鸣。老普林尼可能是想用这个词来讽刺塞内加的宫廷生涯，也可能只是想用诙谐讽刺的方式表达对塞内加的赞美。或许他还暗指了塔西佗所述的谣言：如果谣言是真的话，那就意味着，塞内加曾经极其有可能成为元首。

讽刺作家尤文纳尔在尼禄统治时期还是一个孩子，但是他也许还记得主导这段统治时期的怪异的政治伙伴关系。在他所著的第八篇讽刺作品中，有一段文字令人难以忘怀，那是对罗马阶级的偏见和愚蠢行为的长篇大论："如果人民有投票权的话，那么有谁会堕落到犹豫究竟该选塞内加还是尼禄呢？"然后就是塔西佗，他对塞内加的多层次且有矛盾的叙述，在这本书中得到了大量的探讨。

塞内加的批评者们在他死后的数年里也很活跃。我们基本上不知道他们叫什么名字，但是他们的观点可以在卡西乌斯·狄奥的作品中找到。他们重申了最初由苏伊里乌斯在元老院提出的指控，而塞内加曾在《论幸福生活》中反驳过这一指控：他们说，一位斯多葛派的圣哲却聚敛了巨额的财富，或者一个热爱自由的人居然与一位元首相勾结，这是彻头彻尾的虚伪。他们试图把"暴君之师"（tyrannodidaskalos）立为塞内加的墓志铭，而非老普林尼所说的"智者元首"。在今天的许多人看来，他们其实成功了。

或许，对于塞内加职业生涯最为恰当的评价，可以从昆体良在其《雄辩术原理》中所说的话语中获得。从表面上看，这句话适用于塞内加的文学风格，然而它似乎超越了这一点，而深入了道德、政治与品质的领域——塞内加怪诞的戏剧，在这些角逐场上登台献演。

昆体良写道："他的身上有很多值得我们赞许的地方，甚至也有很多值得我们钦佩的地方。"然后，他敦促塞内加的读者们要有选择性地从他那些糟糕的散文作品中挑选出精华之作来，他说道："只要在做出选择时谨慎一点就行了。"最后，他在谈到塞内加的时候又说："要是他当初也是这么谨慎小心就好了。"

206

罗马的斯多葛哲学运动，虽然因塞内加、卢坎和特拉塞亚·帕伊图斯的死亡和其他许多人的流放而遭到了严重的破坏，但是并没有就此一蹶不振。一些重要的思想领袖在公元65～66年的大清洗中幸存，包括特拉塞亚的女婿与受庇护人赫尔维狄乌斯·普里斯库斯，以及曾是特拉塞亚与塞内加的导师的犬儒派学者德米特里乌斯。尼禄死后，这两个人，以及著名的伊特鲁里亚圣哲穆索尼乌斯·鲁弗斯，都匆匆赶回罗马，决心继续他们的事业。

他们现在对所发生的不公之举深感愤怒。赫尔维狄乌斯试图通过控诉一名幕后策划者来为岳父之死报仇；[9] 然而，有如此之多的元老在特拉塞亚的垮台中沆瀣一气，以至于他开始觉得，任何起诉都有可能引发一场新的清洗。然而，穆索尼乌斯成功地给埃格纳提乌斯·凯列尔（Egnatius Celer）定了罪，这个斯多葛学派的叛徒曾经为了换取丰厚的报酬而背叛了自己伟大的导师巴列亚·索拉努斯（Barea Soranus）。在新元首韦斯巴芗统治初期，凯列尔声名狼藉，很容易就被判处了死刑。

当特拉塞亚切开自己的血管时，赫尔维狄乌斯就沉默地站在一旁，尼禄时代的凌虐，使他变得好战起来。他决心不再屈服，不让韦斯巴芗相信专制统治已经取得了胜利。他拒绝用皇帝头衔来称呼新元首，也拒绝承认韦斯巴芗对国家财政的最高管理权。在与韦斯巴芗的言语交锋中，赫尔维狄乌斯无视了特拉塞亚的建议，而特拉塞亚曾建议固执的保民官路斯提库斯审时度势、顺应天时。赫尔维狄乌斯向韦斯巴芗发起挑战，声称除非韦斯巴芗将他放逐或者把他处死，否则他会一直争辩不休。[10]

不久之后，韦斯巴芗在对待斯多葛学派的态度方面走上了尼禄的老路。那些告密人为了得到皇帝的宠信，再度将斯多葛学派的庄严描绘成一种煽动叛逆。于是，韦斯巴芗在公元71年采取了颇为激烈的行动，将所有斯多葛学派和犬儒学派的成员纷纷驱逐出了罗马城，甚至将一些更为极端的煽动者流放到了庞廷群岛。毫无疑问，韦斯巴芗也处死了赫尔维狄乌斯。在元首统治时期，罗马第一次见证了对整个学派的系统性镇压。

　　不知道为何，在这次大流散期间，韦斯巴芗允许那位叫作穆索尼乌斯·鲁弗斯的圣哲留在罗马继续讲课。参与这些会谈交流的人中，有一个年轻人，他是一个生于异邦的奴隶，而他的名字很快就会传遍整个罗马世界：爱比克泰德（Epictetus，又译埃皮克提图）。他曾是尼禄手下的一员：从属于埃帕普洛狄图斯，这个被释奴曾经帮助尼禄完成了自杀。后来，爱比克泰德获得了自由，并开始发表自己的哲学讲演，吸引的听众甚至比鲁弗斯的听众还要多。

　　诚如韦斯巴芗的帝位后来传给了自己的两个儿子——先是提图斯然后是图密善——随着对斯多葛学派的再度镇压，新的面孔也出现了。有一个人因为写了一部赞美赫尔维狄乌斯·普里斯库斯的传记而被处死；而另外一个人则是仍未屈服的路斯提库斯，他因为缅怀特拉塞亚·帕伊图斯而被处死。赫尔维狄乌斯的儿子，即特拉塞亚的外孙，也因为写了一部（至少在图密善看来）带有政治色彩的神话剧而被处死。似乎斯多葛学派的每一个新生代都注定要遭受新一轮的迫害，因为每一位新元首都在为自己的暴虐寻找目标。

　　图密善像他的父亲一样，将斯多葛学派学者驱逐出了罗马，其中就有爱比克泰德，他那极富魅力的气质已经让他风靡一时。爱比克泰德在希腊东部的尼科波利斯（Nicopolis）登陆，并且开始吸引新的追随者。他的谈话与妙语都被其中一个听众——年轻的尼科米底亚的阿里安（Arrian of Nicomedia，后来成了一位著名的历史学者）——给记录了下来，并且作为《语录》（Discourses）和《手册》（Enchiridion）得以流传。随着时间的流逝，这些用希腊文写成的作品将再度传回罗马，而在那里这些作品又受到了一位名叫马可·奥勒留·安敦宁（Marcus Aurelius Antoninus）的贵族青年的青睐。而当有一天，马可·奥勒留被擢升为元首之后，他会在自己的著作中引用爱比克泰德的语录，从而把斯多葛学派的哲学带回宫殿里——自从塞内加死后，斯多葛学派就被从那里放逐了。

208　　　在塞内加苦苦追寻的一个世纪之后，马可·奥勒留实现了斯多葛派道德与罗马政治权威的调和，这是一种开创式的发展，就像尼禄将元首之位与表演音乐家的角色不幸地融为一体一样。马可·奥勒留留下的关于他的思考和沉思的记录——《沉思录》（Meditations），至今仍旧激励着无数的读者。在我写作本书的当年，它至少已经出现了六种新版本。它证明了道德教诲的力量，哪怕对方是一个专制君主，只要他愿意倾听。

　　　如果塞内加晚生一个世纪的话，他可能就会坐在马可·奥勒留的右手边，而不是充当尼禄的脚凳了。但至少，历史最终证实了塞内加作为其人生基础的论点：道德庄严性能够融入皇权的殿堂。很显然，罗马人最终获得了他们中许多人所期盼的、（尽管有诸多缺点的）塞内加曾经有望成为的：一位哲学王。

致　谢

　　我要感谢很多人，是他们帮助我穿越了塞内加生命中那错　211
综复杂的道德丛林。在我咨询过的学者中，我要感谢伊莱恩·
范瑟姆（Elaine Fantham）、米里亚姆·格里芬、哈里·埃文斯
（Harry Evans）、加雷斯·威廉姆斯（Gareth Williams）、沙
蒂·巴奇（Shadi Bartsch）、泰德·钱普林（Ted Champlin）、
罗伯特·卡斯特（Robert Kaster）和詹姆斯·克尔（James
Ker），感谢他们慷慨地抽出自己宝贵的时间。艾米莉·威尔
逊（Emily Wilson）一直都是令人宽慰的同事，而我们都致力
于研究塞内加（不过在我能够参考她的作品之前，我的作品
就已经付印了）。在学校之外，丹·阿克斯特（Dan Akst）、布
莱恩·多瑞斯（Bryan Doerries）、帕姆·门奇（Pam Mensch）
和马修·斯图尔特（Matthew Stewart）帮助我解决了这本书中
的一些问题，或者至少是在我根本没法解决的时候，带给了我
一些安慰。

　　这本书的大部分内容都是在纽约公共图书馆多萝西与刘易
斯·B. 卡尔曼学者与作家中心（Dorothy and Lewis B. Cullman
Center for Writers and Scholars）完成的，我要诚挚地感谢该中
心出色的工作人员，特别是琼·斯特劳斯（Jean Strouse）和
玛丽·奥里尼（Marie D'Origny），以及整个纽约公共图书馆。
我在卡尔曼的所有同事都鼓励我做这项工作，特别是安妮特·

戈登-里德（Annette Gordon-Reed）、拉里萨·麦克法夸尔（Larissa MacFarquahr）和安迪·斯托特（Andy Stott），我很感激他们。

我也要深深感谢我的经纪人格伦·哈特利（Glen Hartley）、制图师凯利·桑德弗（Kelly Sandefer）、艺术研究员英格丽德·马格里斯（Ingrid Magillis）、书目编者卡拉·瓦瑟斯特罗姆（Cara Wasserstrom）、插画师马克·博伊尔（Mark Boyer）、编辑助理夏洛特·克罗（Charlotte Crowe）和奥黛丽·西尔弗曼（Audrey Silverman）、文字编辑珍妮特·比埃尔（Janet Biehl）、校对员本杰明·哈密顿（Benjamin Hamiton）和伯特·耶格（Bert Yaeger），以及制作编辑维多利亚·皮尔森（Victoria Pearson）。

还有吉姆·奥塔维（Jim Ottaway），他是我的好朋友，同时也是一个希腊历史文化爱好者，他用自己专业的眼光和锐利的笔锋努力帮我改进了初稿。

我最后要感谢维基·威尔逊（Vicky Wilson），她是一位编辑，她让我意识到著书写作仍然很重要，而要把书写好则尤为重要。

注　释

1. 在狄奥所依据的资料来源中，至少有一位作者对塞内加持有积极的看法，可参看 *Miriam Griffin in Seneca*：*A Philosopher in Politics*（Oxford，1976），pp. 428 - 33。到目前为止，已经证实不可能确定这些资料的来源究竟是什么。更多讨论，可参看 T. D. Barnes, "The Composition of Cassius Dio's *Roman History*," *Phoenix* 38（1984）：240 - 55。一位研究《屋大维娅》戏剧的专家认为，它是为了回答狄奥所引用的批评而写的，见 Rolando Ferri, ed., *Octavia*：*A Play Attributed to Seneca*（Cambridge，2003），p. 71。

2. 关于塔西佗对塞内加的看法，人们表达了广泛的意见，这本身就是这些看法相互矛盾的证明。Griffin（*Seneca*，p. 441）很好地总结了1976年之前的讨论，随后还给出了自己的解读，其中大部分为正面解读。最近对此讨论的贡献有：Ronald Mellor, *Tacitus' "Annals"*（Oxford，2011），pp. 165 - 70；James Ker, "Tacitus on Seneca," forthcoming in *The Blackwell Companion to Tacitus*, edited by V. Pagán; and many stretches of Ker, *The Deaths of Seneca*（Oxford, 2009），especially pp. 41 - 49。我自己的观点与下文观点一致：W. H. Alexander, "The Tacitean '*non liquet*' on Seneca"。

3. "这尊半身像并没有……给人留下一种因深刻自省的沉思而身心俱疲的印象。它展现的更像是一个忙于较轻松事务的人。" H. W. Kamp, "Seneca's Appearance," *Classical Weekly* 29（1935）：50. The Penguin

Classics edition of *Seneca*: *Letters from a Stoic* (Robin Campbell,
translator)，曾以这尊收藏在柏林的半身像为封面形象，最近却换成了
伪塞内加半身像。

4. 如 Ker，*Deaths of Seneca*，pp. 299–310 所述。

5. 这一直是攻击塞内加"虚伪"的主要战场，从塞内加自身所处时代
的苏伊里乌斯·路福斯开始（见本书页边码第 102~103 页），一直持
续到今日。Miriam Griffin（"*Imago Vitae Suae*，" p. 55）对塞内加的看
法总体上是积极的，但是非常微妙，其在自己独特的个人探讨中承
认，无论人们如何试图合理化塞内加所拥有的财富，其"言行之间的
差异仍然存在"。

6. Griffin（*Seneca*，p. 412）将"从外部环境对文学作品进行诠释"的这
种方法称为"实证主义"（positivism），它得到了塞内加作品诠释者
们不同程度的赞同或反对，他们中的一些人无疑会觉得我在这本书中
做得太过火了。但在我看来，一旦这种方法被稍微接受——很少有人
会完全否定它——就很难去限制这种方法的应用了。Karlhans Abel 虽
然在自己的著作 *Bauformen in Senecas Dialogen*（Heidelberg，1967）中
强烈批评了实证主义方法，却也在 *Consolation to Helvia and Consolation
to Polybius* 中使用了这种方法，Griffin 对他没有将《论幸福生活》纳
入讨论而表示惊讶。一旦人们接受"次要目的"（secondary purposes）
侵入塞内加的论著，继而导致"强调和论证的怪异之处"的话
（Griffin，*Seneca*，p. 407），那么人们就无法轻易地说，到底哪些段落
足够"奇怪"，而哪些段落是相反的了。

7. 罗伯特·休斯的这段容易引发争议的观点，可参看 *Rome*：*A Cultural*，
Visual，*and Personal History*（New York，2011），p. 104。

8. 2013 年 5 月从哥伦比亚大学毕业的 Gac Fillipaj 认为塞内加是激励自
己的源泉，这一点被众多新闻媒体报道。

第一章

1. 尼禄的出生日期一般被认为是公元 37 年 12 月 15 日。该日期由

Suetonius（*Nero* 6.1）提供。可参看的讨论：Barrett in *Agrippina*，p. 234。苏维托尼乌斯在 *Nero* 7.1 中犯了错误，说尼禄在 11 岁时就开始接受塞内加的授课，事实上，他当时是 12 岁。参看 Griffin，*Seneca*，p. 420。

2. Tacitus，*Annals* 12.41.8. 见本书页边码第 42 页。

见本书页边码第 42 页。

215

3. 对阿格里皮娜安排召回塞内加的推理分析，见：Tacitus at *Annals* 12.8。塔西佗在书中提到，塞内加值得信赖的理由可以通过他的"恩惠追忆"（memoria beneficii）得到印证，所谓"恩惠追忆"通常被认为是指阿格里皮娜之前的一些善行，但也可能是指召回这件事本身。G. W. Clarke 在"Seneca the Younger Under Caligula"一中提出，所谓"恩惠"（beneficium）应该是指，在狄奥所记载的事件中，当卡利古拉（Caligula）打算取塞内加性命的时候，阿格里皮娜救下了塞内加，但这纯粹是猜测。

4. *Octavia*，lines 381 – 90，带有 Rolando Ferri 采用的文本修订。塞内加将自己地位的改变归因于命运女神的安排（参看 Ferri，p. 229），斯多葛学派通常不会给予这种力量如此高的重视。

5. 据称是普罗布斯（Probus）为 Juvenal's *Satires*，5.109 所做的边注提及了这件事，但学者们对此持严重怀疑态度。值得注意的是，塞内加不像其他追求哲学智慧的人（包括他的侄子卢坎），他年轻时并没有去雅典的愿望，尽管那个时候他还有行动的自由。

6. 阿塔罗斯是塞内加晚年怀念的几位老师中最杰出的一位，他也受到塞内加父亲的赞扬（*Suasoriae* 2.12）。塞内加认为自己有欠于阿塔罗斯，可参看 *Letters* 9.7，67.15，以及 *Letter* 108 中较长的一段，这段话的来源在这里有引用。

7. 塞内加对毕达哥拉斯学派的一时兴起可参看 *Letter* 110，sections 17 – 23。

8. 塞内加回忆了这位罗马哲学家，参看 *Letters* 73.12 – 15，98.13（信中提到塞克斯提乌斯拒绝担任元老职务），以及 59.7（包括本书下文提到的关于美德是一场军事斗争的段落）。在 *De Ira* 3.36，塞内加以塞克斯提乌斯为榜样，进行了一次著名的自我反省练习，本书第 3 章对此进行了讨论。

9. 逸闻参看 Plutarch, *Moralia* 77e。

10. 塞内加在 *Letters* 108.15 中有如下自述："这些不是食物，而是促使那些已经吃饱的人吃得更多的刺激。"在同一段话中，塞内加宣称"我的肠胃缺乏美酒"，这有时被解释为他是一个终生戒酒的人，但是如此表述无疑让这种说法显得过于牵强。很难想象，这个在宫廷里度过 16 年时光、拥有并管理着罗马一些产量最高的葡萄庄园的人，居然从来没有尝过葡萄酒的滋味。

11. 确定这一关键转折发生时间的证据并不充足。塞内加很可能在公元 30 年代末就进入了元老院，当时他大约 40 岁。对罗马人来说，这算是政治生涯起步比较晚的。Griffin（*Seneca*, p. 46）认为，塞内加此时才进入元老院，意味着对政治的"较为朴素的不情愿情绪"。她的观点得到了 Brad Inwood 的认同（"Seneca in his Philosophical Milieu," *Harvard Studies in Classical Philology* 97 [1995], pp. 64 – 66），他进一步推测塞内加是迫于压力才走上仕途的（同时也承认"我们永远无法知道"他的真实动机）。Griffin 和 Inwood（以及其他人）的这种观点体现了他们对塞内加的看法，Griffin 的书的副标题（"政治中的哲学家"）就是一个例证，她首先将塞内加定义为一个道德思想家，并将他的政治生涯描述为次要的或偶然的。我自己则是将塞内加的政治和哲学/文学中体现的自我置于一个平等的基础之上，甚至有时会将后者置于前者之下。我几乎打算颠覆 Griffin 的提法，把塞内加描述为"哲学中的政治家"。

12. 参看 Tacitus, *Annals* 14.53；老塞内加在 *Controversy* 2, section 3 序言中也有暗示。在元首统治早期，拥有超过 10 万第纳里乌斯（denarii）的地产的人才有可能跻身骑士阶层，尽管仅凭地产还不足以保证其被任命为骑士。

13. 参看 *Controversy* 2, section 4 序言。在这篇序言中，我们可以管窥老塞内加的教养方式，这篇序言是他写给三个儿子的，但是清楚地表明最小的儿子最受其宠爱。

14. Suetonius, *Nero* 6. 1.

15. 阿格里皮娜的美貌可参看：Tacitus（*Annals* 12. 64. 4）和 Dio（60. 31. 6）。两位作者都记载了一个逸事（塔西佗对此事有所怀疑），阿格里皮娜在 43 岁去世之后，尼禄看到自己母亲的尸体时对其所具有的魅力进行了评价。

16. 鉴于阿格里皮娜在公元 49 年召回了塞内加，即使我们没有将塔西佗（见本书第一章注释 3）提到的"恩惠追忆"与卡利古拉统治时期的一个事件联系起来，也必须假设这一点。塔西佗《编年史》中有关卡利古拉统治的部分已经佚失。但是从现存部分第一次提到塞内加的地方来看，塔西佗已经在更早的时候就提到过他了。

17. Suetonius, *Caligula* 53. 2。关于塞内加这一时期生平的极少的证据，参看 Clarke, "Seneca the Younger Under Caligula," 62 – 69。

18. *The Life and Letters of Lord Macaulay*, ed. Sir George Otto Trevelyan（London, 1875）, p. 1: 339.

19. *Consolation to Helvia* 10. 4。在一些译本中，我们通常称为卡利古拉的那位皇帝，也会被称为盖乌斯，这是塞内加认识他时他使用的名字。关于塞内加对卡利古拉的可怕记忆，见 Griffin, *Seneca*, pp. 213 – 15, and Anthony A. Barrett, *Caligula: The Corruption of Power*（London, 1989）, pp. 156 – 58。

20. 塞内加家族与塞扬努斯一事的牵连程度存在争议，但显然是有所关联的。参看 Zeph Stewart, "Sejanus, Gaetulicus, and Seneca," *American Journal of Philology* 74（1953）: 70 – 85。Griffin（*Seneca*, pp. 48 – 50）也曾指出这一点；Griffin 也同意塞内加的姨父伽列里乌斯（Galerius）和他的密友卢修斯·尤尼乌斯·迦里奥（Lucius Junius Gallio, 后来成为塞内加兄弟诺瓦图斯的养父）与塞扬努斯有密切关

217

系。Barrett（*Caligula*, pp. 112 - 13）提出了塞内加的密友路奇里乌斯（Lucilius）也与塞扬努斯阴谋有着密切的联系。

21. 具体的时间不确定，但是首先由 Stewart（"Sejanus, Gaetulicus"）提出了解读，假定这部作品是在公元 39 年秋天列庇都斯阴谋被曝光之后出版的。Griffin（*Seneca*, p. 397）反对 Stewart 的诠释，反对的部分原因是出版日期的不确定性，但在另一讨论中，Griffin 倾向于认为这篇文章发表于"公元 39 年之后"。在对这项工作的广泛研究中，在 *On Seneca's Ad Marciam*（Leiden, 1981）中，C. E. Manning 认为是公元 40 年，而 Abel（*Bauformen in Senecas Dialogen*, p. 159）则认为是公元 37 年。由于从其他方面无法加以确定，Stewart 的诠解所具有的说服力本身，就是其在公元 39 年后出版的论据。

22. Stewart（"Sejanus, Gaetulicus," p. 85）颇为深刻地谈到了"这种机会主义精神时常出现在（塞内加的）作品中，令人颇为不快"，尽管他认为这种精神随着塞内加年龄的增长而逐渐减弱。而我个人的观点则是，随着时间的推移，塞内加只是越来越善于将他的机会主义策略编进他哲学论述的织物。

218 23. 公元前 2 世纪和公元前 1 世纪所谓的中期斯多葛学派（Middle Stoic）的领导人，特别是潘尼提乌（Panaetius，又译作帕那提乌斯），放弃了周期性毁灭的体系，转而支持亚里士多德关于宇宙是永恒的假设。

24. 参看 Suetonius, *Caligula* 57。

25. 这是 Levick（*Claudius*, pp. 32 - 8）的看法。

26. 随着时间的推移，禁卫军在决定一位元首何时下台，以及谁将成为他的继任者方面所起到的作用会越来越大。公元 193 年，禁卫军暗杀了在位的皇帝佩蒂纳克斯（Pertinax），然后举行了一场臭名昭著的拍卖会，在拍卖会上，元首的职位被直接卖给了出价最高的人。

27. 在 *De Ira* 1. 20. 9，塞内加对杀死卡利古拉的阴谋者的动机进行了推断，这显然说明他自己并不太清楚具体的来龙去脉。他将这次暗杀当作道德榜样，参看 *De Constantia Sapientis* 18 and *Letters* 4. 7，这两处都显示塞内加对当时情况只有大致的了解。

28. 文中所讨论的 *De Beneficiis* 7.20.3，经常被当作谋杀卡利古拉的间接辩解，譬如 Griffin（*Seneca*, p. 214）。但这段话的措辞是模糊的，Griffin 在她最近翻译的作品——*Seneca：On Benefits*（University of Chicago, 2011），p. 208——的注释中承认，塞内加可能是在鼓吹帮助一个疯狂的暴君自杀。塞内加还对自己的建议做了补充：他说，只有当疯狂的暴君没有康复的希望时，这样的最终补救措施才是合适的。但是，这种情况会包括持续癫狂了两年的卡利古拉吗？

29. Vasily Rudich 基于自己的亲身经历，在两项研究中为我们对尼禄时代的看法做出了巨大贡献，参看 *Dissidence and Literature Under Nero* and *Political Dissidence Under Nero*。应该指出的是，Rudich 对塞内加解决专制问题的方法持相当悲观的看法。

30. 帕斯多的故事可见于：*De Ira* 2.33.3 – 4。除了塞内加告诉我们的故事以外，我们对这件事一无所知，对帕斯多本人也无甚了解。

31. Griffin（*Seneca*, chap. 11）以令人钦佩的透彻性回顾了塞内加的大量文本，并仔细区分了"塞内加赞颂自杀的观念"以及"他赞颂殉难的真相"（p. 386）。对塞内加来说，选择接受痛苦或艰难的死亡，体现了与把死亡强加在自己身上相似的诸般美德。尽管如此，Griffin 还是同意"塞内加经常用自杀来宣扬对死亡的蔑视"，并将这种关注点追溯到他那个时代政治自杀的盛行现象。Paul Plass 在 *The Game of Death in Ancient Rome：Arena Sport and Political Suicide*（Madison, Wisc., 1998）中，更倾向于把塞内加对待自杀的观点视为一种强迫与迷恋。或可参看 Catharine Edwards, *Death in Ancient Rome*（New Haven, Conn., 2007），especially chapters 4 and 5。Robert Kaster 提出了有趣的见解，他认为，塞内加在《论愤怒》中的"自杀颂歌"似乎应该更多地归功于传统的罗马思想，而非斯多葛哲学。参看 Kaster and Martha C. Nussbaum, trans., *Anger, Mercy, Revenge*（Chicago, 2010），p. 123 n. 300。

32. James Ker（*Deaths of Seneca*, p. 200）追溯了这个词的词源，最早可至 14 世纪人文主义者佩乔利的多梅尼科（Domenico da Peccioli）。

33. 对这一传统的完整描述可参看 R. J. Goar, *The Legend of Cato Uticensis from the First Century B. C. to the Fifth Century A. D.*（Brussels, 1987）。较短的版本可以在 Edwards, *Death in Ancient Rome* 的绪论中获得，该书的封面上还有一幅描绘小加图之死的法国油画。其哲学背景可参看 Miriam Griffin, "Philosophy, Cato, and Roman Suicide," *Greece and Rome* 33（1986）: 64 – 77 and 192 – 202。

34. 主要段落可参看 *De Providentia* 2. 10 – 13；*De Constantia* 2；and *Letters* 24. 6 – 8, 67. 13, 95. 70 – 72, 104. 29 – 34。P. Pecchiura, *La figura di Catone Uticense nella letteratura latina*（Turin, 1965）, pp. 69 – 71, 提出了一个有趣但无法被证实的论点，其认为塞内加只是美化了小加图在失去政治权力期间的自杀行为。

35. 参阅 Edwards, *Death in Ancient Rome*, pp. 116 – 21, and Plass, *Game of Death*, chap. 7。契约的条款是由塔西佗（*Annals* 6.29.1 – 2）在一段描述提比略统治时期的实践中以最为明晰的方式提出的。Edwards 指出，在后来的某个时候，关于自杀后遗产将传给其继承人的保证被撤销了，不过，这种情况似乎在尼禄时期一直存在。

36. 参阅 Suetonius, *Caligula* 49。

37. 可见于 Tacitus（*Annals* 6.40）；可参阅 Plass, *Game of Death*, p. 95。一个更荒谬的例子可参看 *Annals* 16.11，尼禄居然出面调停，阻止对一个已经死去的受害者执行死刑。

38. 根据塔西佗的记载（*Annals* 6.26），提比略对科凯乌斯·涅尔瓦（Cocceius Nerva）的自杀深感不安。不过，值得注意的是，之所以会出现这种不安，是因为涅尔瓦是在没有受到指控或怀疑的情况下自杀的。真正的"政治的"或"强迫的"自杀似乎并没有被解释为抗议行为，参看 Edwards, *Death in Ancient Rome*, pp. 122 – 23。

39. 参看 Herodotus, *Histories* 3.202。

40. 参看 Catharine Edwards, *The Politics of Immorality in Ancient Rome* （Cambridge, 1993）, and Susan E. Wood, *Imperial Women：A Study in Public Images*, 40 B. C. – A. D. 68 （Leiden, 1999）。Judith Ginsber 对阿格里皮娜引发的罗马“修辞刻板印象”（rhetorical stereotypes）的分析也很有启发性，参看 *Representing Agrippina：Constructions of Female Power in the Early Roman Empire* （Oxford, 2006）, chap. 3。

41. Wood （*Imperial Women*, p. 261）评述了这些混搭的不合逻辑之处：“这种刻板印象的要素是肆无忌惮的野心、嗜血、性罪恶，但同时包含保持其丈夫对自己忠诚的能力……攻击这些女人的人通常会指责她们非女性化的性冷淡或者滥交。”

42. 公元 41 年，在布列塔尼库斯出生之后，元老院曾想要授予她这个头衔 （Dio 60. 12. 5）。

43. 这项指控的依据是多种多样的，既有单纯的通奸罪 （Dio 60. 8. 5），也有含糊不清但仍以性为主的“不道德关系”（ Juvenal 5. 109 边注；参看 Stewart, “Sejanus, Gaetulicus,” p. 83 n. 86）。猜测这项指控是否有任何理由是毫无意义的。

44. 参看 *Helvia* 7. 9。这两个殖民地之一的马里亚纳 （Mariana） 是最近雷达探测的对象，人们已经发现了街道、房屋和公共浴室的遗迹。而阿莱里亚 （Aleria） 则是一座希腊 – 罗马 （Greco-Roman） 城市，据估曾经有 2 万人口，今天去科西嘉岛的人仍可参观。

45. 根据其心理特点，《致赫尔维亚的告慰书》（Consolation to Helvia） 的完成日期被认为是在公元 42 年；塞内加想在自己母亲的悲伤超过合理的时间限制之前减轻她的悲伤。在《致玛西娅的告慰书》中，他认为，为逝去的儿子哀伤两年，这耗费的时间太长了。《致波里比乌斯的告慰书》 （Consolation to Polybius） 的发表时间是在此之后。Griffin （*Seneca*, pp. 397 – 98）并不接受这种推理，在她给出的时间表中，《致赫尔维亚的告慰书》被列在《致波里比乌斯的告慰书》之后。

221

46. 参看 *Helvia* 10.9 – 10。阿皮基乌斯生活在公元 1 世纪早期，塔西佗、老普林尼以及埃里亚努斯（Aelian）都知道他对奢靡生活的爱好，但是只有塞内加保留了他去世时的逸事。一本冠以阿皮基乌斯之名的罗马美食食谱流传至今，但它成书的年代要晚得多。阿皮基乌斯这个名字与美食的联系如此紧密，以至于被假托为食谱作者。

47. 《屋大维娅》中的塞内加的开场白（引自 pp. 16 – 17），将他离开科西嘉岛归因于命运女神的反复无常。Rolando Ferri 对此的评论（p. 229）指出了它的不一致之处："这篇对命运女神的哀怨演说与塞内加自己的信条相悖。"*Juvenal* 5.109 的边注表达了同样的观点，即塞内加离开科西嘉岛后，更想去雅典而不是罗马。Griffin（*Seneca*, p. 62）则表示，这可能是塞内加实际想表达的愿望，但也可能是塞内加在罗马成为他的囚笼之后所做出的回望。

48. 创作《致波里比乌斯的告慰书》的时间是相对可靠的，因为塞内加还在文中对克劳狄乌斯近日征服不列颠而表示了祝贺。

49. 奥维德从公元 8 年开始（原因不详）被流放到黑海沿岸的托米斯（Tomis），他的《哀怨集》（*Tristia*）和《本都书简》（*Letters from Pontus*）中全是向奥古斯都献上的一系列花言巧语、阿谀奉承和苦涩哀怨的诗歌，这些作品令奥维德留名青史。塞内加对这些作品早有耳闻。*Anthologia Latina*（236 – 37）中的两首诗被认为出自塞内加，它们用明显的奥维德式的术语和韵律描述了科西嘉岛上艰苦的生活，但作品的归属令人怀疑。

50. *Polybius*（18.9）和 Ovid's *Tristia*（3.14 and 5.7.57 – 58）在结尾部分的描述太过相近，以至于不太像是巧合。参看 Griffin, *Seneca*, p. 62 n. 3；John J. Gahan, "Seneca, Ovid, and Exile"。对于塞内加和奥维德这两位以文风独特与行文冗长而著称的作家来说，因拉丁文能力正在被削弱而生的哀怨，构成了对请求宽大处理的有力呼吁。

51. 参看 *Consolation to Polybius*, sections 7 – 8 以及 12 – 13。这些段落中

包含的奉承是如此荒谬，以至于一位辩解者认为应该将其解读为讽刺：W. H. Alexander，"Seneca's Ad Polybium：A Reappraisal," *Transactions of the Royal Society of Canada* 37（1943）：33 – 55。Griffin，*Seneca*，pp. 415 – 16 很好地驳斥了这一观点。 222

52. 按照 Griffin（*Seneca*，p. 415）对狄奥的解读，Dio（61.10.2）表示，塞内加放弃了（或者可能是否定了）一部作品，那部作品原本要被从科西嘉岛送往罗马，作品同时表达了对克劳狄乌斯和麦瑟琳娜的奉承。《致波里比乌斯的告慰书》只是奉承了克劳狄乌斯，但是，大多数学者都承认这就是狄奥所指的那部作品。

53. 人们对麦瑟琳娜在公元 48 年的行为的动机感到相当困惑，但是我认为其动机基于皇朝和权力的因素，而非纯粹的情感。古代史料把麦瑟琳娜描绘成了一个被怪诞的性冲动驱使的性欲狂人，这可能有一定道理。但与西里乌斯的婚姻似乎是政变企图的一部分，可能一部分禁卫军也参与其中。该观点可看 Susan Wood（*Imperial Women*，pp. 252 – 55）；Barbara Levick（*Claudius*，London，1990），pp. 65 – 67。Richard Baumann 则倾向于相信塔西佗的说法，认为麦瑟琳娜是在情感冲动下行事的：*Women and Politics in Ancient Rome*（London，1992），pp. 176 – 79。

54. 据塔西佗所言，宫廷被释奴头子纳尔奇苏斯建议判处麦瑟琳娜死刑，而此时克劳狄乌斯本人则犹豫不决，曾考虑赦免自己的妻子。但是塔西佗描绘的克劳狄乌斯的整体形象是一个被动且溺爱妻子的人。考虑到克劳狄乌斯后来迎娶了阿格里皮娜并收养了她的儿子，他似乎很高兴有借口摆脱麦瑟琳娜了。

55. 详尽描述可参看 Mireille Corbier，"Male Power and Legitimacy Through Women：The Domus Augusta Under the Julio-Claudians," in *Women in Antiquity：New Assessments*，edited by Richard Hawley and Barbara Levick（London and New York，1995）。

56. Tacitus（*Annals* 12.6 – 7）用典型的讽刺手法描述了卢修斯·维提里

乌斯（Lucius Vitellius）是如何带头制定这项法令的。直到公元 4 世纪，男人迎娶侄女在罗马帝国仍然是合法的。

57. Tacitus（*Annals* 14.64）宣称屋大维娅在公元 62 年年方 20，而屋大维娅具体的出生日期尚未有定论。但大多数学者都接受了她是出生于公元 41 年而非公元 42 年的证据，因此她比布列塔尼库斯要稍大一些。

58. Dio 61.31.7. 狄奥认为，克劳狄乌斯给予西拉努斯的殊荣，也是后来克劳狄乌斯政权想置他于死地的原因之一。

59. Tacitus（*Annals* 12.3 – 4）和 Seneca（*Apocolocyntosis* 8）都认为，对西拉努斯的主要指控是乱伦。相比之下，Dio（61.31.8）则谈到了西拉努斯针对克劳狄乌斯的密谋。

60. 或许是在公元 50 年；参看 Tacitus，*Annals* 12.26，也可见本书页边码第 42 页。

61. 关于西拉努斯的死亡方式，各类史料众说纷纭。塔西佗非常肯定那是自杀，*Octavia*（lines 148 – 49）的作者也表示赞同；但是 Dio（61.31.8）和 Seneca（*Apocolocyntosis* 8）（塞内加还有点含糊其词）都表示他是被处决的。与 D. McAlindon 一样，我相信，"鉴于塔西佗作品中的赎罪仪式，（这起自杀事件的）真实性几乎是可以肯定的"，可参看 "Senatorial Opposition to Claudius and Nero," *American Journal of Philology* 77（1956）：116。

第二章

1. 塞内加是已知的第一位将地球的周期性毁灭描述为缘于洪水而不是宇宙燃烧的斯多葛学派学者，尽管 Thomas Rosenmeyer 指出，与塞内加大致同时代的斯多葛学派作家科尔努图斯（Cornutus）给出了两种选择——烈火与洪水，作为世界可能的终结方式：参看 *Senecan Drama and Stoic Cosmology*（Berkeley and Los Angeles, 1989），p. 149。A. A. Long 所进行的广泛的讨论甚至没有提到世界末日洪水的可能性：

"The Stoics on World Conflagration and Eternal Recurrence," *Southern Journal of Philosophy* 23 (1985)：13 – 33。

2. 后来，塞内加在一篇被洪水毁灭的天启篇章中（*Natural Questions* 3. 29. 4），进一步增强了这种无所不在的危险，想象着固态的地球溶解在水中。

3. 在 *Natural Questions* 4b. 13 中对奢侈地使用雪水的长篇抨击是数节中最为突出的一段。

4. 详细论述可参看我的文章："New World and Novos Orbes：Seneca in the Renaissance Debate over Ancient Knowledge of the Americas," in *The Classical Tradition and the Americas*, edited by Wolfgang Haase and Meyer Reinhold (Berlin, 1993), pp. 1：78 – 116。

224

5. 我对这段著名的《美狄亚》段落的解读，与 Anna Lydia Motto 大相径庭，参看 Anna Lydia Motto, "The Idea of Progress in Senecan Thought," *Classical Journal* 79 (1984)：226。令人困扰的是，Motto 引用了文艺复兴时期人们对这段内容的解读，将这段因迎合其作为哥伦布发现的预言而进行了严重扭曲的材料用来支持自己的诠释。我赞同 Gilbert Lawall 的观点，认为如果不参照构成其后续的灾难性的第三首颂歌，就无法理解该剧的第二首《凯旋》（Triumphal）颂歌。参看 Lawall, "Seneca's Medea：The Elusive Triumph of Civilization," in Arktouros, edited by G. W. Bowersock (Berlin and New York, 1979)。

6. 这些悲剧的创作年代，可能是阻碍描绘塞内加变化发展的最大且最难解决的问题。Miriam Griffin (*Seneca*, app. A) 没有将这些悲剧列入塞内加的写作年表，选择在她对塞内加生活的研究中完全不讨论这些悲剧。Abel (*Bauformen*) 则做出了猜测，在其所做的年表上把它们列为"在公元 50 ~ 60 年"。通过比较这些戏剧的韵律和文体特征，John G. Fitch 取得了很大的进展："Sense-pauses and Relative Dating in Seneca, Sophocles and Shakespeare," *American Journal of Philology* 102 (1981)：289 – 307。我接受他的结论，将其作为整理剧作的总体指南，并将这些剧作创作的时间分配到塞内加漫长的一生当中。

7. Harry Hine 的文章结合《自然问题》（*Natural Questions*）探讨了塞内加对帝国扩张的不满之见，可参看 Harry Hine, "Rome, the Cosmos, and the Emperor in Seneca's *Natural Questions*," *Journal of Roman Studies* 92（2002）：42 – 72。

8. Michael Coffey 和 Roland Mayer 在他们的剧本版本［*Seneca*：*Phaedra*（Cambridge, 1990）］中很奇怪地没有讨论《淮德拉》的时事性问题，尽管他们注意到"塞内加意识到希腊神话可以被应用到罗马政治环境中，但是会产生危险的结果"（p. 4），克劳狄乌斯和阿格里皮娜的乱伦结合与希腊神话故事有着令人不安的相似性（p. 26）。相比之下，R. G. M. Nisbet 则初步确定了《淮德拉》创作于公元 49 年之前，因为事实上，"在阿格里皮娜用自己的儿子尼禄取代布列塔尼库斯的确切时刻，廷臣很难说出"剧中对继母的谴责之辞。Nisbet, "The Dating of Seneca's Tragedies, with Special References to Thyestes," in *Papers of the Leeds International Latin Seminar*：*Sixth Volume*, edited by Francis Cairns and Malcolm Heath（Leeds, 1990）, p. 353.

9. 淮德拉的性格与阿格里皮娜的性格之间的密切关联已经被许多评述者注意到；相关清单可参阅 Eckard Lefèvre in "Die politische Bedeutung von Senecas Phaedra," *Wiener Studien* 103（1990）：109 – 22。Lefèvre 的观点是，这部剧作一定是在阿格里皮娜死后写的，尽管 Fitch 认为其创作时间会更早一些（"Sense-pauses and Relative Dating," 289 – 307）。

10. Tacitus, *Annals* 12. 5.

11. 屋大维娅与西拉努斯的婚约，在克劳狄乌斯和阿格里皮娜完婚之前就已经破裂，这是她与未来的尼禄订婚的准备步骤，这点几乎可以得到确认。也就是说，皇帝和他即将迎娶的皇后已经在公元 48 年年底，计划联合尤利乌斯家族与克劳狄乌斯家族，从而让王朝延续。即使阿格里皮娜拥有史料中所说的那种诱人的魅力，也很难想象她能这么快就将克劳狄乌斯迷得神魂颠倒。Levick（*Claudius*, p. 70）

和 Barrett（*Agrippina*, p. 111）均认同克劳狄乌斯在选择尼禄而不是布列塔尼库斯继位的时候，经过了深思熟虑。

12. 先前的皇帝在领养时，包括奥古斯都领养提略，以及提比略领养日耳曼尼库斯，都没有亲生的儿子在世。参看 M. H. Prévost, *Les adoptions politiques à Rome*（Paris, 1949）。

13. 我们是通过一段铭文来知道这个日期的，那是来自罗马的祭司团体阿瓦尔祭司团（Arval brethren）所留下的记录（number 224 in the collection *Inscriptiones Latinae Selectae*）。Tacitus（*Annals* 12.25）明确指出，元老院是在听取克劳狄乌斯本人的演说后采取行动的。收养后，尼禄全名的不同版本被记录在案；他有时会在铭文中被称为提比略·克劳狄乌斯·尼禄·恺撒（Tiberius Claudius Nero Caesar）。

14. 布列塔尼库斯的确切出生日期不得而知。Tacitus（*Annals* 12.25.2）认为，尼禄比布列塔尼库斯要年长三岁。

15. 亚里士多德在一次关于君主继承的理论讨论（*Politics* 1286b25 – 28）中说，如果要让一位国王选择其他继承人而不是自己的后代，那么这就超出了人们对于人性的要求。

16. 参看 Tacitus, *Annals* 12.2，在这部分中，纳尔奇苏斯反对通过将阿格里皮娜纳入皇室来改变皇朝秩序。

17. 相关部分征引参看 *Consolation to Polybius* 12.5。塞内加接着建议克劳狄乌斯在即位之前就给布列塔尼库斯找好"配偶"，或许是委婉地暗示克劳狄乌斯的健康状况不佳。

18. Suetonius（*Nero* 7）认为布列塔尼库斯只是出于习惯才这么称呼尼禄的，但这似乎是错误的，因为收养发生在一年多之前。

19. 奥古斯都的妻子莉薇娅是第一位获得奥古斯塔头衔的人，但她是在自己丈夫死后才获此殊荣的。安东尼娅（Antonia）是卡利古拉的祖母，也是他与奥古斯都关系最密切的祖先，她是第二位奥古斯塔，而阿格里皮娜是第三位。

20. Susanna Braund 指出："这是第一次有在位皇帝的妻子和她的丈夫一

起被刻画在钱币上。" 参看 Braund, *Seneca's De Clementia* （Oxford, 2009）, p. 432。更多探讨可参看 *Walter Trillmich, Familienpropaganda der Kaiser Caligula und Claudius：Agrippina Minor und Antonia Augusta auf Münzen* （Berlin, 1978）, pp. 55 – 63。

21. Tacitus, *Annals* 12. 37.

22. Wood（*Imperial Women*, p. 259）指出："阿格里皮娜二世（Agrippina II, 即小阿格里皮娜）是罗马历史上第一位也是唯一一位要求真正的、官方的权力而不单是影响力的女性。"

23. Tacitus（*Annals* 12. 22）认为洛里娅是被迫自杀，而不是被处决的；他没有说枭首的事情。而在另一方面，Dio（61.32.4）又补充了一个令人毛骨悚然的细节：阿格里皮娜很难辨识出那颗头颅，因为它已经因腐烂而变形，不过她最后通过检查牙齿来确定了死者的身份。狄奥强烈暗示阿格里皮娜此举的主要动机是为给尼禄敛财。

24. 详情参看 M. R. Thornton and R. L. Thornton, "The Draining of the Fucine Lake：A Quantitative Analysis," *Ancient World* 12（1985）：105 – 20。Suetonius（*Claudius* 20）表示，这个项目历时 11 年。这个湖在古代只是被排空了一部分。而到了 19 世纪，它终于通过排水管道彻底排空而消失了。

25. 目击者的描述可参看 Pliny the Elder（*Natural History* 7. 46）和 Tacitus（*Annals* 12. 56）。我所知道的另一个女子穿短氅的例子，是维吉尔笔下的狄多女王（*Aeneid* 4. 137），那正是因为她占据了通常是男性才有的政治地位。

26. 参看 Dio 61. 33. 5；故事的其他细节来自 Tacitus, *Annals* 12. 56 – 57。

27. 以下故事取材自 Tacitus, *Annals* 12. 53。

28. 这个牌匾后来被移到提布尔提纳大道（Via Tiburtina）的一座纪念碑上，后来的罗马官员老普林尼在那里看到它，并在信中对此进行了嘲讽（*Epistles* 7. 29 and 8. 6）。

29. 保罗与迦里奥的相遇，可以追溯到公元 51 年的夏末，可参看 Jerome

Murphy-O'Connor, *Paul: A Critical Life*（Oxford, 1996）, pp. 18 – 22。显然，保罗从前一年春天起就在科林斯（Corinth, 又译作哥林多）了。

30. 他可能是——但不一定是——《哥林多前书》开篇提到的那个同著者所提尼。参看 Murphy-O'Connor, *Paul*, p. 264。

31. *Acts* 24：1 – 27.

32. Josephus, *Jewish War* 2. 254 – 57.

33. 他在犹地亚短暂而动荡的经历可参看 Josephus, *Jewish War* 2. 261 – 63, and *Jewish Antiquities* 20. 170 – 72。

34. *Acts* 21：38.

35. *Acts* 28：16 – 30 所描绘的是一个被软禁的人，他能够接待学生和助手，并自由地传道授业。此时罗马还没有禁止基督教教义，也没有任何针对保罗的意识形态控诉。

36. 特别值得一提的是，目前尚不清楚保罗是否在公元 60 年代的某个时候离开罗马前往西班牙或者其他地方旅行，这一问题在一定程度上取决于所谓"教牧书信"（Pastoral Letters）的真实性。

37. 关于这一看法的历史概况，请参看 Arnaldo Momigliano in "Note sulla leggenda del cristianesimo di Seneca," *Rivista storica italiana* 62（1950）：325 – 44。伟大的意大利人文主义学者洛伦佐·瓦拉（Lorenzo Valla）在 15 世纪首次挑战了这些信件的真实性。

228

38. Suetonius, *Nero* 52. 苏埃托尼乌斯还提供了一份不太可信的记载，即塞内加禁止尼禄阅读除他自己作品之外的任何演说作品。

39. Tacitus, *Annals* 14. 55. 关于这次会谈的情况，见本书页边码第 136 ~ 137 页。

40. Tacitus, *Annals* 13. 3.

41. Suetonius（*Nero* 22）表示，尼禄最早的老师们不得不训责他，让他停止谈论这项运动。

42. 这段隐晦的陈述出自 *Letters to Lucilius* 49. 2。

43. Tacitus, *Annals* 14. 55.

44. *Letters to Lucilius* 108.6 – 8. Mark Morford 试图用《论愤怒》（2.18 –
21）的教学建议作为重建塞内加课程的模板。参看 Morford，"The
Training of Three Roman Emperors," *Phoenix* 22（1968）：57 – 72。但
一般认为，《论愤怒》（或至少是它的前两卷）是在塞内加被任命为
导师之前写成的。皇宫环境的实际情况，要求塞内加采取一种与其
最初设想的一般指导方针截然不同的方法。

45. *Letters to Lucilius* 108.3 中有塞内加的回忆，带有一种典型的一针见
血的军事隐喻。

46. 塞内加坚信社会熏陶的力量。他在一篇关于哲学教育的讨论（*Letters*
108.4）中写道："那些经常去光顾香水店的人，即使在那里待很短
的时间，也会带走一些店里的气味，这意味着，接近哲学，会让那
些对它的教义不感兴趣的人也受到影响。"

47. Dio 61. 33. 2.

48. Suetonius，*Nero* 35.1，它也是唯一的史料来源。在后面的段落中
（35.2），苏维托尼乌斯还提供了独家信息，即尼禄几次试图扼死屋
大维娅。

49. *Octavia*，line 537. 更多讨论详见本书页边码第 137 ~ 138 页。

50. *Letters to Lucilius* 104. 2. 塞内加在其他地方很少提及宝琳娜，或者仅
是略有提及。在 *Letters* 50.2，我们可以知道，塞内加容忍宝琳娜雇的
女性小丑哈帕斯特（Harpaste）待在家中，虽然他自己并不喜欢
小丑。

51. Griffith（*Seneca*，pp. 57 – 58）得出结论，宝琳娜到底是他的第一任
妻子，还是第二任妻子，这个问题根本无法解决。

52. 保里努斯获得任命的时间约为公元 49 年，这一点基本上得到了令人
信服的论证。可参看 Miriam Griffin，"De Brevitate Vitae," *Journal of
Roman Studies* 52（1962）：104 – 13。

53. 在前一个注释中引用的文章中，格里芬给出的解释，在我看来似乎

是对这篇论著的反常情况的唯一可靠解释，正如 Zeph Stewart 在《致玛西娅的告慰书》（见本书页边码第 13 ~ 14 页）的案例中提出的那样，只能从作者和收件人之间的独特关系来做出解释。然而，格里芬的批评者们对她的论点进行了猛烈的抨击，并促使她在《塞内加》一书中采取更为谨慎的方法，她在书中进行了详细解释（pp. 401 - 7），表示自己仍然相信《论幸福生活》的创作时间是公元 55 年，但她无法证明这一点。Gareth Williams 在其作品新近版本 [Seneca：De Otio, De Brevitate Vitae（Cambridge 2003）] 的序言中称格里芬的解释"完全是推测"（3 n.7），"引人入胜但无法下定论"（20），并且拒绝给出论著完成的时间。

54. Griffin（Seneca, p. 407）谈到了一些散文作品的"主要的"（哲学的）以及"次要的"（政治的）目的，Williams（Seneca, p. 2 引言）错误地将这一立场描述为"别有用心的"。

55. 纳尔奇苏斯拥有 4 亿赛斯特斯的地产（Dio 61. 34. 4）。Jeffrey Winters 估计，10 位最富有的罗马元老拥有的财富的平均值仅为这个数字的四分之一：Oligarchy（Cambridge, 2011），p. 92。

56. 阿格里皮娜在文中提到这只手（Tacitus, Annals 13. 14），清楚地表明她认为这是一种政治上的不利条件。有关布路斯的相关历史证据，可参看 W. C. McDermott, "Sextus Afranius Burrus," Latomus 8（1949）: 229 - 54。

57. Apocolocyntosis 3.

58. Tacitus（Annals 12. 65）记述了此事。其他资料（Suetonius, Claudius 43）认为这句话出自纳尔奇苏斯，甚至（虽然不太可能）出自克劳狄乌斯。

59. Suetonius, Tiberius 73. 这件逸事的来源是一份后来佚失的文献。

60. 格里芬在处理历史证据时通常相当谨慎，她同意克劳狄乌斯在公元 54 年开始谈论（布列塔尼库斯）晋升的观点，参看 Nero: The End of a Dynasty（London, 1984），p. 32。Levick（Claudius, p. 76）谈到了克劳狄乌斯和阿格里皮娜之间关于布列塔尼库斯未来的"日益尖锐的争吵",并认为克劳狄乌斯打算把尼禄和布列塔尼库斯立为共同继承人。

61. Barrett (*Agrippina*, pp. 141 – 42) 或 Griffin (*Nero*, p. 32) 都不愿意在克劳狄乌斯是不是被谋杀的问题上表明态度;Levick (*Claudius*, p. 77) 在"全面权衡"之后倾向于肯定的答案。然而,也有持反对意见的学者,参看 John Aveline, "The Death of Claudius," *Historia* 53 (2004): 453 – 75。R. W. Pack 指出疟疾也可能是一个致死原因,参看 "Seneca's Evidence in the Deaths of Claudius and Narcissus," *Classical Weekly* 36 (1953): 150 – 51。

62. 相同的推论可参看 T. E. J. Wiedemann, "Tiberius to Nero," in *Cambridge Ancient History*, p. 10. 241,他认为克劳狄乌斯可能是被谋杀的。

63. Suetonius (*Claudius* 44) 指出,在他所处的时代,关于谁下了毒以及接下来发生了什么,都是存在分歧的。就像塔西佗所说的那样,苏维托尼乌斯也给出了一个说法:在一次家庭晚宴中,是一朵蘑菇毒害了元首。但他也引用了第二个例子,即克劳狄乌斯的试餐者,一个名叫哈洛图斯的宦官,在他与祭司共同进餐的时候毒害了他。Dio (61.34) 同意塔西佗的观点,认为克劳狄乌斯吃下了毒蘑菇,但是他没有提及关于色诺芬二次下毒的记载。Josephus (*Jewish Antiquities* 20.151) 记载了阿格里皮娜谋杀克劳狄乌斯的传闻,但没有给出细节,也并不认可这则传闻。

64. 这是 Aveline 在《克劳狄乌斯之死》("Death of Claudius") 中所持的立场,其甚至将记载中克劳狄乌斯的症状与一种特定蘑菇所具有的影响联系了起来。在我看来,把塔西佗的记载作为克劳狄乌斯中毒症状而非死亡诱因的资料来源的这种做法,似乎是自相矛盾的。据记载,尼禄 (Suetonius, *Nero* 33; Dio 61.35.4) 在日后对蘑菇是"众神的食物"说了一段俏皮话,因为蘑菇使克劳狄乌斯成了神,但这并不意味着蓄意下毒这件事确实发生过。

65. Seneca（*Apocolocyntosis* 4）提到他们时，就好像他们是在克劳狄乌斯
还活着的时候到达的，总体而言，他反驳了克劳狄乌斯的死亡被隐
瞒了 8 ~ 10 个小时的观点，他认为死亡时间是在 10 月 13 日的中午
或者之后不久。

66. Dio 61.3.1. 同一章节中，塞内加自己当天也写了一份演说词送到元
老院，这篇演说稿后来也被刻在银板上，但是这两篇不同的演说似
乎被混淆了，见本书页边码第 67 ~ 68 页。

第三章

1. 大多数学者都同意《圣克劳狄乌斯变瓜记》这一名称，但是也有少
数人对此提出异议，认为 Dio（61.35.3）用该名称所指代的作品并不
是我们现在看到的作品。在抄本中，这部作品的标题是"关于克劳狄
乌斯之死的讥讽"或是"上帝通过讽刺讲述克劳狄乌斯的神化"，但
是，这两者看起来都不那么真实。

2. 关于该问题较好的论述可参看 the introduction to P. T. Eden's edition of
the Latin text, *Seneca*：*Apocolocyntosis*（Cambridge, 1984）。

3. Dio 61.35，同一章还告诉了我们塞内加作品的标题。

4. 今天在罗马还能看到位于凯利乌斯山（Caelian）的巨大的克劳狄乌斯
神庙的一小部分。它直到公元 70 年代才竣工，在尼禄统治时期它的
建设一直停滞不前。

5. 尽管狄奥提供了记述，但仍有一些学者对其归属表示怀疑。G.
Bagnani, in *Arbiter of Elegance*（Toronto, 1954）认为该文是佩特洛尼乌
斯（Petronius）所作。

6. 各种论说的总结可参看 Eden in his edition of *Apocolocyntosis* and by H.
Macl. Currie, "The Purpose of the Apocolocyntosis," *Acta Classica* 31
（1962）: 91 – 97。

7. 芝加哥大学出版社 2010 年出版的这本书由 Robert A. Kaster 和 Martha

C. Nussbaum 编辑，书名为《愤怒、怜悯、复仇》（*Anger, Mercy, Revenge*），讨论了该书收录的三部作品《论愤怒》《论仁慈》《圣克劳狄乌斯变瓜记》的主旨。

8. Edward Champlin 强调了这段话不协调的语气，他认为这是在该作品写完五年或更长时间后插入的，参看 Champlin, "Nero, Apollo and the Poets," *Phoenix* 57（2003）: 276 - 83, and *Nero*（Cambridge, Mass., 2003）, p. 116。在我看来，这是一个很难论证的论点，到目前为止，还没有其他学者对此表示赞同。Martha Nussbaum 也没有在自己翻译《圣克劳狄乌斯变瓜记》时提出质疑：*Apocolocyntosis* in Kaster and Nussbaum, *Anger, Mercy, Revenge*。

9. 参看本书页边码第 29 页及相关注释。

10. Eden（*Apocolocyntosis*）赞同其评注导言中的观点。

11. 参看 Ulrich W. Hiesinger, "The Portraits of Nero," *American Journal of Archaeology* 79（1975）: 113 - 24。

12. 参看 Suetonius, *Nero* 7。

13. 诚如《圣克劳狄乌斯变瓜记》所述，它以众神大会的形式构建了一个元老院的翻版，然后用它来谴责并摒弃克劳狄乌斯。

14. 很少有人知道塔西佗的生活，或者他在诸位皇帝的宫廷中所扮演的角色，但他表达了他自己参与图密善（公元 81 ~ 96 年在位）所犯罪行的痛苦（*Agricola* 44 - 45）。"在图密善统治时期，塔西佗曾经担任公职，他肯定经历过多次同样困扰塞内加的良心困境，总的来说，他似乎也用相同的方式面对过这些困难。" Denis Henry and B. Walker, "Tacitus and Seneca," *Greece and Rome* 10（1963）: 108.

15. 关于这次就职演说是什么时候发表的，我们现有的消息来源有些混乱。Dio（61.3.1）把它插入 10 月 13 日尼禄登基之日的事件当中。Tacitus（*Annals* 13.4）把它放在克劳狄乌斯的葬礼之后，这种表述更加可靠。两位史家引用的是同一篇演讲，这点似乎是肯定的，因为这是一篇里程碑式的演讲，阐述了新政权的纲领。如果像狄奥所说的那样，尼禄仅在即位数个小时后就发表了这样一篇具有前瞻性的演讲，那么就会显得过于唐突了。

16. *De Ira* 1. 20. 4, and *De Clementia* 1. 12. 4 and 2. 2. 2.

17. 《论愤怒》各部分的完成日期，是通过其收件人的方式确定的。塞内加的兄弟诺瓦图斯最迟在公元 52 年被称为迦里奥。所以写给诺瓦图斯的那部分《论愤怒》，必然就在那个日期之前；就像《论幸福生活》是写给迦里奥的，必然在那个日期之后。在确定塞内加作品的年表时，需要依靠这些晦涩的线索，这表明作者想多么彻底地避免对当时人和事件的提及。

18. 故事可参阅 *De Ira* 3. 38。

233

19. 在塞内加描述这种做法的著名段落 (*De Ira* 3. 36) 中，他模仿了罗马哲学家塞克斯提乌斯 (Sextius) 的做法。可参看 James Ker, "Seneca on Self-examination: Re-reading On Anger 3. 36," in *Seneca and the Self*, edited by Shadi Bartsch and David Wray (Cambridge, 2009)。

20. 我们很难知道塞内加在什么时候停止用"你"来指代他自己，而是用它来指代罗马上层阶级的一个假想成员。在 *De Ira* 3. 37 的结尾，他所用的"你"肯定不仅仅是他自己，我认为整个章节也是如此。

21. *De Ira* 2. 21. 6. 正如 Robert Kaster 在作品 (*Anger, Mercy, Revenge,* p. 115) 的注释中明确指出的那样，文章中的各种社会线索表明，塞内加正在思考精英阶层抚养子女的方式。

22. 关于阿格里皮娜对《圣克劳狄乌斯变瓜记》的反应有各种各样的评述，但大多数学者认为其反应不可能是积极的。"她致力于实施的那些制度被弄得滑稽可笑。这对阿格里皮娜的自尊心一定是巨大的打击。"Barrett, *Agrippina*, p. 165.

23. Tacitus, *Annals* 13. 2, and Suetonius, *Nero* 9.

24. 可参看 Rose, *Dynastic Commemoration*, pp. 47 – 48, and Wood, *Imperial Women*, pp. 301 – 2。

25. 与之最接近的是数十年前德鲁苏斯二世 (Drusus II) 时期发行的一

枚钱币，上面印着德鲁苏斯的两个儿子的头像，它们在丰裕之角（cornucopias）上面对着面。可参看 Charles Brian Rose, *Dynastic Commemoration and Imperial Portraiture in the Julio-Claudian Period* (Cambridge, 1997), pp. 47 and n. 17。

26. Tacitus (*Annals* 13.1.1) 明确地表示，尼禄甚至不知道谋杀西拉努斯（Silanus）的计划；在同一章的结尾，他说杀害纳尔奇苏斯"违背了他的意愿"，这似乎暗示尼禄是在事后才知道这件事的。阿格里皮娜显然有权自行向禁卫军下达命令。

27. 这里指的是 *De Ira* 1.6.3。塞内加在同一著作的 1.16.2 处进行了延伸扩展，其中再次列出了补救性惩罚的等级，从最小的（私下谴责）到最大的（安乐死）。

234   28. 见本书页边码第 42 ~ 43 页。

29. Tacitus, *Annals* 13.6 记述了罗马街头的公众情绪。

30. 接下来的场景包含了塔西佗的描述（*Annals* 13.5）和狄奥（61.3.3 – 4）提供的细节。我认为阻碍阿格里皮娜的行动是事先计划好的，而不是自发的。

31. *Consolation to Helvia* 14.3.

32. *De Ira* 1.20.

33. 如果本书（页边码第 34 页）提出的观点是正确的，那么《美狄亚》是在克劳狄乌斯入侵不列颠不久后写成的，也就是公元 40 年代中期。大多数人认为《论愤怒》成文时间在公元 41 ~ 49 年。

34. 相关文献可参阅 James Ker, Ronnie Ancona, and Laurie Haight Keenan, eds., *A Seneca Reader*: *Selections from Prose and Tragedy* (Mundelein, Ill., 2011)。

35. 关于塞内加的悲剧如何与塞内加的哲学相联系的文献十分繁多。Martha Nussbaum 在 *Therapy of Desire*: *Theory and Practice in Hellenistic Ethics* (Princeton, 1994), pp. 448 – 49 n. 13 中简要地介绍了最近一些重要的讨论，她自己在那本书中对《美狄亚》的评估对这些讨论也有所贡献。最近，Shadi Bartsch and David Wray, eds., *Seneca and the Self* (Cambridge, 2009), especially part 3 以及 Katharina Volk and Gareth D. Williams, eds., *Seeing Seneca Whole* (Boston, 2006) 处理了这个由来已久的难题。在中世纪和文艺复兴时期，人们认为，写悲剧的塞内加与写散文作品的塞内加是不同的，今天人们仍然有可能认为悲剧出自不同的人之手，参看 Thomas D. Kohn, "Who Wrote Seneca's Plays?" *Classical World* 96 (2003): 271 - 80。将"塞内加"（不一定是小塞内加）与其中一个悲剧（《美狄亚》）联系起来的唯一古代证据是 Quintilian, *Institutio Oratoria* 9.2.9 中一句单一且模糊的句子。

36. "塞内加试图通过这些焦躁不安甚至精神错乱的人物形象来达到什么样的目的？最有可能的答案是，他在利用戏剧诗的情感，直接让他的观众们感受到激情带来的骇人后果。他那些最震撼人心的场景所引起的震惊与厌恶，意在刺激观众们的道德意识和道德成长。"该段引文可参看 Richard Tarrant, *Seneca's Thyestes* (Atlanta, 1985), pp. 24 - 25。但是 Richard Tarrant 立即承认，这种方法不足以解释戏剧的力量。 235

37. 出自 Henry and Walker, "Tacitus and Seneca," p. 108。不那么宽容的诠释者会认为塞内加神经紊乱甚至精神分裂。

38. 尼禄的性生活在日后发生了一些奇怪的变化，比如兽戏表演、异性变装与同性婚礼。相关的案例收集和讨论可参看 Champlin, *Nero*, pp. 161 - 70。

39. 可参看 Tacitus, *Annals* 13.12。

40. Tacitus, *Annals* 13.13.

41. Dio 61.7.3.

42. 据 Suetonius (*Nero* 34.1) 所载，这一威胁发出的时间尚不清楚，但它似乎可以追溯到尼禄统治的早期，因为他的母亲在当时仍然发挥着巨大的影响力。

43. 我想 Griffin（*Nero*，pp. 447 – 48）对谢列努斯获得任命的时间界定应该是正确的。谢列努斯是塞内加的挚友，塞内加曾向他寄送《论贤人不动摇的精神》和《论心灵的平静》，塞内加在他的挚友意外中毒猝死后，表示了沉痛的哀悼（*Letters* 63. 14）；参看 Pliny, *Natural History* 22. 96。

44. 塔西佗在 *Annals* 13. 14 中引用了阿格里皮娜的话语。Barrett（*Agrippina*，p. 240）表示，"这段文字让人难以置信"；但在我看来，Barrett 似乎误解了塔西佗的方法。塔西佗的方法是提供演说——诚然，在某些情况下，那是他虚构出来的演说——这些演说体现了他从自己的资料来源中所理解的人物的心态。事实上，Ronald Mellor（*Tacitus' Annals*，p. 167）引用了这段精妙的演说和评论："这番咆哮听上去真实可信，它的确会出自一个觉得自己为儿子牺牲了一切却被推到一边的母亲之口。"

45. Tacitus, *Annals* 13. 15.

46. 关于布列塔尼库斯之死的古代记载，一致认为尼禄是罪魁祸首。Tacitus（*Annals* 13. 15 – 17），Dio（61. 7. 4）和 Suetonius（*Nero* 33. 3）与 Josephus（*Jewish War* 2. 250，*Jewish Antiquities* 20. 153）持有相同的观点。与关于克劳狄乌斯之死的史料相比，这些史料来源的证词更加单一，在历史学家中引起的质疑也更少，但是，这种司空见惯的投毒故事仍然有被怀疑的余地。Barrett（*Agrippina*，p. 172）倾向于认为布列塔尼库斯是死于癫痫发作的，并且错误地断言，"现代权威学者普遍对布列塔尼库斯死于谋杀的说法持怀疑态度"。Levick（*Claudius*，p. 77）认为，毒死布列塔尼库斯这件事和毒死克劳狄乌斯一样，是无法被证明的。Griffin（*Nero*，p. 74，and *Seneca*，pp. 134 – 35）虽对克劳狄乌斯之死存疑，但是认为布列塔尼库斯被害是历史事实。

47. Suetonius, *Nero* 33. 3. Tacitus（*Annals* 13. 15）表示，尼禄威胁过监督处罚洛库丝塔的投票和执行的保民官。

48. Suetonius, *Nero* 33. 3. 许多法律都被冠以"尤利乌斯"之名，因为它们都是在尤利乌斯·恺撒或奥古斯都治下通过的。不清楚这里指的是哪一个；K. R. Bradley 认为，苏维托乌斯或者他所参考的文献弄错了名字。K. R. Bradley, *Suetonius' Life of Nero: An Historical Commentary* (Brussels, 1978), p. 199.

49. Tacitus, *Annals* 15. 62 指出，塞内加至少之后知道了不少"内幕故事"，他在临终前还曾提到布列塔尼库斯被谋杀的事。Griffin (*Seneca*, p. 135) 也注意到，有一个禁卫军军官参与了阴谋 (*Annals* 13. 15. 4 – 5 亦有涉及)，这表明布路斯可能也勾结其中。Wiedemann ("Tiberius to Nero," in *Cambridge Ancient History*, p. 10：245) 提出了一个十分顺理成章的问题："塞内加和布路斯是否要对布列塔尼库斯的死负有个人层面上的责任？"

50. 可参阅 Tacitus, *Annals* 13. 16。

51. A. Wallace-Hadrill, "The Imperial Court," *Cambridge Ancient History*, p. 10. 295.

52. 只从 Suetonius, *Nero* 33. 3 中获得的信息。洛库丝塔应该活到了伽尔巴统治时期，因为伽尔巴在公元 68 年对尼禄同伙的大清洗中将她处死 (Dio 63. 3. 4)。

53. Suetonius, *Titus* 2 是唯一的资料来源。目前尚不清楚，如果按照塔西佗记载的方式运送毒药，提图斯的餐食到底是如何受到污染的。

54. 来源于 Dio (61. 7. 4) 的独家记载，因此比故事的其他部分更容易引起严重的怀疑。Barrett (*Agrippina*, p. 172) 曾表示——可能附和了 Alexis Dawson, "Whatever Happened to Lady Agrippina?" *Classical Journal* 64 (1969), p. 256 n. 2 中不假思索的论断——古代世界所知的任何毒药都不可能造成这种效果，但我对缜密的毒理学调查并不熟悉。

237

55. 帝国钱币上阿格里皮娜的图像次序问题，由 Barrett (*Agrippina*, pp. 226 – 27) 提及，Rose (*Dynastic Commemoration*, p. 47) 和 Wood

(*Imperial Women*, pp. 293 – 95) 分别加以讨论。

56. Tacitus, *Annals* 13.18.

57. *Octavia*, lines 66 – 71. 屋大维娅在这里将自己的处境与神话中的女主人公厄勒克特拉 (Electra) 进行比较, 厄勒克特拉生活在其残忍的母亲的宫廷里, 生活在恐惧之中。

58. Tacitus, *Annals* 13.17, 参考了佚名的一手资料。

59. 这段话是阿伽门农 (Agamemnon) 说的, 塞内加在《特洛亚妇女》(*Trojan Women*, line 291) 中把他塑造成克制的君主权力的化身。诠释者提出了一种可能性, 即阿伽门农在剧中是塞内加的政治理想代言人; 参看 Elaine Fantham, *Seneca's Troades* (Princeton, 1982), 252.

60. Tacitus, *Annals* 3.18. 对"自命道德高尚的人物"的嘲讽, 被认为是对塞内加的一种打击, 可参看 Erich Koestermann, *Cornelius Tacitus*: *Annalen* (Heidelberg, 1967), p. 3: 268.

61. 可参看 Tarrant, *Seneca's Thyestes*, p. 48 n. 164.

62. 可参看本书页边码第 104 页, 关于《论幸福生活》的部分, 塞内加把自己比作痛风患者。在 *Letters to Lucilius* 8.3 中, 塞内加说自己患有无法治愈的皮肤损伤。

第四章

1. *De Clementia* 1.1.4.

2. 一些学者甚至试图去修改传统意义上对《论仁慈》写作年代的界定, 使之早于布列塔尼库斯之死, 从而免除塞内加有过可鄙的欺人之谈的嫌疑, 参看 Braund, *Seneca's De Clementia*, pp. 16 – 17, and Griffin, *Seneca*, pp. 407 – 11. 这个日期, 实际上是由塞内加在 1.9.1 的论述中确定的, 他提到尼禄最近已经度过了 18 岁生日, 那就应该是公元55 年 12 月。Braund 对欺人之谈的解决方案 (p. 17)——关于尼禄实际上拥有在其家族内实施谋杀的"通行许可"的说法——难以令人信服, 因为塞内加在《圣克劳狄乌斯变瓜记》里奥古斯都的演说中明确表明，他认为皇朝的家族谋杀是一种暴行。

3. *De Clementia* 2. 1. 2. 苏维托尼乌斯在 *Nero* 10. 2 中记录了诸多相同的逸事。

4. "这种类型的法则是只给那些准备好接受它的人提供建议"，而尼禄本人并不属于这一群体，参看 Paul Veyne，*Seneca：Life of a Stoic*（New York，2003），p. 17。

5. *De Clementia* 1. 6. 3.

6. "他在自责……带着悲伤的痛苦。" Elisabeth Henry 如是评述道，可参看 *The Annals of Tacitus：A Study in the Writing of History*（Manchester，1968），p. 224。Braund（*Seneca's De Clementia*，p. 237）对这句话中特别个人化和强调的语气做出了评述，不过是以不同的方式理解它的相关性。

7. *De Clementia* 1. 9. 11. 秦纳的阴谋和奥古斯都的赦免也被 Dio（55. 14 – 22）提及，很久之后，蒙田（Montaigne）也在 *Essays* 1. 24 中提到过。

8. *De Clementia* 1. 3. 5. 有两篇作品经常被引用为塞内加此类模式的类比文本，它们分别是亚里士多德的《政治学》（1254a34 – b9）和西塞罗的《论共和国》（3. 37），但并没有得到完全的展开论述；在我看来，塞内加别出心裁的思想应该得到更多的赞誉。

9. Tacitus，*Annals* 13. 25；Suetonius，*Nero* 26；and Dio 61. 8 – 9，内容基本一致。Pliny the Elder（*Natural History* 13. 126）记载，尼禄用一种特殊的药物来治疗自己的瘀伤和擦伤。

10. Dio 61. 7. 5 的独有分析，尽管我们拥有的其他资料中并没有任何内容与之相矛盾。

11. Tacitus（*Annals* 13. 12）称其为尼禄最亲密的伙伴，另外，还有信息表明，奥托来自一个执政官家庭，而塞内奇奥是一个卑微的被释奴的儿子。奥托比尼禄大五岁左右，而塞内奇奥的年龄则不得而知。

12. 在 Dio 61. 4. 5 中有引用，一般作为宫廷内部人士的评述。

13. 相关描述参看 Suetonius，*Nero* 20. 1；Pliny the Elder，*Natural History*

34.166，19.108。Edward Champlin（*Nero*，pp. 52 - 83）关于尼禄的艺术抱负的讨论极具启发性。

14. Tacitus（*Annals* 13.50）是提及这一奇异想法的唯一资料来源。他明确指出尼禄的长老们［seniores，从错误释读的"元老们"（senatores）修改而来］或年长的顾问们——这群人中肯定有塞内加——必然会去劝阻他。

15. 这些问题在 Griffin（*Seneca*，pp. 67 - 128）中得到了令人钦佩的阐述。关键的问题是要不要相信狄奥的记载（61.4.1 - 2），在尼禄统治的早期，塞内加和布路斯实际上掌管着这个国家。格里芬提出了一个令人信服的结论，即塞内加在政府中的作用远没有那么重要。他的贡献"不是元老院的提案或财政改革计划，而是在皇帝的公共行为和声明公告方面施加的个人影响"（p. 128）。

16. Tacitus，*Annals* 13.18；Suetonius，*Nero* 34.1. 塔西佗明确指出，这些日耳曼人只是最近才在阿格里皮娜近旁护卫的，也许是在尼禄登基之后。

17. Tacitus，*Annals* 13.18. 阿格里皮娜此时正住在其祖母安东尼娅的乡间庄园。

18. Tacitus，*Annals* 13.19 有所阐释。据说，阿格里皮娜赶走了一个有意迎娶尤利娅的求婚者。

19. Tacitus（*Annals* 13.20）区分了他为描述这一夜的事情所参考的三个具名来源。其中两人对尼禄对布路斯的不信任只字未提，而法比乌斯·路斯提库斯（Fabius Rusticus）则详细讲述了尼禄任命新长官的努力，以及塞内加阻止此事的决心。塔西佗不信任路斯提库斯，因为路斯提库斯以前受到塞内加的庇护；Griffin（*Seneca*，p. 88）认为他这样判断是对的，但 Barrett（*Agrippina*，p. 175）不太确定。这个故事本身并没有什么令人难以置信的地方，如果说路斯提库斯比其他人更有动机把塞内加放在有利的位置上的话，那么他也有更多机会获得塞内加的内部信息。

20. 他后来在披索密谋中扮演了一个重要却不引人注目的角色，见本书页边码第 187~189 页。

21. 阿格里皮娜既没有和克劳狄乌斯，也没有和她的第二任丈夫帕西耶努斯·克利司普斯生儿育女，这一史实是值得注意的。似乎她自己的皇朝策略，以及后来她与克劳狄乌斯共谋的计划，都是为了避免产生一位与尼禄竞争的对手。如果有必要的话，她可以通过避孕和堕胎的方式来实现计划。而且，没有理由认为她已经不能再生育了。

22. 关于塞内加和迦里奥担任执政官的确切日期的讨论，见 Griffin, *Seneca*, p. 73 n. 6。他们两人都是指派执政官（suffect consul），接替更为重要的正规执政官（consules ordinarii）完成任期。

23. 塞内加可能的财产清单可参看 Griffin, *Seneca*, pp. 286 – 94。

24. Juvenal, *Satire* 10.16［这里也是术语"巨富"（praedives）的出处，在本书页边码第 101 页有提及］。

25. Pliny the Elder（*Natural History* 14.49）证实，塞内加耗费巨资买下了这处地产，但立即对其进行改造，以便迅速获取利润。

26. 这一数据来自同时代人的记载：Columella（*De Re Rustica* 3.3.3）。

27. 塞内加自己并没有提到过在不列颠的放贷，但 Griffin（见本书页边码第 132 页和相关注释）和其他人认为 Dio（62.2.1）的说法具有一定依据，尽管在数额上似乎有所夸张。根据 Tacitus（*Annals* 13.42.7），苏伊里乌斯·路福斯于公元 58 年在元老院攻击塞内加时，声称其在各省都有贪婪的放贷行为，但没有说明是哪些。参看 Barbara Levick, "Seneca and Money," in *Seneca uomo politico e l'età di Claudio e di Nerone, ed. Arturo De Vivo and Elio Lo Cascio*（Bari, 2003），pp. 223 – 24。狄奥似乎进一步声称，塞内加违背借款人的意愿，强迫借款人获得这笔钱，但希腊语中表示这一点的词语被一些编辑者修改，以表明其实是不列颠的酋长们想要这笔钱。

28. 参看 Griffin, *Seneca*, pp. 294 – 314, and "Imago Vitae Suae," pp. 55 – 58。

29. Griffin, *Seneca*, p. 286. 塞内加引用了他特别钦佩的一位犬儒学派的老师的话："一个人可能会鄙视自己口袋里的财富。"(*Letters to Lucilius* 20.10) 在这一点上，格里芬最担心的是，正如 *Seneca* 和 "Imago Vitae Suae" 所表达的，塞内加可以用正统的斯多葛哲学来为自己的财富辩护，并且偶尔使用它们，但在其他地方，他又像犬儒派学者般对财富发出咆哮。Paul Veyne (*Seneca*, pp. 10–16) 试图让塞内加摆脱道德悖论，进行了一种合理化的研究。

30. Tacitus, *Annals* 13.42. 塔西佗在没有明确否认的情况下，引用了这段很长的引言，表明了他自己对塞内加的言行是否一致抱有怀疑。

31. 一长串的指控可以参看 Dio 61.10。它们按照正确的时间顺序排列，与苏伊里乌斯的演说联系在一起，有些似乎呼应了塔西佗记录的那部分演说，但另一些则远不止于此。

32. 在第 17 章开始时，塞内加突然开始介绍自己的批评者："所以，如果那些像狗一样对哲学吠叫的人中，有一个人说了他们常说的话……"在许多学者看来，接下来的激烈论调似乎是一种自以为是的反驳，这是由苏伊里乌斯的演说引发的，尽管无法被证明。在讨论这个问题时，Griffin (*Seneca*, pp. 308–9) 采取了一种温和的立场："塞内加并不是简单地描述了苏伊里乌斯所说的话，而省略了他的名字；他以苏伊里乌斯的批评和他在不同时期所遭受的其他批评为核心进行了概括。"她在编年表（pp. 396 and 399）中明确指出，《论幸福生活》的创作日期必然是在苏伊里乌斯的演说之后，但不一定是在那之后不久。

33. 人们很想知道，这些想象出来的问题在多大程度上反映了塞内加对自己生活方式的真实想法。塞内加经常不知不觉地从一个私人的情况转到一个假设的或一般的情况上去，或者再转回来，所以我们不能推断这里提到的"你"总是塞内加本人。尽管如此，这些问题的内容很少与已知的塞内加的生活环境有明显的不符。即使他提到自己因妻子死亡而流泪（*De Vita Beata* 17.1），也可以想象他提到的是他自己的经历。（关于塞内加痛失第一任妻子的可能性，请参阅本书页边码第 52 页的相关注释。）

34. 同样的现象在后来的一部论著《论恩惠》中也可以看到。在这部作品中，塞内加使犬儒学派的德米特里乌斯（Cynic Demetrius）成为自己的面具，但是后来德米特里乌斯又攻击了已经众所周知的塞内加所做的事情（见本书页边码第 132 ~ 133 页）。塞内加的作品有时会表现出现代心理学家所说的反应形成（reaction formation）：他生活中的焦虑来源或对自己行为的内疚，都体现在他所创造的人物形象中。

35. Griffin（*Seneca*, pp. 97, 247）证实了 W. H. Alexander（1952, 322）首先提出的论点，即塞内加在安排控诉和驱逐苏伊里乌斯一事上起到了重要作用，她认为此举是一种"报复"。

36. 根据 Tacitus（*Annals* 13.46），波培娅提到，尼禄第一次对她感兴趣时还维持着婚外情。

37. *Octavia*, lines 125 – 6. Ferri 的论述澄清了这个比喻："这种表达……用一个胜利的史诗战士的角度来描述波培娅。"（*Octavia*, p. 162）

38. 参看 Franz Holtrattner, *Poppaea Neronis potens：die Gestalt der Poppaea Sabina in den Nerobüchern des Tacitus*（Graz 1995）。

39. Tacitus, in *Histories*（1. 13）and *Annals*（13. 45 – 46）.《历史》（*Histories*）中有一种说法，认为波培娅与奥托的婚姻是尼禄一手策划的骗局，Suetonius（*Otho* 3）、Dio（62. 11. 2）以及 Plutarch（*Galba* 19. 106）也都支持这一说法。在《编年史》（*Annals*）中，奥托是真正的丈夫，然后被尼禄取代了。现代历史学家普遍偏爱这一说法。参看 Griffin, *Nero*, p. 102。

40. 根据 Suetonius（*Otho* 3），奥托在公元 59 年在巴亚（Baiae）为尼禄和阿格里皮娜举办了宴会，这似乎是错误的；Tacitus（*Annals* 13.46）则表示他在卢西塔尼亚待到了公元 69 年。

41. Tacitus, *Annals* 14. 2. 塔西佗在这一章中付出了相当大的努力来确定故事的真实性，他的语气表明他倾向于选择相信。

42. Suetonius, *Nero* 28，暗示尼禄被阻止实现自己的欲望。在同一章中，苏维托尼乌斯引用了一则流行的谣言：尼禄从被遮掩住的阿格里皮娜的轿舆中出来，身上穿着肮脏凌乱的衣服。这引起了 Wood (*Imperial Women*, p. 264) 关于在移动的轿舆里发生性关系的困难程度的有趣评论。Champlin (*Nero*, p. 88) 从其他方面质疑关于轿舆的逸事，但并没有对乱伦的故事做出总体的判断。

43. Dio 62.11.2，这是狄奥在拒绝对乱伦事件的真实性发表评论后，作为一个确证援引的。

44. 据我所知，没有一位现代历史学家对乱伦的故事持坚定的立场，可参看 Champlin, *Nero*, p. 88, and Barrett, *Agrippina*, p. 183。Wood (*Imperial Women*, p. 264) 对此持怀疑态度，但表示，只有这段关系中的两个当事人才可能知道真相。格里芬没有讨论。

45. Tacitus, *Annals* 14.2.

46. Tacitus (*Annals* 14.3) 明确指出，他以前是尼禄的家庭教师之一，这使他在接下来的章节中比塞内加获得了更高的擢升一事尤为引人注目。

47. *Octavia*, lines 359 – 60.

48. Tacitus, *Annals* 14.7.3，尼禄召见塞内加和布路斯，塔西佗称他们"也许之前已经知晓（谋杀阴谋），或许没有"（incertum an et ante gnaros）。

49. Dio 62.12.1："（除了波培娅之外）塞内加也敦促他这么干，正如诸多可信的权威人士所记述的那样，无论是因为他想压制对自己的指控，还是因为他想带领尼禄走向邪恶的流血之途，以便其能尽快为人神所诛。"

50. 参看 Tacitus (*Annals* 14.2) and Suetonius (*Nero* 34.2)。苏维托尼乌斯甚至声称，尼禄曾三次试图毒死阿格里皮娜，但是都没有成功。

51. *Letters to Lucilius* 51.12. 塞内加巧妙地解决了他亲自去巴亚见证这些事情的悖论：他首先告诉路奇里乌斯，他在到达那里的第二天，大概是出于厌恶，就离开了那处度假胜地（51.1）。

243

52. 塔西佗较为混乱地描述了有关船只的活动：首先说它停在包利，并声称阿格里皮娜内心有疑，拒绝上船（*Annals* 14.4.5 – 6）；然后在没有解释的情况下，又说船停在了巴亚（14.4.7）。Suetonius（*Nero* 34）则认为船一直都在巴亚，但 Suetonius（*Otho* 3）令人不可思议地表示，波培娅被放逐的前夫奥托是这场最后的晚宴的主人。这样的前后矛盾给事件的图景蒙上了一层阴影，但是不应该像 Dawson（"Whatever Happened to Lady Agrippina?"）所说的那样，对整个故事的可信性提出质疑。

53. 出于我无法理解的原因，所有三个主要资料来源都包含了尼禄在告别时亲吻母亲乳房这一引人注目的细节：Tacitus, *Annals* 14.4.8；Dio, 62.13.2；Suetonius, *Nero* 34.2。对于一个儿子来说，这绝不是告别母亲的习惯或者恰当方式，即使是对已经成为他乱伦情人的母亲。

54. Barrett's（*Agrippina*, p. 189）对布路斯行为的评述，同样适用于塞内加："他没有勇气反对谋杀，但是也没有勇气听从皇帝的命令去执行谋杀。"

55. 相同描述参看 *Octavia*, lines 367 – 76；Tacitus（*Annals* 14.8.6）；*Dio*（62.13.5）。塞内加的悲剧《俄狄浦斯》（*Oedipus*）中约卡斯塔（Jocasta）的最后一句话有一个奇怪的相似之处，但不清楚这出剧和阿格里皮娜之死之间存在何种历史关系。

第五章

1. Tacitus（*Annals* 14.10）以高超的艺术手法描绘了这一场景；Dio（62.14.4）也予以了证实。

2. Tacitus（*Annals* 14.9.1）没有对该问题下定论，但是根据他自己的叙述来看，答案是否定的。Dio（62.14.2）和 Suetonius（*Nero* 34.4）确信尼禄来过，在狄奥的笔下，尼禄在观察她的裸体时表示："我不知道我曾有如此美丽的母亲。"

3. Tacitus（*Annals* 14.11.4）强烈暗示塞内加就是这封致元老院信件的作者，Quintilian（8.5.18）也明确指出了塞内加的身份。但是，请参看：W. H. Alexander, "The Communiqué to the Senate on Agrippina's Death," *Classical Philology* 49（1954）：94 – 97。该文章得出了一个奇怪的结论，表示虽然有古典作家的论述在先，但塞内加并不是这封信的作者。

4. Tacitus, *Annals* 14.10.10 – 11.3.

5. Dio（62.14.3）记录了向禁卫军犒赏白银之事。

6. 参看 Quintilian, *Institutio Oratoria* 8.5.18。

7. Tacitus（*Annals* 14.12.2）和 Dio（62.15.2）给出的离场时间略有不同，前者暗示离场是发生在向尼禄致敬的投票之后，而后者明确表示特拉塞亚是在这封信读完之后离场的。

8. 只有 Suetonius（*Nero* 39.3）记录的这段逸事，才让人知道有达图斯的其人其事。达图斯显然由于自己的轻率之举而遭到放逐。

9. Dio 62.16.1 – 2. Suetonius（*Nero* 39）给出了诋毁涂鸦的详细名单。

10. 参看 Dio 62.16.3；Suetonius, *Nero* 39。

11. 参看 Dio 62.17.2 – 18.3。有关尼禄的竞技和奇景可参见 Champlin, *Nero*, pp. 69 – 75。

12. 如果我们遵循 Champlin（*Nero*, chap. 3）对尼禄的艺术抱负的深刻讨论，那么这种谦恭的请求并不是蓄意的讽刺。

13. Dio 62.20.3. Tacitus（*Annals* 14.15.7）注意到布路斯的参与，"怀悲伤而表赞扬"，而塞内加和他的兄弟则保持沉默。塞内加在这次事件中与布路斯扮演同样的角色是很自然的，而塔西佗在其他场合也表现出让塞内加免受羞辱的愿望，所以狄奥的记载似乎是可信的。

14. Dio 62.20.3.

15. Tacitus, *Annals* 14.14.1 and 3 清楚地暗示了这一点，他指出尼禄渴望战车比赛已经有很长一段时间了，而此时塞内加和布路斯再也无法与他抗衡了。

16. 关于卢坎的生平，我们可以从苏维托尼乌斯和瓦卡（Vacc，中世纪语法学者）所著的两本传记中了解到，也可以从 Statius, *Silvae* 2.7 的一首赞美诗中了解到。

17. 卢坎被召回的具体时间暂无定论，但这位诗人在公元 60 年的"尼禄尼亚"时已经回到了罗马。更多细节参看 Griffin（*Nero*, pp. 157 – 58）的讨论。

18. *Consolation to Helvia* 18.5. 这里提到的"马库斯"几乎可以肯定是卢坎，参看 Griffin, *Seneca*, p. 58。这个男孩当时只有三四岁。

19. Griffin, *Nero*, pp. 157 – 58. 五年的加速攀升——以前只适用于皇位继承人——如此令人震惊，以至于一些学者认为这是不可能的。参看 Fred Ahl, *Lucan*: *An Introduction* (Ithaca, 1976), p. 347n。

20. 《内战纪》的出版年表是一个具有争议的问题。瓦卡的传记记载有三卷率先发行，可能是第一卷到第三卷，它们的出版是在尼禄和卢坎关系恶化之前，大多数学者认为这可以追溯到公元 62 年。

21. 参看 Ahl, *Lucan*, pp. 47 – 48, and Stephen Hinds, "Generalizing About Ovid," in *The Imperial Muse*, ed. A. J. Boyle (Victoria, Australia, 1987), pp. 27 – 29. 而 Michael Dewar, "Laying It on with a Trowel: The Proem to Lucan and Related Texts," *Classical Quarterly* 44 (1994): 199 – 211 雄辩地指出，这部分文学出自卢坎的真心。

22. 这似乎是结合 Suetonius（*Nero* 12.3）和 Vacca（*Vita Lucani*）的记载得出的必然推论，前者记载了"尼禄尼亚"诗歌和修辞比赛的获胜者将他们的桂冠献给了尼禄，后者则认为卢坎才是罗马诗歌的获胜者。

23. 细节参看 Tacitus, *Annals* 14.16。佩尔西乌斯（Persius）的第一部讽刺作品，是对那些为了取悦他人而写作、脑满肠肥而因循守旧的诗人的愤慨咆哮，通常被认为是对尼禄宫廷圈子的批判，而其作者不属于这个圈子。

24. Suetonius, *Nero* 12.1; Dio 61.9.5. 相关讨论参看 Coleman, "Launching into History: Aquatic Displays in the Early Empire," *Journal*

246

of Roman Studies 83（1993）：55－57。

25. 这些盛大活动的记载出自 Calpurnius Siculus, *Eclogue* 7，描述从第 23 行开始。关于被北极熊追逐的海豹的描述最早见于 George Jennison, "Polar Bears at Rome: Calpurnius Siculus, Ecl. 7. 65－66," *Classical Review* 36（1922）：73，尽管一直受到怀疑。相关讨论参看 G. B. Townsend, "Calpurnius Siculus and the Munus Neronis," *Journal of Roman Studies* 70（1980）：169－74。

26. 这里有一个十分著名的年代学问题，即尼禄有可能是打算每四年就举办一次（Suetonius, *Nero* 12.3; Dio 62.21.1）；然而，第二届"尼禄尼亚"是在公元 65 年举办的，在我们的消息来源中，没有任何有关该延迟的阐释。这可能是苏维托尼乌斯或他的资料来源误用了"quinquennale"这个词——由于罗马在计算日期时通常包括首尾日，这个词通常的意思是"每四年"——来表示"每五年"。对这个问题感兴趣的人可参看 J. D. P. Bolton, "Was the Neronia a Freak Festival?," *Classical Quarterly* 42（1948）：82－90。

27. 与普通赛事不同，这项费用由富有的官员以私人名义支付，见 Tacitus, *Annals* 14.21.4。

28. "到了公元 68 年，公共国库和皇帝内帑几乎没有区别，这并非没有可能。"该引文可参看 C. H. V. Sutherland, "Aerarium and Fiscus During the Early Empire," *American Journal of Philology* 66（1945）：166。Griffin（*Nero*, pp. 199－200）给出了一个更为微妙的观点，但同意"内帑的财政短缺，最终也可能给公共国库造成麻烦"。

29. 参看 Tacitus, *Annals* 13.29, and Griffin, *Nero*, pp. 56－57。

30. 相关逸事参看 Dio 61.5.4。

31. 参看 Suetonius, *Galba* 15; Tacitus, *Histories* 1.20。

32. Tacitus, *Annals* 13.18.

33. 格里芬在几部作品中讨论了塞内加自己的生活与《论恩惠》主题之间的特殊关联，包括我当时无法查阅到的 2012 年的一本关于《论恩惠》的书。但是可参看"De Beneficiis and Roman Society,"*Journal of Roman Studies* 93（2003）：92 – 113；"Seneca as a Sociologist：*De Beneficiis*,"in De Vivo and Lo Cascio, *Seneca uomo politico*, especially 106 – 9；以及她与 Brad Inwood 合作的新译本中的导言：*Seneca：On Benefits*（Chicago, 2011）。

34. 她名字的各种版本目前都仍然在被使用，包括 Boudica 和 Boadicea。这里使用的形式是在塔西佗的善本抄本中找到的，而变体 Boadicea 显然是来自 18 世纪的一首英文诗的标题。

35. 下面的历史记载主要出自 Tacitus, *Annals* 14. 31 – 39。

36. 今天，这座神庙的地基位于科尔切斯特的一座诺曼（Norman）城堡下面。

37. 在 62. 3 – 6，狄奥引用了不列颠女王对罗马人的一段极其冗长而详尽的抨击，而 Tacitus（*Annals* 14. 35）让她只做了一段简短的演说。

38. 特别是 Christoph M. Bulst，他认为记载是被夸大了，但"不太可能是完全杜撰的"，见 "The Revolt of Queen Boudicca in A. D. 60,"*Historia* 10（1961）：501。这似乎基本上就是格里芬的立场（*Seneca*, pp. 232 and 246；see also *Nero*, p. 226），因为她拒绝认同"塞内加一个人造成了恐慌"的观点，但承认塞内加确实收回了他在不列颠的放贷。另一方面，狄奥对塞内加的指控被部分学者否定：John C. Overbeck, "Tacitus and Dio on Seneca's Rebellion,"*American Journal of Philology* 90（1969）：140 – 41；同时也可参看 Furneaux, *Annals of Tacitus*。John Wacher, "Britain：43 B. C. to A. D. 69,"in *Cambridge Ancient History*, pp. 10. 508 – 9，在其对叛乱原因的讨论中并没有提到塞内加。

39. C. E. Stevens, "The Will of Q. Veranius,"*Classical Review* 1（1951），4 – 7；Bulst, "Revolt of Queen Boudicca," p. 501.

40. Stevens, "Will of Q. Veranius"4 以不同于我的理由（事实上塔西佗并没有暗示这一点）进行了论述。在一段较长的探讨中，K. R.

248

Bradley（*Suetonius' Life of Nero*, pp. 110 – 13）旁征博引，尝试确定这段记载的日期，他自己选择的时间是尼禄即位后的一年左右。可以肯定的是，经常提到的公元 61 年这个时间，或者叛乱开始后的任何时间，都可以被否定。尼禄投入了相当大的力量来平息叛乱，罗马付出的生命损失使撤退变得不可想象。

41. 见本书页边码第 90 页。

42. 参看 Tacitus, *Annals* 14. 51。塔西佗承认自己对其所说的大多数资料来源中的中毒理论持怀疑态度。Dio（62. 13. 3）和 Suetonius（*Nero* 35）在这一点上更为肯定，McDermott（"Sextus Afranius Burrus," pp. 252 – 53）也是如此。

43. 参看 Tacitus, *Annals* 14. 60. 5，其中提到，尼禄在此后不久将布路斯的宅邸作为离婚协议的一部分送给屋大维娅。

44. Dio 62. 17. 1 – 2；Suetonius *Nero* 34. 5. 塔西佗所述多米提娅的死并没有证实或驳斥这些中毒的传言，但他在描述帕拉斯中毒时所选择的表述——"因为他活得够久，所以让尼禄迟迟拿不到他所拥有的那一大笔财富"——证实了尼禄有时会先于他人自然逝世而抢先采取行动。

45. Tacitus, *Annals* 14. 57. 5. 这是第一次（根据塔西佗的证据判断）斯多葛学派被冠以不利于元首利益的政治派别的称号，但这种观点在提盖里努斯得势后得到了强有力的发展，见本书页边码第 164 页。

249　46. Tacitus（*Annals* 14. 52）详细地重复了他们的指控。他痛斥这些人是"最坏的那一类人"，尽管如此，他仍然给了他们不同寻常的自由来表达自己（正如他早些时候对苏伊里乌斯·路福斯所做的那样）。

47. 逸事可参看 Dio 62. 13. 2。狄奥的说法暗示，尼禄毒杀布路斯的部分原因是为自己与屋大维娅的离婚扫清障碍。

48. 人们常常想知道，为什么尼禄在自己的绊脚石阿格里皮娜死后等了这么久才与屋大维娅离婚，并与波培娅结婚。公元 62 年发生的事情的因果关系也让人困惑：普劳图斯和苏拉死后，尼禄是否可以随意

与屋大维娅离婚了？或者说波培娅的怀孕让他可以放手施为，而谋
杀或许只是权宜之计？布路斯之死起了什么作用？我们没有关于这
些事件的足够准确的时间表，以至于无法做出准确判断。

49. *Octavia*, lines 437 – 38，仅仅提到了一个被称作"长官"（prefect）
的人物。Ferri（*Octavia*, pp. 250 – 51）正确地推测这是一个佚名者或
"某类"人物，既不能被确定为布路斯，也不能被确定为他的继任者
之一，即法伊尼乌斯·路福斯或提盖里努斯。关于认为那是提盖里
努斯的观点，参看 P. Kragelund，"The Prefect's Dilemma and the Date
of Octavia,"*Classical Quarterly* 38（1988）：492 – 508。

50. 对于顺风航行的古代船只来说，这不是能够创纪录的速度，但仍然
令人印象深刻。参看 Lionel Casson，"Speed Under Sail of Ancient
Ships,"*Transactions of the American Philological Association* 82（1951）：
136 – 48。这一事件的细节取自 Tacitus，*Annals* 14. 57. 4。

51. 详情参看 Tacitus，*Annals* 14. 58 – 59。

52. Tacitus（*Annals* 14. 59）给出了双重动机。如果普劳图斯是为了保护
波利塔，那么他的行为是可悲的徒劳之举，因为塔西佗在 *Annals*
16. 10 – 11 中讲述了她三年后悲惨的自杀。

53. 这篇长篇演说的诠释可参看 Tacitus，*Annals* 14. 61。

54. 事实上，正如 Tacitus（*Annals* 14. 62. 6）告诉我们的那样，阿尼凯图
斯最终来到了撒丁岛，并在那里寿终正寝。

55. 在现在的文托泰内（Ventotene，古代的潘达特里亚）的北部，可以
看到今天被称为尤利娅别墅（Villa Giulia）的遗迹（以奥古斯都的
女儿尤利娅的名字命名，她在公元 1 世纪早期拥有这座别墅）。

56. 这是 Ferri（*Octavia*, pp. 401 – 2）对这句话的解释，尽管有一些模糊
之处和可能存在的文本问题。

第六章

1. Tacitus，*Annals* 14. 65. 1.

2. Suetonius, *Nero* 29.

3. 参看 Dio 62.13.2。

4. 古代史料对尼禄与卢坎关系恶化的时间都表述得含糊不清，但都暗示这种关系恶化是出于艺术的嫉妒，而非政治意识形态，参看 Griffin, *Nero*, pp. 158 – 59。瓦卡的传记明确指出，在这次关系恶化之前，有三卷《内战纪》已经刊行，可能是指的卷一、卷二和卷三（43 – 47）。

5. Tacitus, *Annals* 14.48 – 49.

6. 塞内加在 *De Beneficiis*（3.26）中复述了一个例子，表明在提比略时期，任何一个小笑话或小动作都有可能引起控诉。这一暴行的受害者保卢斯（Paulus），由于他那思维敏捷的奴隶从他手指上迅速取下戒指而保住了性命。

7. Griffin（*Nero*, pp. 48 – 49）解释了她同意塔西佗推断的原因，尽管她也明确表示这只是一种推断，而不是基于原始资料。

8. Juvenal, *Satire* 5.36 – 37 证实，庆祝仪式是特拉塞亚和他的女婿赫尔维狄乌斯·普利斯库斯共同举办的。

9. Tacitus, *Annals* 13.33.3 and 16.21.3.

10. Tacitus, *Annals* 15.23.6.

11. Tacitus, *Annals* 14.56.6.

12. 第二章讨论了确定塞内加悲剧年代的问题。根据 Fitch 的格律标准，《梯厄斯忒斯》被公认为是一部晚期创作的戏剧，它反映的政治主题在公元 60 年代早期尤其合适。参看 Tarrant, *Seneca's Thyestes*, pp. 13 and 48。此外，该剧还有一些台词似乎要追溯到公元 50 年代后期，参看 Tarrant, *Seneca's Thyestes*, p. 182, and R. G. Nisbet, "The Dating of Seneca's Tragedies, with Special Reference to *Thyestes*," in Fitch, *Oxford Readings*: *Seneca*。

13. *Letters to Lucilius* 26.1.

14. 该事件与 *Letters to Lucilius* 12.1 – 2 有关。

15. 虽是推论，但在我看来这是不可避免的，因为尼禄在公元 62 年拒绝了塞内加的退休请求。Tacitus（*Annals* 14.56）指出，塞内加遏制了自己的政治活动之后，却无法做到在避免参与政治的同时，也不招致尼禄的敌意。塞内加在公元 64 年不得不采取进一步的退避措施（见本书页边码第 169～170 页），这一事实证明，到那时为止，塞内加仍在部分地参与政治。

16. 在布路斯于公元 62 年逝世之前，安奈乌斯·谢列努斯——《论贤人不动摇的精神》和《论心灵的平静》的收件人——已经去世。而另一位挚友奥菲底乌斯·巴苏斯（Aufidius Bassus）在 *Letter* 30 中被描述为濒于死亡，而科尔内利乌斯·塞内奇奥（Cornelius Senecio）和图里乌斯·马塞利努斯（Tullius Marcelinus）的逝世也发生在《致路奇里乌斯的信》撰写的时期（101.1－3，77.5－9）。

17. 塞内加在《自然问题》（*Natural Questions*）第 4 卷第 15～17 节的前言中提到了这一痛苦的插曲。路奇里乌斯受到迫害的原因，正如文中所述，是他与盖图里库斯（Gaetulicus）的友谊，盖图里库斯是一名军官，曾密谋反抗卡利古拉。

18. 这里摘要的是第 53 封书信，大概是在公元 63 年写的。塞内加没有说明他访问的对象、原因，也没有说明是什么把他带到了巴亚以及附近地区，这也是他在 *Letters* 51，55，57 中所处的位置。Elaine Fantham 推测，当他在坎帕尼亚写这些书信时，他正参与罗马宫廷或元老院的"春假"（4 月假期）或者 8 月的海滨度假。参看 Fantham，ed.，*Seneca: Selected Letters*（Oxford，2010），p. xxii n22。

19. *Letter* 114.

20. 塞内加《致路奇里乌斯的信》的现代崇拜者，包括受人尊敬的哲学家米歇尔·福柯（Michel Foucault），可能会对我对这些书信的唐突而怀疑的态度感到沮丧。我得赶紧重复本书引言中的内容，我不是在研究塞内加的哲学思想，而且研究《致路奇里乌斯的信》将是漫长而复杂的过程。我所关心的是，塞内加的文学和政治生涯之间所存在的联系。我认为，《致路奇里乌斯的信》确实包含了这样的联系，这是无可辩驳的，原因有以下几点：（1）《致路奇里乌斯的信》是为出版而写的，供同时代的广大读者阅读，其中也有许多罗马精英和尼禄本人；（2）塞内加在写《致路奇里乌斯的信》时，并没有像人们常说的那样"退休"，但在尼禄的坚持下，即使在宫廷中，他也努力放低自己的政治姿态；（3）塞内加认为此时有必要安抚或警告尼禄，如《自然问题》中所示，这一工作大致与《致路奇里乌斯的信》同时进行（见本书页边码第 154～155 页）；（4）至少其收录的一封书信（如本书页边码第 153～154 页所讨论的）包含了显然是针对尼禄的一种加密通信，虽然读者可能会对此持不同意见（就像我不同意 Paul Veyne 的观点一样，见本书页边码第 153 页相关注释，即本章的注释 28）。

252

21. *Letters* 55. 4.

22. 在我看来，一种极端且荒谬的诠释立场认为，即使是塞内加书信中最为尖锐的自传体陈述，也不能被视为"真实"，或用来重建塞内加的生活，例如 Catharine Edwards, "Self-scrutiny and Self - transformation in Seneca's *Letters*," in Fitch, *Oxford Readings*: *Seneca*, p. 85 and n. 4 所讨论的。也就是说，《致路奇里乌斯的信》中有一些陈述，如果不构造荒谬情境的话，就无法从字面上理解。塞内加搬入公共浴室上方的房间真的只是为了测试自己的专注力吗（*Letter* 56）？还是说，那只是一个"思想实验"？（我撇开《致路奇里乌斯的信》是否代表塞内加和路奇里乌斯之间实际通信的这个问题不谈。尽管塞内加不遗余力地编造了一个令人信服的虚构故事，但今天的大多数学者都认为事实并非如此。）

23. 请参阅 *Letter* 83 的开头部分。在 *Letter* 76.1 中，塞内加同样指出，在过去的五天里，他每天的大部分时间都在聆听哲学的论述。

24. 这里引用的确切词语拉丁文"cotidie morimur"出自 *Letter* 24. 20.

25. *Letter* 54. 3.

26. *Letter* 70. 20 - 23.

27. *Letter* 70. 8 – 13. Elaine Fantham（*Seneca：Selected Letters*, p. 109）指出这封信与 "塞内加以及其他人在尼禄的宫廷中的经历" 的相关性。

28. 这里提到的信是 *Letter* 73，关于这封信，Fantham（*Seneca：Selected Letters*, p. 116）评论说："塞内加近乎要表明自己对于奸诈的尼禄皇帝的忠诚。"René Waltz 在 *Vie de Sénèque*（Paris, 1909），p. 418 中，首先强调了这封信的自我保护和交易的一面，而 Griffin（*Seneca*, p. 360）则否认了这点。最近，Paul Veyne（*Seneca*, pp. 160 – 63）对 *Letter* 73 进行了大量讨论，他正确地认为这封信是 "一封写给尼禄的公开信"，但在我看来，这封信在这里还是被误读并被错误描述了。Veyne 在文章的开头引用了一则取自斐罗斯屈拉特（Philostratus）作品的逸事，"想要重现当年的风气"，这导致他的分析出现了偏差。他认为，这是一种极端专制镇压的风气。但是，这则逸事可以追溯到披索密谋之后的一段时间，当时罗马的风气与塞内加写作时相比，发生了很大的变化。总的来说，Veyne 希望把《致路奇里乌斯的信》看作反抗的文学作品，在黑暗时期 "燃烧着真理的火炬"，他将这些信件（p.159），与现代东方的一些异见人士在改革前的地下出版物进行比较，但这种类比，再次严重夸大了这些信件被撰写时尼禄统治下的罗马的镇压程度。"在公元 65 年披索密谋之前，大多数元老摆脱了上一代人几乎从未减轻的恐惧。"参看 P. A. Brunt,"Stoicism and the Principate," *Papers of the British School at Rome* 43（Rome, 1975），p. 26。

29. 这两部作品的年代都是由 Miriam Griffin（*Seneca*, p. 396）定为 "公元 62 年隐退之后"。《自然问题》的部分内容的创作，必然早于公元 64 年夏，其他部分必然创作于公元 63 年 2 月之后。《致路奇里乌斯的信》的创作，有一个 "戏剧性的日期"，介于在公元 63 年冬和公元 64 年秋之间，而且可能在公元 64 年年末或公元 65 年年初出版（至少部分如此）。因此，虽然一部作品有一丝可能完全先于另一部作品被创作，但可能性不大。然而，Paul Veyne（*Seneca*, p. 25）在这篇论著中对塞内加在这两部作品中的手法做出了鲜明的区分，他声称"公元 63 年前后发生的事情"改变了塞内加的思想倾向。

30. 在 *Natural Questions* 1.5.6，在讨论彩虹色（iridescence）的时候，塞内加引用了尼禄对孔雀脖子的诗句描述，"维纳斯鸽子的脖子，在移动时闪闪发光"，并评价这句诗为"非常精彩的转折"。

31. *Natural Questions* 6.8.1. Harry Hine 在 "Rome, the Cosmos, and the Emperor in Seneca's Natural Questions," *Journal of Roman Studies* 96 (2006)：64 - 67 中，对这句话进行了大量讨论，给出了比我更为宽泛的解释。Hine 希望看到尼禄真正拥有 "一些，也许是很少的……想进一步了解自然界的承诺"，但在我看来，这种承诺是如此缥缈以至于无法看到。

32. *Natural Questions* 6.23.2 - 3. 在我看来，塞内加与尼禄的关系似乎不可避免地和卡利斯提尼与亚历山大大帝的关系具有相似性，尽管 Hine（"Rome, the Cosmos," p. 64）和 Gareth Williams, *The Cosmic Viewpoint：A Study of Seneca's "Natural Questions"*（Oxford, 2012），p. 254 and n. 151 贬低了这种关系。我自己的解读与 Italo Lana, *Lucio Anneo Seneca*（Turin, 1955），p. 55 一致。

33. 塞内加清晰地将地震发生的日期定为公元 63 年，但 Tacitus（*Annals* 15.22.2）则表示地震是发生在一年前的。学者们围绕这两个日期进行了辩论。参看 Wallace-Hadrill, "Seneca and the Pompeian Earthquake," in De Vivo and Lo Cascio, *Seneca uomo politico*。

34. *Natural Questions* 6.1.2 - 3 and 6.27 - 30.

35. 在达尔马提亚（Dalmatia）的两处铭文上发现了这位中层军官昆图斯·埃布提乌斯·利贝拉里斯（Quintus Aebutius Liberalis）的名字，参看 Griffin, *Seneca*, pp. 455 - 56。如果这个人是塞内加的朋友，或者甚至是塞内加的一个亲密的亲属的话，那么这个家族的财富衰退确实十分严重，因为之后这位昆图斯所担任的职位与一位富裕骑士的身份并不匹配。

254

36. *Letter* 91. 8.

37. *Natural Questions* 30. 1. 5.

38. *Natural Questions* 1. 29. 8 – 9.

39. Tacitus, *Annals* 15. 20 – 22.

40. *Letters* 68. 4.

41. Griffin, *Seneca*, p. 334. Brunt（"Stoicism and the Principate," p. 19）同样表示："塞内加对政治生涯是否恰当的看法是相互矛盾的。"

42. Suetonius, *Nero* 27. 2; see also 22. 3. 40. 4.

43. Dio 62. 15. 1.

44. Suetonius, *Nero* 20. 1, and Pliny the Elder, *Natural History* 34. 166.

45. Griffin, *Nero*, p. 102.

46. 参看 *Letter* 76. 4 和 Griffin（*Seneca*, p. 360）的评述。我同意格里芬的观点，也不认为塞内加用这样一句话来激起元首的愤怒是不合情理的。这是一种巧妙的表达，塞内加指出，当时剧场里正在进行的是长笛比赛，而不是歌唱比赛；但这仍然是一种自我辩解，足以引起读者对作者的好感。在这里，我们再次遇到了一个问题，塞内加的作品中到底有多少"次要目的"。参看前文页边码第 xvii 页的注释。

255

47. *Natural Questions* 7. 21. 3.

48. 这里关于大火的描述参考了 Tacitus, *Annals* 15. 38 – 45，它与苏维托尼乌斯和狄奥的描述都没有明显的出入（有关尼禄的罪责问题除外，详见下一个注释）。

49. 这个问题困扰了许多历史学家。Tacitus（*Annals* 15. 38. 1）承认了他在这一点上的不确定性，并记录了他所参考的消息来源之间的分歧。Dio（62. 16. 1），Suetonius（*Nero* 38），Pliny the Elder（*Natural History* 17. 1. 1），以及 *Octavia* 的作者（lines 831 – 33）都确信尼禄是有罪的。这件事牵涉到现代历史学家许多无法估量的问题，首先是动机的问题，在尼禄的例子中，动机确实是无法猜测的，因此我避免采取任何立场。但我确实注意到，最近一位备受尊敬的学者 Edward

Champlin（*Nero*，pp. 185 – 91）以新颖巧妙的论据有力地辩称，确实是尼禄点燃了大火。

50. 关于 *Annals* 15.44 真实性的争论，几乎和尼禄纵火的争论一样激烈。《编年史》是第一次由非基督徒作者提及基督或基督徒的著作。早在 1907 年，Henry Furneaux 就在其译校的 *Annals*（pp. 2：416 – 27）中插入了一篇关于这个话题的长长的附录，从那时起，许多学者都已经为这个话题做出了不少贡献。大多数学者都认为这部分内容是真实的。

51. 它的高度是由 Suetonius（*Nero* 38.1），Dio（66.15.1），以及 Pliny the Elder（*Natural History* 34.45）给出的。在尼禄死后（或者可能最初是尼禄设计的），这座巨像被重新塑造成赫利俄斯（Helius，罗马人的太阳神）的形象，并被移到弗拉维圆形剧场（Flavian amphitheater，现在叫作罗马斗兽场）前。目前尚不清楚这尊雕像是在中世纪的何时以何种方式被摧毁的，但它的痕迹已不复存在。

52. Tacitus（*Annals* 15.45.3）称其为尼禄的代理人，并对后者进行了非常典型的颇为辛辣的概述。

256   53. 塞内加在大火之后交出了自己的财产，只有 Dio（62.25.3）证明了这一点，但 Tacitus（*Annals* 15.64.6）可能也暗示了这一点。尼禄拒绝让塞内加退休，塞内加随后佯装患病，这些记载都可见于 *Annals* 15.45.5。

54. Tacitus（*Annals* 15.60.3）后来提到这份记载时，好像它是一个既定的事实。Griffin（*Seneca*，p. 276，and "Imago Vitae Suae," p. 48）不予评述。

第七章

1. *De Clementia* 1.1.5，这一段显然是写给那些对新元首尚且年轻而深表关切的罗马人的。

2. 一个关键的部分是 *Letters* 8.3，塞内加在信中形容自己遭受着相当于皮肤损伤的道德折磨，并说他已经找到了正确的人生哲学之路，只不过是在很晚的时间和经历了很多迷途之后。在 *Letters* 56.9 中，塞内加谈到自己在权力之位上越发站不住脚之后，便从那一开始就从令人不快的位置上退了下来，但是因为他使用了模糊的第一人称复数，所以我们不清楚他是指自己还是在构建一个假设的情况。参看 Edwards，"Self-scrutiny and Self-transformation," in Fitch, *Oxford Readings*：*Seneca*, p. 85。

3. 除了上一个注释中会讨论的 *Letters* 56.9 的段落，塞内加（或他假设的"我们"）承认自己仍然会感受到野心的诱惑，此外还有 *Letters* 75.14 – 17 中不那么模棱两可的证据，塞内加将他的"我们"定位为那些道德奋斗者，这次明确指的是他自己，或者他自己和路奇里乌斯。塞内加以第三人称描述了这类奋斗者中的一个典型成员的命运："他逃离了贪婪，但仍然感到愤怒；他不再为欲望所困扰，但仍然为野心所困扰。"（*Leffers* 14）Rolando Ferri（*Octavia*, p. 232）从塞内加的政治生涯中勾勒出一幅略图，称他为"一位易受罪恶和野心影响的摇摆不定的智者"，这也可以恰当地描述《梯厄斯忒斯》的主人公。

4. 关于《梯厄斯忒斯》写作年代的界定，可参看本书页边码第 35 页的相关注释。

5. Tarrant's（*Seneca's Thyestes*, pp. 148 – 49）的评述十分有见地地处理了这个问题："从一开始……塞内加就暗示梯厄斯忒斯可能没有完全致力于他所宣称的理想……塞内加（创造）了一个完全不了解自己思想的人的杰出肖像。"在讨论梯厄斯忒斯对财富和权力的抨击时（lines 446 – 70），Tarrant（p. 155）观察到："梯厄斯忒斯列举财富饰物的热情似乎是一个明显的迹象，表明他并不觉得这种东西像他所声称的那般令人厌恶。"

6. 塞内加在第 120～121 行做出预期，然后在第 776～788 行和随后的合唱颂歌中将其描述为既成事实。这个故事的元素，似乎是塞内加从神话传统的一个小片段中发展出来的，这个传说认为宙斯使太阳倒转并

257

在东方落下，帮助阿特柔斯把梯厄斯忒斯赶出了阿尔戈斯。在塞内加的戏剧中，太阳不是倒转而是消失了，并且承担了更大的主题重要性。

7. *Thyestes*, lines 875 – 80. Tarrant（*Seneca's Thyestes*, p. 215）注意到第一人称复数的不同寻常的转变，评述说："人们很容易在这些诗句中看到超越戏剧语境的意义。"

8. 参看 Suetonius, *Vita Lucan*。日期还不确定，但肯定是在尼禄完全禁止卢坎诵读作品之前，Griffin（*Nero*, p. 158）倾向于将禁令定在公元 64 年，尽管 Dio（62.29.4）有证据认为诵读是在公元 65 年被禁止的。

9. 最常被引用为突出例子的段落是 7：440 – 58, 640 – 46。Griffin（*Nero*, p. 159）在后来的书中对反抗派人数暴涨的程度提出了异议，但没有对其存在提出异议；Ahl 和 Sullivan 更倾向于对此加以强调。

10. Suetonius 在 *Vita Lucani* 加以复述。与所有记载的卢坎生活中的事件一样，这一事件很难确定日期，但显然是在其与尼禄关系恶化之后的一段时间，也许是公元 64 年。

11. Tacitus（*Annals* 15.52.3）表示，披索害怕西拉努斯成为潜在的竞争对手，这表明确实有人支持西拉努斯的加入。很难解释为什么情节没有围绕这个人展开。Tacitus（*Annals* 16.7.4 – 16.9.5）明确表示他对西拉努斯的性格极为尊重，这也增加了神秘感。

12. 虽然 Tacitus（*Annals* 15.52.4 – 5）在记载中暗示这样的举动只会出于自私的动机，但显然有些人担心执政官阿提库斯·维司提努斯（Atticus Vestinus）可能会抓住弑君的时机宣布自由的回归。

258　13. 我在这里遵循塔西佗的叙述，而不是 Dio（62.24.1），狄奥把塞内加列为密谋的头目。

14. 考虑到卢坎参与其中，埃皮卡里丝也参与其中，以及披索发出的敦促公报，我认为塞内加毫无疑问知道这个阴谋。但这个问题经常与他是否勾结其中的问题混为一谈，后者本身就是一个争议极大的问题。参见 Koestermann, *Tacitus：Annalen*, pp. 309 – 10, 以了解反对意见的总结。Griffin（"Imago Vitae Suae," pp. 49 – 50）虽然强烈主张塞内加没有参与这个阴谋，但已经几乎承认他一定事先知道这个密谋了。这一点很重要，因为如果塞内加知道这个阴谋，并且有能力阻止它，但是他没有，那么这代表他至少是一个被动的支持者。

15. 如果塞内加意识到了披索恳求的目的，那么毫无疑问，他在结束语中所使用的词语是为了传达一个秘密的信息，尽管 H. Alexander 在 "The Enquête on Seneca's Treason," *Classical Philology* 47（1952）：1 - 6 中有不同的看法。事实上，Koestermann（*Tacitus*：*Annalen*, p. 297）把这些话作为塞内加非常清楚这个阴谋的证据。Griffin（"Imago Vitae Suae," pp. 49 - 50）同意这些词带有隐秘的含义，但在我看来，这些话不太可能被解释为"警告"披索"不要冒险"。

16. 塞内加年事已高，又没有孩子，这一事实或许增加了报告的可信性。在过去的一个世纪里，元首制的皇朝性质已经成了其最严重的问题，以至于三年之后，伽尔巴可以声称他已经老了，没有孩子，必须通过收养来选择继承人，并以此作为他自己被推举为元首的理由。Tacitus, *Histories* 1. 16.

17. 只有少数人发表了意见。Koestermann（*Tacitus*：*Annalen*, p. 4：309）持怀疑态度，而 Veyne（*Seneca*, p. 168）更是如此。Griffin（"Imago Vitae Suae," p. 50）似乎更加模棱两可，尽管在一次私人交流中，她向我表示，她表示严重的怀疑。更能说明问题的或许是，有多少书和文章根本没有涉及这份记载。

18. 披索的性格被保存在《披索颂》（*Laus Pisonis*）中，这是一首尼禄时期创作的诗歌，作者不详（可能是卢坎）。在这部作品中，披索被描绘成一个才华横溢、善于交际的人，他擅长许多表演艺术和棋类游戏——几乎不是那种能领导弑君阴谋的人。事实上，披索否决了在他自己的别墅袭击尼禄的计划，虽然这个计划很可能会成功。

259

19. 除非另有说明，本章以下内容均取自《编年史》第15卷末塔西佗对披索阴谋的叙述。

20. 根据普鲁塔克和苏维托尼乌斯的记载，一位名叫提留斯·辛布尔

（Tillius Cimber）的元老向尤利乌斯·恺撒递交了一份请愿书，要求召回自己的兄弟。这使其他刺客有机会聚集在他们刺杀的目标附近。

21. Suetonius' *Vita Lucani* 中的一个有趣的细节。

22. 塔西佗注意到塞内加此时从坎帕尼亚来到这里，似乎意义重大，但随后又谨慎地说，他不知道这个时间点是巧合还是先知先觉的结果。我同意 Koestermann（*Tacitus：Annalen*，p. 298）的观点，即先知先觉是更可能的解释。

23. Dio（62.5.2）表示，塞内加把他最后的文学成就献给了一部反尼禄的作品，并采取措施防止它落入尼禄之手。也许这就是塔西佗所指的那部作品，他说，在他自己的时代，这本书广为人知，所以他没有必要重述它的内容。

24. 在塔西佗现存的 *Annals*（16.21-35）中，特拉塞亚·帕伊图斯的死亡是最后的事件。当然，在尼禄统治的剩余两年里，他还要求处死其他一些人，但很少有人被假定为与披索阴谋有关。

25. Tacitus, *Annals* 16.26.6-8. 关于路斯提库斯后来的事迹，见本书页边码第 206 页。

26. 下面的细节参考了 Tacitus, *Annals* 16.4-5, and Suetonius, *Nero* 4 and 23。

27. 这种滥权暴行被 Tacitus（*Annals* 16.5）描述为第二个"尼禄尼亚"的特征；然而，Suetonius（*Nero* 23）似乎把这些事情放在了尼禄公元 66~67 年的第一次希腊之旅中。据 Dio（62.15.3）记载，在尼禄统治晚期，观看他唱歌表演的观众为了安全离开剧院会假装晕倒。

260 后记

1. 这是 Dio（62.18.3）在阿格里皮娜被杀之后所做的记载，并声称这句话实际上使尼禄抑制住了他的冲动。

2. Suetonius, *Nero* 35.

3. 导致尼禄死亡的情节的细节参看 Suetonius, *Nero* 47-49。

4. 著名的那句"我这么一个伟大的艺术家就要死了"（qualis artifex

pereo）常被描述为尼禄的临终遗言，但实际上，记录这句话的苏维托尼乌斯表示，尼禄是在死前一两个小时监督尸体处理的准备工作时反复说这句话的。

5. 昆体良对塞内加风格和影响的研究可以参看 *Institutio Oratoria* 10.1.125 - 31。

6. 参看 Marcello Gigante, "Seneca tragico da Pompei all'Egitto," *Studi italiani di filologia classica* 19（2001）：89 - 104。

7. 根据 Ferri（*Octavia*, p. 6 n. 15）的说法，对该剧是不是塞内加作品的质疑始于彼特拉克（Petrarch）。在最近的出版物中，Berthe Marti 为塞内加的作者身份进行了辩护，参看 Berthe Marti, "Seneca's Apocolocyntosis and Octavia：A Diptych," *American Journal of Philology* 73（1952）：24 - 36。从那以后，有一到两位学者承认至少这部作品有可能属于塞内加。

8. 参看 Pliny, *Natural History* 14.51，以及 Griffin, *Seneca*, p. 434 的讨论。

9. Tacitus, *Histories* 4.6.

10. 正如爱比克泰德所记载的，他很可能是一个目击者，可参看 *Discourses* 1.2.19 - 24。关于在弗拉维王朝时期斯多葛学派与元首之间冲突的演变，可参看 Brunt, "Stoicism and the Principate," pp. 7 - 35。

参考文献

Abel, Karlhans. *Bauformen in Senecas Dialogen*. Heidelberg, 1967.

Ahl, Fred. *Lucan: An Introduction*. Ithaca, 1976.

Alexander, W. H. "Seneca's *Ad Polybium*: A Reappraisal." *Transactions of the Royal Society of Canada* 37 (1943): 33–55.

———. "The *Enquête* on Seneca's Treason." *Classical Philology* 47 (1952): 1–6.

———. "The Tacitean '*non liquet*' on Seneca." *University of California Publications in Classical Philology* 14 (1952): 265–386.

———. "The Communiqué to the Senate on Agrippina's Death." *Classical Philology* 49 (1954): 94–97,

Asmis, Elizabeth. "Seneca on Fortune and the Kingdom of God." In *Seneca and the Self*. Edited by Shadi Bartsch and David Wray. Cambridge, 2009.

Aveline, John. "The Death of Claudius." *Historia* 53 (2004): 453–75.

Barnes, T. D. "The Composition of Cassius Dio's *Roman History*." *Phoenix* 38 (1984): 240–55.

Barrett, Anthony A. *Caligula: The Corruption of Power*. London, 1989.

———. *Agrippina: Sex, Power, and Politics in the Early Empire*. New Haven, Conn., 1996.

Barton, Tamsyn. "The *Inventio* of Nero: Suetonius." In *Reflections of Nero: Culture, History, and Representation*. Edited by Jás Elsner and Jamie Masters. Chapel Hill, N.C., 1994.

Bartsch, Shadi. *Ideology in Cold Blood: A Reading of Lucan's "Civil War."* Cambridge, Mass., 1997.

————. "Senecan Metaphor and Stoic Self-instruction." In *Seneca and the Self.* Edited by Shadi Bartsch and David Wray. Cambridge, 2009.

Bartsch, Shadi, and David Wray, eds. *Seneca and the Self.* Cambridge, 2009.

Bauman, Richard A. *Women and Politics in Ancient Rome.* London, 1992.

Bellincioni, Maria. *Potere ed etica in Seneca: Clementia e voluntas amica.* Brescia, 1984.

Berry, D. H., and Andrew Erskine, eds. *Form and Function in Roman Oratory.* Cambridge and New York, 2010.

Bishop, John. *Nero: The Man and the Legend.* New York, 1964.

Bolton, J. D. P. "Was the *Neronia* a Freak Festival?": *Classical Quarterly* 42 (1948): 82–90.

Bowman, Alan K., Edward Champlin, and Andrew Lintott, eds. *The Cambridge Ancient History,* vol. 10, *The Augustan Empire: 43 B.C. to A.D. 69.* Cambridge, 1996.

Bowersock, Glen W. "Seneca's Greek." In *Seneca uomo politico e l'età di Claudio e di Nerone.* Edited by Arturo De Vivo and Elio Lo Cascio. Bari, 2003.

Boyle, A. J. *Tragic Seneca: An Essay in the Theatrical Tradition.* New York, 1997.

Boyle, A. J., ed. *Seneca's Phaedra: Introduction, Text, Translation and Notes.* Liverpool and Wolfeboro, 1987.

————. *Octavia: Attributed to Seneca.* New York, 2008.

Bradley, K. R. *Suetonius' Life of Nero: An Historical Commentary.* Brussels, 1978.

Branigan, Keith, and P. J. Fowler. *The Roman West Country.* North Pomfret and North Vancouver, 1976.

Braund, Susanna, ed. *Seneca, De Clementia.* Oxford, 2009.

Brunt, P. A. "Stoicism and the Principate," *Papers of the British School at Rome,* vol. 43. Rome, 1975.

Bulst, Christoph M. "The Revolt of Queen Boudicca in A.D. 60: Roman Politics and the Iceni." *Historia: Zeitschrift für alte Geschichte* 10, no. 4 (1961): 496–509.

Cairns, Francis, and Elaine Fantham, eds. *Caesar Against Liberty? Perspectives on His Autocracy.* Cambridge, 2003.

Cairns, Francis, and Malcolm Heath, eds. *Papers of the Leeds International Latin Seminar: Sixth Volume.* Leeds, 1990.

Casson, Lionel. "Speed Under Sail of Ancient Ships." *Transactions of the American Philological Association* 82 (1951): 136–48.

Champlin, Edward. *Nero.* Cambridge, Mass., 2003.

————. "Nero, Apollo and the Poets." *Phoenix* 57 (2003): 276–83.

Cizek, Eugen. *Néron.* Paris, 1982.

Clarke, G. W. "Seneca the Younger Under Caligula." *Latomus* 24 (1965): 62–69.

Codoner, Carmen. "La expression del poder en Seneca." In *Seneca uomo politico e l'età di Claudio e di Nerone.* Edited by Arturo De Vivo and Elio Lo Cascio. Bari, 2003.

Coffey, Michael, and Roland Mayer, eds. *Seneca: Phaedra.* Cambridge, 1990.

Coleman, K. "Launching into History: Aquatic Displays in the Early Empire." *Journal of Roman Studies* 83 (1993): 55–57.

Cooper, John M., and J. F. Procopé, eds. *Seneca: Moral and Political Essays.* Cambridge, 1995.

Corbier, Mireille. "Male Power and Legitimacy Through Women: The *Domus Augusta* Under the Julio-Claudians." In *Women in Antiquity: New Assessments.* Edited by Richard Hawley and Barbara Levick. London and New York, 1995.

Costa, C. D. N. *Seneca.* Boston and London, 1974.

———. *Seneca: 17 Letters.* Warminster, 1988.

Currie, H. MacL. "The Purpose of the *Apocolocyntosis*." *Acta Classica* 31 (1962): 91–97.

Dando-Collins, Stephen. *The Great Fire of Rome: The Fall of the Emperor Nero and His City.* Cambridge, 2010.

D'Anna, Giovanni. "Seneca uomo politico nel giudizio do Tacito." In *Seneca uomo politico e l'età di Claudio e di Nerone.* Edited by Arturo De Vivo and Elio Lo Cascio. Bari, 2003.

Dawson, Alexis. "Whatever Happened to Lady Agrippina?" *Classical Journal* 64 (1969): 253–67.

De Vivo, Arturo. "Premessa." In *Seneca uomo politico e l'età di Claudio e di Nerone.* Edited by Arturo De Vivo and Elio Lo Cascio. Bari, 2003.

De Vivo, Arturo, and Elio Lo Cascio, eds. *Seneca uomo politico e l'età di Claudio e di Nerone.* Bari, 2003.

Dewar, Michael. "Laying It On with a Trowel: The Proem to Lucan and Related Texts." *Classical Quarterly* 44 (1994): 199–211.

Dingel, Joachim. *Senecas Epigramme und andere Gedichte aus der "Anthologia Latina": Ausgabe mit Übersetzung und Kommentar.* Heidelberg, 2007.

D'Ippolito, Frederico. "Etica e stato in età giulio-claudia." In *Seneca uomo politico e l'età di Claudio e di Nerone.* Edited by Arturo De Vivo and Elio Lo Cascio. Bari, 2003.

Dominik, William J. "The Style Is the Man: Seneca, Tacitus and Quintilian's Canon." In *Roman Eloquence: Rhetoric in Society and Literature.* Edited by William J. Dominik. New York, 1997.

Dominik, William J., ed. *Roman Eloquence: Rhetoric in Society and Literature*. New York, 1997.

Eden, P. T., ed. *Seneca: Apocolocyntosis*. Cambridge, 1984.

Edwards, Catharine. *Death in Ancient Rome*. New Haven, Conn., 2007.

———. "Self-scrutiny and Self-transformation in Seneca's Letters." In *Oxford Readings in Classical Studies: Seneca*. Edited by John G. Fitch. Oxford, 2008.

———. "Free Yourself! Slavery, Freedom and the Self in Seneca's *Letters*." In *Seneca and the Self*. Edited by Shadi Bartsch and David Wray. Cambridge, 2009.

Elsner, Jás, and Jamie Masters, eds. *Reflections of Nero: Culture, History, and Representation*. Chapel Hill, N.C., 1994.

Fantham, Elaine. *Seneca's Troades: A Literary Introduction*. Princeton, 1982.

———. "Dialogues of Displacement: Seneca's Consolations to Helvia and Polybius." In *Writing Exile: The Discourse of Displacement in Greco-Roman Antiquity and Beyond*. Edited by Jan Felix Gaertner. Boston, 2007.

Fantham, Elaine, ed. *Lucan: De Bello Civili*. Cambridge, 1992.

———. *Seneca: Selected Letters*. Oxford, 2010.

Ferri, Rollando, ed. *Octavia: A Play Attributed to Seneca*. Cambridge, 2003.

Fitch, John G., "Sense-pauses and Relative Dating in Seneca, Sophocles and Shakespeare." *American Journal of Philology* 102 (1981): 289–307.

Fitch, John G., ed. *Oxford Readings in Classical Studies: Seneca*. Oxford, 2008.

Fuhrmann, Manfred. *Seneca und Kaiser Nero: Eine Biographie*. Berlin, 1997.

Furneaux, Henry, ed. *The Annals of Tacitus*. 2 vols. London, 1896–1907.

Gabba, Emilio. "Conclusioni." In *Seneca uomo politico e l'età di Claudio e di Nerone*. Edited by Arturo De Vivo and Elio Lo Cascio. Bari, 2003.

Gahan, John J. "Seneca, Ovid, and Exile." *Classical World* 78 (1985): 145–47.

Gallivan, Paul A. "Suetonius and Chronology in the 'De Vita Neronis.'" *Historia: Zeitschrift für alte Geschichte* 23, no. 3 (1974): 297–318.

Gigante, Marcello. "Seneca tragico da Pompei all'Egitto." *Studi italiani di filologia classica* 19 (2001): 89–104.

Ginsburg, Judith. *Representing Agrippina: Constructions of Female Power in the Early Roman Empire*. New York, 2006.

Goar, R. J. *The Legend of Cato Uticensis from the First Century B.C. to the Fifth Century A.D.* Brussels, 1987.

Grewe, Klaus. *Licht am Ende des Tunnels: Planung und Trassierung im antiken Tunnelbau*. Mainz am Rhein, 1998.

Griffin, Miriam T. "*De Brevitate Vitae*." *Journal of Roman Studies* 52 (1962): 104–13.

———. *Seneca: A Philosopher in Politics*. Oxford, 1976.

———. *Nero: The End of a Dynasty*. London, 1984.

———. "Philosophy, Cato, and Roman Suicide." *Greece and Rome* 33 (1986): 64–77 and 192–202.

———. "Seneca as a Sociologist: *De Beneficiis*." In *Seneca uomo politico e l'età di Claudio e di Nerone*. Edited by Arturo De Vivo and Elio Lo Cascio. Bari, 2003.

———. "*De Beneficiis* and Roman Society." *Journal of Roman Studies* 93 (2003): 92–113.

———. "*Imago Vitae Suae*." In *Oxford Readings in Classical Studies: Seneca*. Edited by John Fitch. Oxford, 2008.

Griffin, Miriam T., and Brad Inwood, trans. *Lucius Annaeus Seneca: On Benefits*. Chicago, 2011.

Grimal, Pierre. *Sénèque et la prose latine*. Geneva, 1991.

———. *Sénèque: ou, la conscience de l'empire*. Paris, 1991.

Habinek, Thomas N. "An Aristocracy of Virtue: Seneca on the Beginnings of Wisdom." *Yale Classical Studies* 29 (1992): 187–203.

Henry, Denis, and B. Walker, "Tacitus and Seneca." *Greece and Rome* 10, no. 2 (1963): 98–110.

Henry, Elisabeth. *The Annals of Tacitus: A Study in the Writing of History*. Manchester, 1968.

Herrmann, Horst. *Nero*. Berlin, 2005.

Hiesinger, Ulrich W. "The Portraits of Nero." *American Journal of Archaeology* 79 (1975): 113–24.

Hill, Timothy. *Ambitiosa Mors: Suicide and Self in Roman Thought and Literature*. New York, 2004.

Hinds, Stephen. "Generalizing About Ovid." In *The Imperial Muse*. Edited by A. J. Boyle. Victoria, Australia, 1987.

Hine, Harry M. "Rome, the Cosmos, and the Emperor in Seneca's *Natural Questions*." *Journal of Roman Studies* 92 (2002): 42–72.

Hine, Harry M., ed. *Seneca: Medea*. Warminster, 2000.

Holland, Richard. *Nero: The Man Behind the Myth.* Gloucestershire, 2000.

Holtrattner, Franz. *Poppaea Neronis potens: die Gestalt der Poppaea Sabina in den Nerobüchern des Tacitus.* Graz, 1995.

Impara, Paolo. *Seneca: Filosofia e potere.* Rome, 1994.

Inwood, Brad. "Seneca in His Philosophical Milieu." *Harvard Studies in Classical Philology* 97 (1995): 63–76.

———. *Reading Seneca: Stoic Philosophy at Rome.* New York, 2005.

Inwood, Brad, ed. and trans. *Seneca: Selected Philosophical Letters.* New York, 2007.

Jennison, George. "Polar Bears at Rome: Calpurnius Siculus, *Ecl.* 7.65–66." *Classical Review* 36 (1922): 73.

Jones, Christopher P. "Oratoria di Nerone." In *Seneca uomo politico e l'età di Claudio e di Nerone.* Edited by Arturo De Vivo and Elio Lo Cascio. Bari, 2003.

Kamp, H. W. "Seneca's Appearance." *Classical Weekly* 29 (1935): 49–51.

Kaster, Robert A., and Martha C. Nussbaum, trans. *Lucius Annaeus Seneca: Anger, Mercy, Revenge.* Chicago, 2010.

Ker, James. "Seneca, Man of Many Genres." In *Seeing Seneca Whole: Perspectives on Philosophy, Poetry and Politics.* Edited by Katharina Volk and Gareth D. Williams. Boston, 2006.

———. *The Deaths of Seneca.* New York, 2009.

———. "Seneca on Self-examination: Re-reading *On Anger* 3.36." In *Seneca and the Self.* Edited by Shadi Bartsch and David Wray. Cambridge, 2009.

Ker, James, Ronnie Ancona, and Laurie Haight Keenan, eds. *A Seneca Reader: Selections from Prose and Tragedy.* Mundelein, Ill., 2011.

Koestermann, Erich. *Cornelius Tacitus: Annalen.* Heidelberg, 1968.

Kohn, Thomas D. "Who Wrote Seneca's Plays?" *Classical World* 96 (2003): 271–80.

Kragelund, P. "The Prefect's Dilemma and the Date of *Octavia.*" *Classical Quarterly* 38 (1988): 492–508.

Lana, Italo. *Lucio Anneo Seneca.* Turin, 1955.

Lawall, Gilbert. "Seneca's *Medea*: The Elusive Triumph of Civilization." In *Arktouros: Hellenistic Studies Presented to B. M. W. Knox.* Edited by G. W. Bowersock. New York, 1979.

Lefèvre, Eckard. "Die politische Bedeutung von Senecas *Phaedra.*" *Wiener Studien* 103 (1990): 109–22.

Leigh, Matthew. *Lucan: Spectacle and Engagement.* Oxford, 1997.

Leveau, Philippe. "Mentalité économique et grands travaux. Le drainage du lac Fucin: Aux origines d'un modèle." *Annales ESC* 48, no. 1 (1993): 3–16.

Levick, Barbara. *Claudius.* London, 1990.

———. "Seneca and Money." In *Seneca uomo politico e l'età di Claudio e di Nerone.* Edited by Arturo De Vivo and Elio Lo Cascio. Bari, 2003.

L'Hoir, Francesca Santoro. "Tacitus and Women's Usurpation of Power." *Classical World* 88, no. 1 (1994): 5–25.

Lissner, Ivar. *The Caesars: Might and Madness.* New York, 1958.

Long, A. A. "The Stoics on World Conflagration and Eternal Recurrence." *Southern Journal of Philosophy* 23 (1985): 13–33.

Löwenstein, Hubertus Prinz zu. *Seneca: Kaiser ohne Purpur, Philosoph, Staatsmann, und Verschwörer.* Munich, 1975.

Luce, T. J., and A. J. Woodman. *Tacitus and the Tacitean Tradition.* Princeton, 1993.

Malaspina, Ermanno. "La teoria politica del *De clementia*: Un inevitabile fallimento." In *Seneca uomo politico e l'età di Claudio e di Nerone.* Edited by Arturo De Vivo and Elio Lo Cascio. Bari, 2003.

Malitz, Jürgen. *Nero.* Translated by Allison Brown. Malden, Mass., 2005.

Manning, C. E. *On Seneca's Ad Marciam.* Leiden, 1981.

Marti, Berthe. "Seneca's *Apocolocyntosis* and *Octavia*: A Diptych." *American Journal of Philology* 73 (1952): 24–36.

Masters, Jamie. "Deceiving the Reader: The Political Mission of Lucan's *Bellum Civile*." In *Reflections of Nero: Culture, History, and Representation.* Edited by Jás Elsner and Jamie Masters. Chapel Hill, N.C., 1994.

Mazzoli, Giancarlo. "Seneca de ira e de clementia: La politica negli specchi della morale." In *Seneca uomo politico e l'età di Claudio e di Nerone.* Edited by Arturo De Vivo and Elio Lo Cascio. Bari, 2003.

McAlindon, D. "Senatorial Opposition to Claudius and Nero," *American Journal of Philology* 77 (1956): 113–32.

McDermott, W. C. "Sextus Afranius Burrus." *Latomus* 8 (1949): 229–54.

Mellor, Ronald. *Tacitus' Annals (Oxford Approaches to Classical Literature).* New York, 2010.

Millar, Fergus. *The Emperor in the Roman World.* London, 1977.

Momigliano, Arnaldo. "Note sulla leggenda del cristianesimo di Seneca." *Rivista storica italiana* 62 (1950): 325–44.

Mommsen, Theodor. *A History of Rome Under the Emperors.* New York, 1992.

Morford, Mark P. O. *The Poet Lucan: Studies in Rhetorical Epic.* Oxford, 1967.

———. "The Training of Three Roman Emperors." *Phoenix* 22 (1968): 57–72.

Motto, Anna Lydia. "The Idea of Progress in Senecan Thought." *Classical Journal* 79, no. 3 (1984): 225–40.

———. *Further Essays on Seneca.* Frankfurt, 2001.

Motto, Anna Lydia, and John R. Clark. *Seneca: A Critical Bibliography, 1900–1980, Scholarship on His Life, Thought, Prose, and Influence.* Amsterdam, 1989.

———. *Essays on Seneca.* Frankfurt, 1993.

Murphy-O'Connor, Jerome. *Paul: A Critical Life.* Oxford, 1996.

Nisbet, R. G. M. "The Dating of Seneca's Tragedies, with Special References to *Thyestes*." In *Papers of the Leeds International Latin Seminar: Sixth Volume.* Edited by Francis Cairns and Malcolm Heath. Leeds, 1990.

Nussbaum, Martha. *Therapy of Desire: Theory and Practice in Hellenistic Ethics.* Princeton, 1994.

———. "Stoic Laughter: A Reading of Seneca's *Apocolocyntosis*." In *Seneca and the Self.* Edited by Shadi Bartsch and David Wray. Cambridge, 2009.

Ogden, Daniel, ed. *The Hellenistic World: New Perspectives.* London, 2002.

O'Gorman, Ellen. *Irony and Misreading in the Annals of Tacitus.* Cambridge, 2000.

Osgood, Josiah. *Claudius Caesar: Image and Power in the Early Roman Empire.* Cambridge, 2011.

Overbeck, John C. "Tacitus and Dio on Seneca's Rebellion." *American Journal of Philology* 90 (1969): 129–45.

Pack, R. W. "Seneca's Evidence in the Deaths of Claudius and Narcissus." *Classical Weekly* 36 (1953): 150–51.

Palagi, Laura Bocciolini. *Epistolario apocrifo di Seneca e San Paolo.* Florence, 1985.

Pecchiura, P. *La figura di Catone Uticense nella letteratura latina.* Turin, 1965.

Plass, Paul. *The Game of Death in Ancient Rome: Arena Sport and Political Suicide.* Madison, Wis., 1995.

Prévost, M. H. *Les adoptions politiques à Rome.* Paris, 1949.

Radius, Emilio. *La vita di Nerone.* Milan, 1963.

Reynolds, Leighton D., ed. *L. Annaei Senecae: Dialogorum, Libri Duodecim.* Oxford, 1977.

———. *Texts and Transmission: A Survey of the Latin Classics.* Oxford, 1983.

Roller, Matthew B. *Constructing Autocracy: Aristocrats and Emperors in Julio-Claudian Rome.* Princeton, 2001.

Romm, James. "New World and *Novos Orbes:* Seneca in the Renaissance Debate over Ancient Knowledge of the Americas." In *The Classical Tradition and the Americas.* Edited by Wolfgang Haase and Meyer Reinhold. Berlin, 1993.

Rose, Charles Brian. *Dynastic Commemoration and Imperial Portraiture in the Julio-Claudian Period.* Cambridge, 1997.

Rosenmeyer, Thomas. *Senecan Drama and Stoic Cosmology.* Berkeley and Los Angeles, 1989.

Rubiés, Jon-Paul. "Nero in Tacitus and Nero in Tacitism: The Historian's Craft." In *Reflections of Nero: Culture, History, and Representation.* Edited by Jás Elsner and Jamie Masters. Chapel Hill, N.C., 1994.

Rudich, Vasily. *Political Dissidence Under Nero: The Price of Dissimulation.* London and New York, 1993.

———. *Dissidence and Literature Under Nero: The Price of Rhetoricization.* London and New York, 1997.

Schiavone, Aldo. "Anni difficili. Giuristi e principi nella crisi del primo secolo." In *Seneca uomo politico e l'età di Claudio e di Nerone.* Edited by Arturo De Vivo and Elio Lo Cascio. Bari, 2003.

Schiesaro, Alessandro. "Seneca's *Thyestes* and the Morality of Tragic *Furor.*" In *Reflections of Nero: Culture, History, and Representation.* Edited by Jás Elsner and Jamie Masters. Chapel Hill, N.C., 1994.

Seidensticker, Bernd, ed. *Seneca "Thyestes."* Frankfurt, 2002.

Shotter, David. *Nero Caesar Augustus: Emperor of Rome.* Harlow, 2008.

Smallwood, E. Mary. *Documents Illustrating the Principates of Gaius Claudius and Nero.* Cambridge, 1967.

Sorenson, Villy. *Seneca: The Humanist at the Court of Nero.* Edinburgh and Chicago, 1984.

Squillante, Marisa. "Il tempo della politica." In *Seneca uomo politico e l'età di Claudio e di Nerone.* Edited by Arturo De Vivo and Elio Lo Cascio. Bari, 2003.

Staley, Gregory A. *Seneca and the Idea of Tragedy.* Oxford and New York, 2010.

Stevens, C. E. "The Will of Q. Veranius." *Classical Review* I (1951): 4–7.

Stewart, Zeph. "Sejanus, Gaetulicus, and Seneca." *American Journal of Philology* 74 (1953): 70-85.

Strem, George G. *The Life and Teaching of Lucius Annaeus Seneca.* New York, 1981.

Sullivan, J. P. *Literature and Politics in the Age of Nero.* Ithaca and London, 1985.

Sutherland, C. H. V. "*Aerarium* and *Fiscus* During the Early Empire." *American Journal of Philology* 66 (1945): 151–70.

———. *Coinage in Roman Imperial Policy: 31 B.C.–A.D. 68.* London, 1951.

Syme, Ronald. *Tacitus.* Oxford, 1958.

Taoka, Yasuko. "Quintilian, Seneca, *Imitatio:* Re-reading *Insutio Oratoria* 10.1.125–31." *Arethusa* 44 (2011): 123–37.

Tarrant, Richard J., ed. *Seneca's Thyestes.* Atlanta, 1985.

Too, Yun Lee. "Educating Nero: A Reading of Seneca's *Moral Epistles.*" In *Reflections of Nero: Culture, History, and Representation.* Edited by Jás Elsner and Jamie Masters. Chapel Hill, N.C., 1994.

Townsend, G. B. "Calpurnius Siculus and the *Munus Neronis.*" *Journal of Roman Studies* 70 (1980): 169–74.

Tresch, Jolanda. *Die Nerobücher in den Annalen des Tacitus: Tradition und Leistung.* Heidelberg, 1965.

Trillitzsch, Winfried. *Seneca im Literarischen Urteil der Antike.* Amsterdam, 1971.

Trillmich, Walter. *Familienpropaganda der Kaiser Caligula und Claudius: Agrippina Minor und Antonia Augusta auf Münzen.* Berlin, 1978.

Vandenberg, Philipp. *Nero: Kaiser und Gott, Künstler und Narr.* Munich, 1981.

Veyne, Paul. *Seneca: The Life of a Stoic.* New York, 2003.

Volk, Katharina, and Gareth D. Williams, eds. *Seeing Seneca Whole: Perspectives on Philosophy, Poetry and Politics.* Boston, 2006.

Vottero, Dionigi. *Lucio Anneo Seneca: I frammenti.* Bologna, 1998.

Wacher, John. "Britain: 43 B.C. to A.D. 69." In *The Cambridge Ancient History,* vol. 10, *The Augustan Empire: 43 B.C. to A.D. 69.* Edited by Alan K. Bowman, Edward Champlin, and Andrew Lintott. Cambridge, 1996.

Wallace-Hadrill, Andrew. "The Imperial Court." In *The Cambridge Ancient History,* vol. 10, *The Augustan Empire: 43 B.C. to A.D. 69.* Edited by Alan K. Bowman, Edward Champlin, and Andrew Lintott. Cambridge, 1996.

———. "Seneca and the Pompeian Earthquake." In *Seneca uomo politico e l'età di Claudio e di Nerone.* Edited by Arturo De Vivo and Elio Lo Cascio. Bari, 2003.

Waltz, René. *Vie de Sénèque.* Paris, 1909.

Warmington, B. H. *Nero: Reality and Legend.* London, 1969.

———. *Suetonius: Nero.* London, 1977.

Wiedemann, T. E. J. "Tiberius to Nero." In *The Cambridge Ancient History,* vol. 10, *The Augustan Empire: 43 B.C. to A.D. 69.* Edited by Alan K. Bowman, Edward Champlin, and Andrew Lintott. Cambridge, 1996.

Williams, Gareth. "Nero, Seneca and Stoicism in the *Octavia.*" In *Reflections of Nero: Culture, History, and Representation.* Edited by Jás Elsner and Jamie Masters. Chapel Hill, N.C., 1994.

———. *The Cosmic Viewpoint: A Study of Seneca's "Natural Questions."* Oxford, 2012.

Williams, Gareth, ed. *Seneca: De Otio, De Brevitate Vitae.* Cambridge, 2003.

Winters, Jeffrey. *Oligarchy.* Cambridge, 2011.

Wood, Susan. *Imperial Women: A Study in Public Images, 40 B.C.–A.D. 68.* Leiden, 1999.

Woodman, A. J. *Tacitus Reviewed.* Oxford and New York, 1998.

———. "*Aliena facundia*: Seneca in Tacitus." In *Form and Function in Roman Oratory.* Edited by D. H. Berry and Andrew Erskine. Cambridge and New York, 2010.

索 引

（索引中的页码为本书页边码）

彩图来源说明

伪塞内加：https：//commons. wikimedia. org/wiki/File：Pseudo – Seneca_MAN_Napoli_Inv5616_n01. jpg

真正的塞内加：https：//commons. wikimedia. org/wiki/File：Duble_herma _of _Socrates _and _Seneca _Antikensammlung _Berlin_07. jpg

少年尼禄的头像：https：//commons. wikimedia. org/wiki/File：Head_of_ young_Nero，_from_50_A. D. ，_Romisch-Germanisches _Museum，_Cologne_(8273613835). jpg

克劳狄乌斯统治早期的钱币：Classical Numismatic Group，Inc. http：//www. cngcoins. com

马尔库斯·加图的铜制半身像：https：//commons. wikimedia. org/wiki/File：Cato_Volubilis_bronze_bust. jpg

庆祝布列塔尼库斯出生的钱币：https：//en. wikipedia. org/wiki/File：Claudiusreal. jpg

公元54年发行的钱币中展现的尼禄与阿格里皮娜©AHO "Международный нумизматический клуб"

波培娅·萨比娜：https：//commons. wikimedia. org/wiki/File：Poppaea_Sabina_(cropped). JPG

塞内加的侄子马库斯·路卡努斯：https：//en. wikipedia. org/wiki/File：Busto_de_Lucano，_Cordoba. JPG

尼禄与塞内加：https：//en.wikipedia.org/wiki/File：
Ner%C3%B3n_y_S%C3%A9neca_(Barr%C3%B3n).JPG

图书在版编目（CIP）数据

哲人与权臣：尼禄宫廷里的塞内加／（美）詹姆斯
·罗姆（James Romm）著；葛晓虎译．－－北京：社会
科学文献出版社，2021.8
　　书名原文：Dying Every Day： Seneca at the
Court of Nero
　　ISBN 978 - 7 - 5201 - 8454 - 0

　　Ⅰ.①哲…　Ⅱ.①詹…②葛…　Ⅲ.①古罗马－历史
－研究　Ⅳ.①K126

　　中国版本图书馆 CIP 数据核字（2021）第 149867 号

哲人与权臣
尼禄宫廷里的塞内加

著　　者／［美］詹姆斯·罗姆（James Romm）
译　　者／葛晓虎

出 版 人／王利民
责任编辑／沈　艺

出　　版／社会科学文献出版社·甲骨文工作室（分社）（010）59366527
　　　　　　地址：北京市北三环中路甲 29 号院华龙大厦　邮编：100029
　　　　　　网址：www.ssap.com.cn
发　　行／市场营销中心（010）59367081　59367083
印　　装／北京盛通印刷股份有限公司

规　　格／开　本：889mm × 1194mm　1/32
　　　　　　印　张：11.625　插　页：0.5　字　数：261 千字
版　　次／2021 年 8 月第 1 版　2021 年 8 月第 1 次印刷
书　　号／ISBN 978 - 7 - 5201 - 8454 - 0
著作权合同
登 记 号　／图字 01 - 2017 - 1416 号
定　　价／69.00 元

本书如有印装质量问题，请与读者服务中心（010 - 59367028）联系